Pensadores modernos

Thomas Mann – Ensaios & Escritos

Discursos contra Hitler
Ouvintes alemães!

O escritor e sua missão
Goethe, Dostoiévski, Ibsen e outros

Pensadores modernos
Freud, Nietzsche, Wagner e Schopenhauer

Travessia marítima com Dom Quixote
E outros ensaios

Thomas Mann

Pensadores modernos

Freud, Nietzsche, Wagner e Schopenhauer

Tradução e notas:
Márcio Suzuki

ZAHAR

Tradução autorizada de uma seleção de textos de Thomas Mann
(ver créditos completos à página 279)

Jorge Zahar Editor Ltda.
rua Marquês de S. Vicente 99 – 1º | 22451-041 Rio de Janeiro, RJ
tel (21) 2529-4750 | fax (21) 2529-4787
editora@zahar.com.br | www.zahar.com.br

Grafia atualizada respeitando o novo
Acordo Ortográfico da Língua Portuguesa

A tradução desta obra contou com o subsídio do Goethe-Institut, apoiado pelo Ministério das Relações Exteriores alemão.

GOETHE INSTITUT

Preparação: Laís Kalka | Revisão: Carolina Sampaio, Nina Lua
Composição: Mari Taboada | Capa: Rafael Nobre/Babilonia Cultura Editorial

CIP-Brasil. Catalogação na publicação
Sindicato Nacional dos Editores de Livros, RJ

Mann, Thomas, 1875-1955
M246p Pensadores modernos: Freud, Nietzsche, Wagner e Schopenhauer/ Thomas Mann; tradução Márcio Suzuki. – 1.ed. – Rio de Janeiro: Zahar, 2015.

(Thomas Mann: Ensaios & Escritos)

Tradução de: Mein Verhältnis zur Psychoanalyse, Die Stellung Freuds in der modernen Geistesgeschichte, Freud und die Zukunft, Schopenhauer, Leiden und Grösse Richard Wagners, Nietzsches Philosophie im Lichte unserer Erfahrung, An Thomas Mann
Inclui apêndice
ISBN 978-85-378-1430-7

1. Filosofia alemã – História e crítica. 2. Psicanálise. I. Título. II. Série.

CDD: 193
15-20778 CDU: 1(43)

Sumário

Minha relação com a psicanálise

MINHA RELAÇÃO com a psicanálise é tão complexa quanto ela merece. Pode-se com todo o direito ver na psicanálise, esse notável rebento do espírito científico-cultural, algo de grande e admirável, uma descoberta inovadora, um avanço radical do conhecimento, uma ampliação surpreendente, sensacional, do saber a respeito do homem. Pode-se, por outro lado, achar que, se for mal popularizada, ela pode se converter num instrumento maléfico de esclarecimento, numa obsessão de desnudamento e difamação, avessa à cultura, contra a qual ter cautela não significa necessariamente mero sentimentalismo. Sua essência é conhecimento, conhecimento *melancólico*, sobretudo no que se refere à arte e à atividade artística, manifestamente o seu objetivo principal. Ora, quando travei contato pela primeira vez com ela, isso já não era algo novo para mim. No essencial, eu já tinha vivenciado algo assim com Nietzsche, em especial na sua crítica a Wagner, e ele se tornara, ironicamente, um elemento de minha constituição espiritual e de minha produção – circunstância à qual devo sem dúvida que meus escritos tenham recebido desde sempre certa atenção característica e preferência crítica por parte de estudiosos da escola analítica.[1] Também *Morte em Veneza* foi recebida, por

[1] *Morte em Veneza* foi discutida na revista psicanalítica *Imago*, em 1914, por Hans Cachs, e *Frederico e a grande coalizão* em 1916, por Eduard Hitschmann.

boas razões, com o mesmo interesse, embora nela se encontre esta passagem arrogante: "Parece, porém, que o espírito nobre, valoroso, imuniza-se rápida e definitivamente contra o picante e amargo estimulante que é o conhecimento; e certo é que a meticulosidade do jovem, por abnegada e severa que seja, não passa de superficialidade, quando comparada com a sólida decisão do mestre amadurecido, decisão que o faz negar o conhecimento, rejeitando-o, distanciando-se dele altivamente cada vez que haja perigo de que sua vontade, seu poder de ação, seu sentimento e mesmo a sua paixão possam ser de algum modo tolhidos, desanimados, humilhados por ele."[2] – Isso foi dito de maneira fortemente antianalítica, mas foi entendido como exemplo característico do "recalque", quando, na verdade, o que possibilita o atrevimento do neurótico-artista de realizar aquilo que lhe é próprio, apesar de toda revelação analítica, não deve ser designado tanto como recalque quanto como (de maneira mais justa, embora menos científica) um "deixemos como está para ver como é que fica". Não se trata, de modo algum, de simples hostilidade, pois o conhecimento, embora em princípio não produtivo, também pode ter muito que ver com a arte, como mostra o fenômeno Nietzsche, e o artista pode manter excelentes relações com ele. Não se trata, tampouco, da ilusão de que, fechando os olhos, o mundo possa – como se diz popularmente – "contornar" os resultados obtidos pela investigação de Freud e seus seguidores. O mundo não os contorna de maneira alguma, nem a arte o fará. Já não é de hoje que a psicanálise é parte essencial da composição

---

[2] *Morte em Veneza*, trad. Herbert Caro, Rio de Janeiro, Opera Mundi, 1970, p.66. Tradução ligeiramente modificada.

poética de todo o âmbito de nossa cultura, e não só modificou o seu aspecto, como continuará possivelmente a influenciá-la de maneira crescente. Ela também desempenha o seu papel em *A montanha mágica*, romance de época escrito por mim que acaba de ser publicado. O seu representante ali, que atende pelo nome de dr. Krokowski, é sem dúvida um pouco cômico. Mas sua comicidade talvez seja apenas uma compensação por concessões mais profundas que o autor faz à psicanálise no interior da sua obra.

O lugar de Freud na história do espírito moderno

SE ME PERGUNTASSEM qual das contribuições ousadas e inovadoras de Sigmund Freud para o conhecimento do homem me causou mais forte impressão, e qual dos seus escritos literários me vem primeiro à mente quando se menciona o seu nome, eu diria, sem pestanejar, o tratado em quatro partes *Totem e tabu*, no décimo volume de suas *Obras completas*.[1] É improvável, aliás, que eu esteja sozinho nessa escolha, pois por mais que, diante da fama mundial hoje alcançada pelo conjunto da obra desse grande investigador, pareça uma declaração quase comovente de modéstia científica que ele acredite ter de *diferenciar* esses estudos do restante da sua obra, atribuindo-lhes excepcionalmente uma "pretensão de alcançar o interesse de um círculo maior de pessoas cultas", é certo no entanto que eles constituem – num sentido relativo e exigente – o mais popular de seus escritos, e isso porque, por seus objetivos e conhecimentos, ele vai bem além da esfera médica, adentrando as ciências do espírito em geral e abrindo para o leitor que se ocupa com a questão do homem perspectivas enormes e iluminadoras sobre o passado da alma, profundezas do mundo primi-

[1] Thomas Mann utiliza a primeira edição das obras reunidas de Freud (*Gesammelte Schriften*), publicadas a partir de 1924 pela Internationaler Psychoanalytischer Verlag.

tivo na história arcaica e na pré-história moral, social e mítico-religiosa da humanidade.

A extraordinária atração que a obra provoca pode ser explicada de diversas maneiras. Antes de tudo, ela é, sem dúvida, de todos os trabalhos de Freud aquele que se situa mais alto em termos puramente artísticos, obra de mestre pela construção e pela forma literária, tendo afinidades com todos os grandes exemplos do ensaísmo alemão, entre os quais figura. Isso não é de admirar e, no entanto, tem algo de misterioso. Pois justamente na alta legibilidade dessa obra, que se eleva da esfera clínica a uma visão ampla e audaciosa da esfera daquilo que interessa ao humano em geral, manifesta-se a lei humana da forma, a solidariedade metafísica existente entre humanidade e forma, que domina e determina o mundo da poesia e da "bela" literatura. É o mundo das coisas que não se expressam, a não ser que sejam bem expressas – o mundo dos poetas e dos escritores. Essa composição faz, sem dúvida, parte dele; ela não é uma obra científica rotineira, trabalho pesado, mas um pedaço da literatura mundial.

Freud a denomina "tentativa de aplicação dos pontos de vista e resultados da psicanálise a problemas não esclarecidos da psicologia dos povos". A visão clínica é mantida, e deve-se dizer que em grande medida ela se confirma esplendidamente. Desde Nietzsche temos uma noção do valor da doença para o conhecimento e desenvolvimento da vida em geral; em investigações da mais ousada perspicácia e de um ímpeto profundo, o psicólogo da neurose nos leva a compreender esses nexos, essas relações entre neurose e humanidade, de um jeito diversificado e preciso, e se, por um lado, seu escrito significa que a teoria da neurose conseguiu iluminar e compreender psicologicamente o que foi a humanidade primitiva e antiga, os fundamentos últimos de toda a vida da civilização, por outro lado ele concebe o tipo do neurótico como um tipo arcaico, no sentido do subtítulo do tratado, que diz modestamente: "Algumas concordâncias entre a vida psíquica dos selvagens e a dos neuróticos." Mas como, no significado paleontológico e pré-histórico da palavra, vida "selvagem" significa sem dúvida vida *primitiva*, essa "aplicação" dos resultados psicanalíticos à história da humanidade consiste, portanto, numa transferência e projeção da famosa "psicologia profunda" do plano clínico individual para o *tempo* e para seus imensos intervalos – o que proporciona ainda uma interpretação mais ampla da peculiar força de atração dessa genial obra rapsódica. Ela é um exemplo espantoso de união entre expansão e concentração, já que contém *in nuce* o sistema teórico inteiro da psicanálise, com todos os seus elementos: psicologia dos sonhos, concepção do complexo de Édipo, conceito de ambivalência, teoria do recalque e da transformação dos impulsos[2] – e muito ainda restaria por enumerar –, representando ao mesmo tempo o empreendimento literário espiritualmente mais vasto que já foi feito sob o ponto de vista médico.

Além de parecer inútil, não haveria espaço aqui para fazer uma recapitulação, mesmo que por alto, da sequência de ideias desse grande ensaio. Mas peço permissão para inserir uma observação e constatação que me ocorreu ao relê-lo, em louvor a Freud e em reconhecimento do lugar que ele ocupa particularmente na história do espírito alemão.[3]

---

[2] A palavra "impulsos" traduz *Trieb*, que na teoria freudiana corresponde às pulsões.

[3] Todo esse trecho do início até aqui consta apenas da primeira edição do presente ensaio, publicada na revista *Die Psychoanalytische Bewegung* 1-1, mai/jun 1929.

Num aforismo decisivo, por ele intitulado "A hostilidade dos alemães contra a ilustração",[4] Nietzsche discute a contribuição dada à cultura em geral pelo trabalho espiritual dos filólogos, historiadores e cientistas naturais alemães da primeira metade do século XIX, e ele aponta toda a grande propensão desses pensadores e cientistas contra a ilustração e contra a revolução da sociedade, revolução que "era compreendida, num mal-entendido grosseiro, como consequência dela". A piedade com tudo aquilo que ainda existe, diz ele, procurou se transformar numa piedade com tudo aquilo que existiu, "apenas para que coração e espírito se *enchessem* de novo e não houvesse mais espaço para metas vindouras e modernizadoras". Ele fala da instituição do culto do sentimento, em lugar do culto da razão, da sublime participação dos músicos alemães na construção desse templo, com muito mais êxito, inclusive, do que a de todos os artistas da palavra e do pensamento; e apesar de reconhecer inteiramente as vantagens particulares que a equidade histórica obteve em tudo isso, ele não quer, em resumo, que se desconheça que "não foi pequeno o perigo" de, sob a aparência do mais pleno e definitivo conhecimento do passado, esmagar o conhecimento em geral sob o sentimento, e, nas palavras de Kant, abre-se de novo o caminho para a crença ao se apontar os limites do saber. "A hora desse perigo", escreve Nietzsche (em 1880!), "passou." Respira-se de novo ar livre, afirma. Pre-

---

[4] Tirando o seu início e uma ou outra inserção ("escreve Nietzsche"), todo o parágrafo é uma transcrição *ipsis literis* do aforismo 197 do Livro 3 do *Aurora*. Para que o leitor ouça melhor o alemão de Nietzsche, a "vivacidade ardente dessas palavras" (como Mann reverentemente afirma a seguir), utilizou-se a tradução de Rubens Rodrigues Torres Filho, in *Obras incompletas* (São Paulo, Abril, 1978, p.178).

cisamente os espíritos tão eloquentemente invocados pelos alemães foram os que com o tempo se tornaram os mais perniciosos aos propósitos de seus evocadores: "A história, o entendimento da origem e do desenvolvimento, a simpatia pelo passado, a paixão do sentimento e do conhecimento suscitada de novo, depois que todas elas por algum tempo pareceram companheiras prestativas do espírito obscurantista, delirante, retrógrado, assumiram um dia outra natureza e voam agora com as mais amplas asas por sobre e para além de seus antigos evocadores, como novos e mais fortes gênios *daquela própria ilustração* contra a qual foram evocados. Essa ilustração", conclui Nietzsche, "temos agora de levá-la avante – sem nos afligir com o fato de que houve uma 'grande revolução' e, por sua vez, uma 'grande reação' contra ela, e mesmo de que ainda há ambas: são, de fato, apenas jogos de ondas, em comparação com a verdadeira inundação em que *nós* boiamos e queremos boiar!"

A vivacidade ardente dessas palavras, sua aplicação imediata e altamente fortificante ao presente será sentida por todo aquele que as reler quase meio século depois de escritas por Nietzsche. Quem se empenha em não deixar que seu olhar para o livre porvir dos homens seja inteiramente obstruído pelos efêmeros "jogos de ondas" da época e da atualidade – quem se empenha em não se deixar confundir pelo rumor presunçoso dos adivinhos e bajuladores da vez – voltará a escutá-las com gratidão e com veneração pelo espírito imponente, pela grandeza assombrosa de Nietzsche, a cujos pés literalmente se encontra o nosso presente, com todo o seu pensar, com todo o seu querer, suas opiniões e conflitos, tenha ele consciência disso ou não, de tal forma que todas suas lutas e convulsões causam a impressão de uma peça satírica, de uma repetição grotesca, na realidade pequena, da experiência espiritual de Nietzsche, e ele se vê às voltas com problemas que já foram há muito tempo decididos em grande estilo em Nietzsche e por Nietzsche... Ou seriam as nossas controvérsias político-espirituais outra coisa que o reaproveitamento jornalístico, por assim dizer, de sua luta grandiosa contra Wagner, luta representativa e inteiramente simbólica, da superação do romantismo que se deu nele e por meio dele?

Nós, homens de hoje, temos todas as razões para refletir sobre romantismo e ilustração, sobre reação e progresso, mas, se o que importa para nós não é discutir e prevalecer, e sim, também e acima de tudo, conhecer, também deveríamos afinal ter aprendido a usar esses conceitos com cautela: aquela cautela a que já nos aconselha o título de um estudo mais antigo de Nietzsche, que pode ser encontrado em *Humano, demasiado humano*, cujas palavras dizem justamente "Reação como progresso". Ali ele fala do fenômeno de espíritos poderosos e arrebatadores, mas ao mesmo tempo retrógrados, que ainda invocam uma época passada da humanidade como sinal de que as novas direções a que eles se opõem não são fortes o suficiente para competirem vitoriosamente com eles. Ele o exemplifica sobretudo com Schopenhauer, a quem menciona como um tal gênio triunfalmente retrógrado, em cuja doutrina a consideração do mundo e o sentimento humano inteiramente pré-científico, cristão-medieval, celebraram ainda uma vez a sua ressurreição, a despeito da aniquilação de todos os dogmas cristãos, alcançada muito tempo antes. E é exemplar a circunspecção com que Nietzsche nos faz pesar as vantagens que podemos tirar da ação de tais espíritos: ao forçar momentaneamente nosso sentimento a considerar o mundo e os homens de uma maneira mais antiga e poderosa, maneira a que não seríamos tão facilmente conduzidos por nenhuma outra trilha, eles proporcionam um ganho inestimável à história e à justiça. Nietzsche dá a entender que a maneira pela qual a ilustração considera a história não podia fazer justiça nem ao cristianismo nem a seus parentes asiáticos. A partir de uma experiência genialmente retrógrada, a metafísica schopenhaueriana teria corrigido a maneira ilustrada de considerar a história, e só depois que a justiça obteve esse grande resultado é que poderíamos continuar de novo empunhando a bandeira da ilustração – "a bandeira com os três nomes: Petrarca, Erasmo, Voltaire". "Da reação", diz ele, "nós fizemos um progresso."

Eis aí, como se vê, uma primeira versão do aforismo de *Aurora* que eu trouxe há pouco à lembrança, antecipação tão instrutiva quanto este sobre a natureza complexa, bifronte, de tudo aquilo que é espiritual, perante a qual se requer cautela. Reação como progresso, progresso como reação, essa combinatória é um fenômeno histórico que sempre volta a ocorrer. Quem poderia deslindar o que é reação e o que é progresso na Reforma de Lutero, considerada como obra de uma maneira de pensar e agir? Ela foi tanto revolução e libertação, a forma alemã da revolução e precursora da Revolução Francesa, como também volta à Idade Média, uma geada quase mortal que caiu sobre a tímida primavera espiritual do Renascimento – uma mescla de ambas, uma mistura da vida, da ação, da personalidade, de modo algum apreensível com critérios do espírito puro. Com efeito, o cristianismo mesmo, por inestimável que possa ter sido a importância dele para a humanização, para o refinamento psíquico e ético do homem, e por mais que representasse, portanto, desde o instante de seu surgimento, uma potência progressiva – quem não é capaz de compreender que ele, com sua aterradora invocação e exumação de uma religiosidade arcaica, com seu antediluvianismo da alma, com suas ceias de comunhão em que se serviam o sangue e a carne de uma vítima divina, tinha de aparecer à Antiguidade civilizada como uma verdadeira excreção do retrocesso e do atavismo, pela qual se virava o mundo de ponta-cabeça, não só no sentido literal como em todos os outros sentidos da expressão?

O quanto o próprio cristianismo que Lutero "reformou" já havia sido uma reforma, isto é, uma volta à religiosidade primordial e o restabelecimento psíquico dela; o quão pouco em geral as "reformas" têm que ver, por sua natureza, com progresso, visto que na época em que algo de novo já existe elas restabelecem o antigo e mais arcaico num sentido extremamente conservador, ainda que de certo modo em vínculo com o que é novo – isso se me tornou bastante visível ao reler agora certas páginas de *Totem e tabu*, em que Freud trata do banquete do totem e da concepção bastante realista a ele subjacente da comunidade de sangue como identidade da substância: essa primeira festa da humanidade, essa repetição e celebração de um ato criminoso primordial, o parricídio, "com o qual se iniciaram muitas coisas, as organizações sociais, as restrições morais e a religião". A maneira pela qual ele "persegue ao longo dos tempos a identidade entre o banquete do totem e o sacrifício de animais, o sacrifício humano teantrópico e a eucaristia cristã", a maneira como sua sonda cuidadosa e implacável de médico investiga e ilumina analiticamente o mundo patológico do medo do incesto, dos tormentos de consciência do parricida e do anseio de salvação, mundo cheio de horrores e altamente produtivo em termos culturais, exorta a uma reflexão mais ampla, que não se limite à origem da religiosidade nos terrores primordiais da alma e à natureza profundamente conservadora de todas as reformas, sugere sobretudo ideias a respeito do próprio autor e a posição e o lugar que ocupa na história do espírito – ideias com as quais retomamos as discussões de Nietzsche sobre reação e progresso, sobre germanismo e ilustração.

Como investigador das profundezas e psicólogo dos impulsos, Freud se encaixa inteiramente na série de escritores dos séculos XIX e XX que se opõem ao racionalismo, ao intelectualismo, ao classicismo, numa palavra, àquela crença no espírito própria ao século XVIII e também ainda ao século XIX; escritores que, na condição de historiadores, filósofos, críticos da cultura ou arqueólogos, acentuam, cultivam e realçam cientificamente o lado noturno da natureza e da alma como sendo aquilo que é no fundo determinante para a vida e criador de vida, defendendo de modo revolucionário o primado de tudo o que é pré-espiritual, divinamente terrestre, a "vontade", a paixão, o inconsciente ou, como diz Nietzsche, o "sentimento" perante a "razão". A palavra "revolucionário" aparece aqui num sentido paradoxal, inverso à lógica costumeira, pois, enquanto estamos habituados a ligar o conceito de revolucionário àqueles poderes da luz e da emancipação da razão, à ideia de futuro, portanto, aqui mensagem e apelo vão na direção inteiramente oposta, a saber, na direção do grande retorno ao lado noturno, ao sagrado-primordial, ao pré-consciente prenhe de vida, ao seio materno mítico-histórico-romântico. Essa é a palavra da reação. Mas sua ênfase é revolucionária, não importa em que âmbito se dê o esforço político-espiritual pelo humano: na história, onde Arndt, Görres, Grimm opõem a ideia do primitivo-popular à ideia de humanidade; na investigação do mundo e da natureza, onde Carus celebra a vida formadora inconsciente em detrimento do espírito e Schopenhauer humilha o intelecto colocando-o bem abaixo da vontade, antes de recomendar a conversão moral e a supressão da vontade; no estudo da Antiguidade, onde, de Zoega, Creuzer e Müller a Bachofen, o jurista do matriarcado, todo o reconhecimento e simpatia se voltam – em tendenciosa contradição com a estética racional dos classicistas – para o ctônico, para a noite, para a morte, para o demoníaco, em suma para uma protorreligiosidade terrestre, pré-olímpica; em todos esses âmbitos sempre se manifesta a vontade de "forçar nosso sentimento a voltar a modos mais antigos e poderosos de considerar o mundo e os homens", sempre a ideia de um passado sagrado e de uma fertilidade da morte é contraposta revolucionariamente, como a nova palavra, como a palavra da vida, a um idealismo e otimismo do culto do futuro e da luminosidade apolínea, sentidos como superficiais e ultrapassados; e se afirma e mostra, com belicosa piedade, a impotência do espírito e da razão em comparação com os poderes da parte mais ínfera da alma, da dinâmica da paixão, do irracional, do inconsciente. Essa linha continua até Klages, o redescobridor e entusiasta de Bachofen, e até o pessimismo histórico de Spengler, por conseguinte, até tendências e formas mais atuais de pensar, que dão oportunidade de estudar hoje a conjunção psicológica peculiar existente entre descrença e ódio ao espírito. Pois aqui a visão da fraqueza do espírito e da razão, em sua incapacidade frequentemente demonstrada de determinar a vida, não é capaz de insuflar o desejo de protegê-los e de lhes proporcionar algum auxílio piedoso: ao contrário, eles são tratados nessa escola como se houvesse o perigo de que possam se tornar fortes demais, de que possam existir em excesso sobre a Terra; a impotência do espírito é uma razão a mais para odiá-lo e difamá-lo, do ponto de vista religioso, como o coveiro da vida.

A ninguém escapa que em tudo isso há aquela "hostilidade à ilustração" que Nietzsche descreve em seu aforismo, e com uma benevolência da qual a consciência de que o perigo *já passou* o torna capaz, que ele caracteriza como tipicamente alemã; tudo isso para esmagar essa inclinação geral romântica e antipolítica voltada contra a revolução da sociedade, contra objetivos futuros e renovadores, "sob a aparência do conhecimento mais pleno e definitivo do passado, esmagar o conhecimento em geral debaixo do sentimento"; para praticar em pensamento o culto do sentimento em lugar do culto da razão, dando assim, por meio da ciência, uma mão aos poderes "obscurantistas, delirantes, retrógrados". Ainda bem, pensa Nietzsche, que havia passado o perigo inerente a essas tendências, frequentemente geniais em sua ação e pródigas em descobertas felizes; com o tempo, também elas, e justo elas, teriam se revelado estimuladoras da ilustração contra a qual os seus mestres as haviam invocado, como mero jogo de ondas em comparação com a verdadeira grande maré que levaria a humanidade mais longe. Essa é também nossa sensação e nossa experiência íntima? Podemos nós também considerar felizmente passado aquele perigo que Nietzsche via para a humanidade? Sim, se nos elevamos à visão panorâmica que era a sua e consultamos nossa convicção mais profunda sobre a corrente principal da vida, sobre o rumo que o mundo tomará em seu conjunto, mas de modo algum se nos entregamos às impressões que nos oferece e impõe a atualidade.

O *grande* século XIX – rebaixá-lo e difamá-lo tornou-se um dos hábitos mais insípidos de certos literatoides modernos – não foi "romântico" apenas em sua primeira metade. Os decênios de sua segunda metade, os decênios propriamente burgueses, liberais, monístico-cientificistas, cegos à cultura e materialistas, estão permeados de produtos da decadência e de elementos românticos; são eles que obrigam a considerar o romantismo como ingrediente da vida burguesa, e não podemos nos esquecer de que foi neles que triunfou a arte de Richard Wagner – essa arte grande como o século, sulcada por ele em todos os seus traços, carregada por todos os seus impulsos e digna de servir como objeto simbólico para a luta heroica de Nietzsche, o derrotador e matador do dragão da época, o iniciador de tudo aquilo que de novo e melhor peleja por alcançar a luz em meio à confusão anárquica de nosso presente. Se hoje, portanto, se quer provar – tentativa extraordinariamente bem aceita – a ficção de que o momento histórico-espiritual é o mesmo que no início do século XIX, como se tivéssemos de ver na atual hostilidade ao espírito, no culto da dinâmica natural e do instinto que reivindica a herança de Bachofen e do romantismo, um movimento de caráter genuinamente revolucionário contra o intelectualismo e a crença racional no progresso imperante em décadas passadas; como se, por exemplo, por sua vez o aparato romântico do nacionalismo, a ideia de povo, representasse como outrora com pleno direito revolucionário o novo, o jovem, o desejado pela época, em contraposição à "humanidade retrógrada", a um cosmopolitismo encanecido – tudo isso é inteiramente insustentável e precisa ser qualificado como aquilo que é: uma ficção tendenciosa de nossos dias e com a qual nos encontramos no ponto em que cessa o espírito e começa a política. Ainda teremos de falar dessa monstruosidade. Mas onde teriam ficado os decênios de felicidade racional otimista e de enfadonho torpor humanista, cuja superação revolucionária hoje estaríamos vivendo? O estranho desfecho de tal época teria sido a guerra mundial, aquela gigantesca explosão da desrazão em que os poderes cosmopolitas positivos da época, a Igreja assim como o socialismo, sucumbiram em sua luta contra o poder cosmopolita negativo, o capital imperialista, o nacionalismo internacional. Mais uma vez o século XIX não foi "romântico" apenas em sua primeira metade; ao longo de todos os seus decênios o seu orgulho cientificista, de aspecto sombrio e duro, pouco alegre e afável, salvo alguma trivialidade monística, foi compensado e mesmo superado pelo seu pessimismo, pela sua comunhão musical com a noite e com a morte, *em virtude dos quais nós o amamos* e o defendemos contra o desprezo com que o trata um presente de bem menor envergadura. É através de Nietzsche, cujo combate à aversão socrática aos instintos agrada os nossos profetas do inconsciente, ao mesmo tempo em que eles o declaram incapaz de compreender o mito e de não entender nada da "sagrada obscuridade do passado" em virtude do seu método psicológico de conhecimento – é por meio de Nietzsche que as tendências irracionais do século XIX prosseguem até o nosso presente –, é certo que nos piores casos não tanto por meio, mas para além dele. Não é que um exaltado editor de *O matriarcado* se deu o trabalho, literalmente, de "medir Nietzsche por Bachofen"?[5] O que significa a tentativa absurda

---

[5] O editor de *O matriarcado*, de Bachofen, é Alfred Baeumler, e a comparação se encontra na introdução à sua edição, *O mito do Oriente e do Ocidente*, de 1926. No entanto, a introdução de Baeumler, filósofo adepto do nazismo, é fonte importante para os conhecimentos de Mann a respeito da investigação romântica dos mitos.

de medir o maior por algo sem dúvida grande, mas incomparavelmente menor, razão pela qual me permiti falar de uma maneira descomedida e desmemoriada de medir.

Não ignorando a natureza espiritualmente complicada de toda vida, impusemo-nos o dever intelectual de que é preciso ter cautela ao usar as palavras "progresso" e "reação". Diante do acontecimento histórico daquele fenômeno que Nietzsche caracterizou de "reação como progresso", colocou-se o problema da revolução, problema que por sua complexidade e seu caráter bifronte causa hoje tal confusão mental – especialmente entre os jovens – que aquilo que estava morto e enterrado pode, não se sabe por que milagre, se disfarçar numa nova vida atrativa, e assim se faz bastante urgente um nítido aclaramento do conceito, sua redução a termos simples, a fim de preservá-lo de abusos perigosos. Ele se define pela relação que a vontade e a disposição de vida estabelecem com o passado e com o futuro. O princípio revolucionário é pura e simplesmente a vontade do futuro, o qual Novalis chamou "o mundo verdadeiramente melhor". Conduzindo a esferas mais altas, ele é o princípio da tomada de consciência e do conhecimento; ao fazer aflorar o inconsciente à consciência, ele é o ímpeto e a vontade de destruir aquelas prematuras e enganosas perfeições e harmonias da vida, que assentam sobre as fundações da inconsciência, fundações pouco sólidas e de nenhum valor moral, é o ímpeto e a vontade de chegar a uma genuína unidade de vida, que a tomada de consciência torna mais segura e livre, de chegar assim ao homem na plenitude de sua autoconsciência, depois de percorrido o caminho da análise, da "psicologia", passando por fases de desintegração, que, do ponto de vista da unidade da cultura, podem ser caracterizadas como anarquia, nas quais, porém, não há nem descanso nem volta, nem "restauração" nem qualquer restabelecimento duradouro.

Revolucionário não significa outra coisa. O nome "revolução" só convém àquela vontade de futuro cujo trajeto passa pela tomada de consciência e pela desintegração analítica. É preciso dizer isso à juventude hoje. Não há predicação, imperativo do grande retorno, devotamento ao passado por ele mesmo que possa reivindicar esse nome para si a não ser com o objetivo manifesto de causar confusão – com o que não se quer dizer que a vontade revolucionária não tenha noção alguma de passado nem de profundidade. O contrário deve ser dito. Ela precisa e quer saber muito a seu respeito, precisa e quer conhecê-lo profundamente; só que esse mundo obscuro não a atrai por si mesmo, ela não abraça a sua causa sob o pretexto aparentemente piedoso ou religioso de conservá-lo, em suma, por instinto reacionário, mas como um indivíduo conhecedor e libertador que penetra em seus calabouços repletos de atrocidades e de tesouros.

Caso se aceite em princípio essa definição de que a vontade reacionária e a vontade revolucionária dependem do predomínio da ideia de passado ou de futuro – não conheço nenhuma outra –, seria um erro notório do ponto de vista da história espiritual ver no romantismo alemão um movimento reacionário, verdadeiramente hostil ao espírito. Isso seria, no mínimo, um juízo sumamente parcial. No interior do romantismo há uma escola histórica que pode ser caracterizada como reacionária, no sentido da palavra aqui usado. Nela se acha aquela piedosa exaltação da noite, aquele complexo de terra, povo, natureza, passado e morte próprio a Joseph Görres[6] – um mundo de ideias e sentimentos de encanto quase

[6] Joseph Görres (1776-1848), escritor e publicista romântico alemão, católico de tendência liberal.

irresistível, que, no entanto, apesar de Nietzsche, não nos é de todo fácil sentir como particularmente alemão, porque toda essa vivência ctônica foi apresentada pela última vez aos olhos da Europa em grande estilo, com grande esplendor, por um francês, o nacionalista Maurice Barrès. Aliás, a própria disposição histórica é, por natureza, uma disposição conservadora, uma disposição passadista; seria muito difícil encontrar um historiador com simpatias revolucionárias. O homem histórico, que se volta para trás por inclinação e por ofício, não gosta da história que está acontecendo, mas da que aconteceu, e ele quase sempre odiará as transformações atuais, porque as sente como desregradas, desconexas e insolentes, em suma, como "não históricas", enquanto seu coração pertence ao passado concatenado, obediente e histórico. Pois sobre o passado repousa a atmosfera do atemporal e eterno, e essa é uma atmosfera muito mais agradável aos nervos do homem histórico do que as insolências do presente e do futuro. O que passou está eternizado, isto é, morto, e a morte é a fonte de toda devoção e de todo senso de conservação. Como um homem histórico poderia chegar a ter simpatias revolucionárias? Ora, por mais estranho que isso possa soar ao preconceito tradicional, o romantismo alemão tem uma atitude essencialmente não histórica, mas uma atitude voltada para o porvir, tanto assim que se pode caracterizá-lo como o movimento mais revolucionário e radical do espírito alemão. Aquelas palavras de Novalis sobre o futuro como o "mundo verdadeiramente melhor" são a maneira mais geral e mais decisiva de falar em favor dessa afirmação, mas em particular fala a seu favor uma centena de traços, de ensinamentos e paradoxos entusiásticos dessa escola, à qual convém, palavra por palavra, aquilo que tentamos dizer antes sobre a essência da revolução – o que não é de admirar, pois, dito francamente, foi derivado dela. O pensamento e a criação no romantismo estão voltados para a ampliação do mundo da consciência, e seu escrúpulo em relação à irreligiosidade e à inumanidade de todo conservadorismo apático era tão acentuado, que mesmo Wackenroder,[7] o frade monástico apaixonado por música, confessou seu horror à "inocência criminosa, à terrível obscuridade oracular e ambígua da música". Esse horror, esse escrúpulo de consciência é romântico. É romântico ver na arte não a "natureza", mas o seu contrário: na dualidade de espírito e natureza – a fusão deles no terceiro reino pairava como meta de todo o romantismo –, ele coloca a arte inteiramente na esfera do espírito, pois ele conhece arte como sendo essencialmente sentido, consciência, unidade, intenção. É o que pensava Novalis, quando chamou o *Wilhelm Meister* de "produto inteiramente artístico, uma obra do entendimento", e os românticos jamais entenderam o conceito de arte senão como oposição ao instintivo, natural, inconsciente. E por pouco não foram longe demais em seu radicalismo, desconhecendo a essência espiritual-corpórea da arte, que, como uma Proserpina, pertence ao mesmo tempo aos poderes ctônicos e aos poderes da luz. Eles aceitavam que "o corpo tem de nascer do corpo", e sabiam muita coisa sobre sonho e pressentimento, sobre uma poesia que é anterior ao pensamento. Mas a poesia "melhor", mais condizente com o nível atual da humanidade, era por eles denominada aquela que

[7] Wilhelm Heinrich Wackenroder (1773-1798), autor de *Desafogos do coração de um frade monástico amante da arte* (1796) e fonte, com Ludwig Tieck, de algumas das mais importantes ideias do romantismo alemão.

"associando-se ao claro pensamento, segue-o obedecendo",[8] e esse sentido espiritual para o novo nível, para a modernidade, para o hoje e o futuro, numa palavra, para o revolucionário, é o que há de genuinamente romântico.

Se existe, pois, uma história romântica e um romantismo historicizante, seria contudo um equívoco grosseiro equiparar o homem romântico ao homem histórico. Que ele é, antes, o revolucionário, isso fica o mais nitidamente claro pela sua relação com a saúde e a doença. O romântico vê no que se chama de saúde exatamente aquilo que nós, em nossa definição do revolucionário, caracterizamos como falsa perfeição e falsa harmonia da vida. Na sua opinião, ela existe para ser destruída. De que maneira? Pela capacidade de consciência. Capacidade de consciência, assim viam os românticos, é doença em comparação com o estado pré-consciente de unidade de vida original e primitiva, que todo conservadorismo deseja conservar e restabelecer; mas em toda doença eles viam a expressão de uma passagem a níveis mais elevados. Novalis disse a frase ousada: "Toda doença se assemelha ao pecado porque ambos são transcendências." Isso poderia ter sido dito por um daqueles religiosos e moralistas russos que chegavam a ver no pecado um meio indispensável de cura.[9] E não foi entendido senão como algo religioso no sentido mais ousado da palavra. Para o romântico, comparada com

---

[8] A frase é do filósofo romântico Franz von Baader, em seu livro *Escritos e ensaios filosóficos* (1831).

[9] A passagem se baseia numa afirmação de *O futuro de uma ilusão*, de Freud: "A profundidade espiritual russa pretende ter chegado à conclusão de que o pecado é imprescindível para que se possa gozar de todas as bem-aventuranças da graça divina e, que, portanto, ele é no fundo uma obra que agrada a Deus."

a inocência, com a natureza pré-consciente da Antiguidade, a Idade Média católica aparecia como algo espiritual. Mas na Reforma, por sua vez, ele via uma fissura necessária da unidade da cultura católica, o elemento da anarquia, que Friedrich Schlegel denominou o "elemento gerador da religião",[10] a época de transição analítica, na qual não havia mais volta, nenhuma restauração pela mentalidade; era preciso passar por ela, que – eis a esperança da humanidade religiosa – poderia levar a uma catolicidade recuperada num novo nível, num nível mais alto, a uma unidade de vida mais consciente e mais assegurada pela liberdade. Eis a *Europa ou a cristandade*, de Novalis – obra que não é reacionária, nem hostil ao espírito, mas revolucionária no sentido mais nobre, uma obra de uma confiança íntima e audaz no espírito.[11]

A única coisa que poderia induzir a um engano quanto ao caráter revolucionário do romantismo alemão é a falta ou quase ausência nele de interesse social-revolucionário, o fato de que sua espiritualidade e força da alma o fazem aparentemente perder o ardor por objetivos políticos. Mas o elemento político está em latência em qualquer posição espiritual, e o quanto de "Revolução Francesa" pode ser reencontrado, por exemplo, no radicalismo psíquico de Novalis, que correspondência existe aqui entre o gênio de um povo e outro, isso foi reconhecido e mostrado da maneira mais feliz por Georg Brandes num escrito sobre a escola romântica na Alemanha.[12]

---

[10] A ideia é na verdade de Novalis, em *A cristandade ou Europa*, escrito de 1799 que Thomas Mann comentará a seguir (invertendo os termos do título).

[11] Esse parágrafo consta somente da primeira versão, de 1929.

[12] *As principais correntes da literatura do século XIX*, publicado na Dinamarca em 1871. A primeira edição alemã é de 1897.

É bem inacreditável que Nietzsche não o tenha reconhecido e considerado seriamente o romantismo alemão, do qual ele tinha em larga medida de se reconhecer como discípulo, um movimento de fato reacionário, hostil ao espírito e avesso ao futuro. Com efeito, ele evita empregar a palavra "romantismo" quando fala da hostilidade à ilustração, daquela disposição voltada para o passado, para a origem, para o conhecimento do sentimento, que esteve por um tempo a serviço de tendências obscurantistas, fanáticas, retrógradas, para um dia, no entanto, se mostrar como instrumento precisamente daquela ilustração contra a qual ela tinha se voltado, como mero jogo de ondas em meio a uma maré maior. Se afirma que essa maneira de pensar e sentir se voltou contra a revolução da sociedade, contra metas futuras e inovadoras, já pelo título de seu aforismo "Reação como progresso" ele reconhece que, contabilizada a longo prazo e no conjunto, sua ação foi revolucionária, em prol do progresso geral, da formação geral da humanidade. Com isso ele admite que o caráter revolucionário não precisa se manifestar necessariamente como culto à razão e como ilustração intelectualista. Ele faz observar que ilustração, no sentido histórico mais estrito da palavra, significa apenas um meio técnico do espírito, entre outros, para a renovação e o fomento da vida, e que a grande ilustração geral também pode ser fomentada por meios opostos, na troca e no jogo das ondas produzido pelas disposições e atmosferas espirituais.

É preciso tentar assumir esse ponto de vista, tolerante e crédulo, quando se encara de novo, depois de tudo, a atual hostilidade ao espírito – essa vontade anti-idealista e anti-intelectualista, disseminada por toda parte e dominadora de toda a época, de romper com o primado do espírito e da razão, de escarnecê-lo como a mais infrutífera das ilusões e de restabelecer triunfalmente os poderes da obscuridade e da profundeza, o instintivo e o irracional, em seu direito primordial à vida. Chamar de romântica a essa vontade da época, hoje instalada em quase todos os cantos, mas especialmente na Alemanha, seria um erro do ponto de vista crítico; amor ao espírito, utopismo apaixonado, orientação para o futuro, revolucionarismo da consciência são elementos e características por demais decisivos do romantismo para que seu nome possa ser aplicado aqui. Além disso, assim como o romantismo, cujo parentesco psíquico com a Revolução Francesa foi por nós lembrado, não pode ser entendido como puro repúdio ao século XVIII e seu classicismo, assim também, e menos ainda, se trata, na atual exaltação do irracional, de um puro contramovimento em oposição ao século XIX e sua suposta falta de profundidade. Uma época que em sua segunda metade ainda era dominada por gênios como Schopenhauer, Wagner, Bismarck e, por fim, Nietzsche dificilmente pode ser caracterizada como uma rarefação astênico-racional da vida, que teria provocado, como única reação possível, uma reforma do mito e do culto renovado dos poderes inferiores. A relação de nosso presente com essa época grande e problemática, melancólica e rica em tendências, é ainda mais complicada do que a relação do romantismo com o século XVIII. O movimento de hostilidade ao espírito, de desprezo à razão, de contrailustração, de que somos testemunhas, é atravessado e completado por tendências de uma crença juvenil no espírito e de uma vontade racional humanística e universalista, em suma, por tendências de um neoidealismo, que estabelece uma relação de afinidade do século XX com o século XVIII e que poderia se sentir com muito mais direito que qualquer idolatria do instinto numa oposição revolucionária à misantropia, ao pessimismo e ao nacionalismo do século XIX. Somos pouco inclinados a reconhecer que certos lapsos[13] vergonhosos do século XIX sejam determinantes para a fisionomia dessa época; nós negamos que o filistinismo da ilustração monista teria realmente dominado suas disposições mais profundas. Também conhecemos aqueles elementos seus em relação aos quais o irracionalismo moderno representa uma correção necessária e genuína, e contra os quais vale a pena que o pensamento saia a campo hoje. Sua especialização confusa e estreita, carente de ideias e alheia às questões mais elevadas e profundas da humanidade, provocou uma fecunda nostalgia por uma visão de conjunto e um impulso mais alto do conhecimento. Sua abstração conceitual, seu criticismo, a severa desolação de seus métodos de investigação são substituídos ou compensados por uma nova imediatez, uma investigação da vida, na qual sentimento, intuição, solidariedade da alma lutam por seus direitos, e o artístico se afirma como autêntico meio de conhecimento, a ponto de se poder falar de uma genialização da ciência e de uma nova possibilidade de ligar o seu conceito ao de sabedoria, um acontecimento por demais humanamente benéfico para que algum toque antirracionalista ou de menosprezo ao espírito possa nos determinar a aplicar a ele o conceito antagonístico de reação. Se hoje, por um aristocratismo totalmente falso, a ciência "rigorosa", "correta", recusa um livro como *Mundo primitivo, lenda e humanidade*, de Dacqué, destruindo a carreira acadêmica do autor, não

[13] A palavra "lapsos" traduz *Fehlleistugen*, que na teoria freudiana corresponde aos "atos falhos".

resta dúvida de que lado devemos estar – do lado do livro, que é verdadeira revolução, ou do lado da "recusa" acadêmica, com a qual em verdade absolutamente nada aconteceu.[14] Não quero me ater ao exemplo isolado, mas nada é mais certo que o fato de que também essa nova cientificidade representará um "ganho inestimável"em justiça e conhecimento, tal como o reconhecia Nietzsche naqueles modos antirracionais de considerar o mundo e os homens que "forçam a volta atrás" – e, embora o caráter e a técnica espirituais desse modo de consideração e investigação não sejam os da ilustração racional, estamos certos de que ele, por estar voltado revolucionariamente para o futuro, servirá à ilustração no grande sentido humano da palavra. Se aqui se pode falar de perigo, isto é, daquele perigo que Nietzsche via ligado a tais movimentos espirituais que se inclinam a "esmagar o conhecimento sob o sentimento" e a ser assim úteis ao espírito retroativo, tal perigo só existe na nova ciência na medida em que ela parece oferecer a possibilidade de que a verdadeira reação, os poderes do passado e da regressão abusem dela, quando estes, sem lhe pedir permissão, estabelecem uma aliança desavergonhada e fantasmagórica com ela. Esse é o perigo do momento presente. Não um perigo duradouro, de longo prazo, mas um perigo que pode causar uma confusão momentânea e levar forças valiosas a se desviar das metas da vida e do futuro.

Trata-se aqui de um despropósito moderno, e todos podem ver que ele se instaura com ajuda do conceito oscilante de re-

---

[14] O paleontólogo Edgar Dacqué e suas dificuldades acadêmicas serviram de modelo ao dr. Egon Unruhe, personagem do *Doutor Fausto*. O livro mencionado foi publicado em 1924.

volução; vale dizer, isso ocorre em virtude da reação que o usurpa, que se disfarça dele, e logra fazer com que aquilo que há de mais velho, que está morto e enterrado, como dissemos, apareça, não se sabe por que milagre, como uma vitalidade nova e atraente ao senso justo da juventude ainda não preparada para tais artimanhas. No que se refere à manifestação e à própria artimanha, pode-se realmente falar aqui de novidade. Algo assim quase não existiu antes, não existiu executado como que por acordo e por obediência a uma senha. Sempre existiu uma aversão à vida progressiva cujo pensamento estava voltado para a preservação e a restauração, sempre existiu um jeito piedoso e meditativo, melancólico ou persistente, de lidar com o passado, uma simpatia para com a morte que pode ter, e com frequência tem, muito mais espírito que um progresso alegre demais – a saber, precisamente quando ela sabe o que é e não quer ser outra coisa; quando não se ilude de ser julgada em função da vida, mas se sabe ou se presume mais nobre do que a vida, encontrando uma suficiência irônica nessa atmosfera de orgulhosa e perseverante desesperança. Essa postura e disposição de vida também existem hoje, são caracteres e obras cujo conservadorismo consciente de seu destino não carece de modo algum de dignidade humana. Falei certa vez com todo amor e minúcia de uma obra assim, o *Palestrina* do último romântico Hans Pfitzner, confissão dramático-musical que, como obra espiritual, supera de longe a produção operística contemporânea, ela que é expressão clássica, a mais fértil em termos psíquicos, dessa disposição psíquica. Querer moralizar sobre essa existência séria, sobre essa forma de viver fora do tempo, de viver até o fim o passado no presente, a pretexto de falar em nome da vida e do progresso, seria filistinismo. Aqui não há perigo, aqui há apenas melancolia, e só o ponto de vista estético tem validade. Impaciência e aversão começam, porém, com a tentativa de roubar os gestos de um futuro juvenil e de promover causas obscuras disfarçando-se dele, o que é próprio daquilo que é avesso à vida; elas começam ali onde a charlatanaria revolucionária cheia desses embustes parece ser capaz de atrair a inocência a segui-la até o monte da morte.

Creio que aqui é lugar de oferecer resistência, é o lugar para alguns esclarecimentos críticos acerca dessa maneira de agir. Para repeti-lo uma vez mais, essa ambição do que é velho é uma novidade. O velho em geral queria ser velho, e vociferava categoricamente contra o novo. Hoje ele mesmo quer ser o novo, e se pinta com a cor da vida, e o engano é até certo ponto possibilitado pela incerta luz matinal da época. Fazer o avesso ao espírito passar por revolução: o estratagema é possível, porque existe de fato uma revolução contra o espírito, contra a nova ciência, contra o novo pensamento profundo, contra justamente aquela nova investigação intuicionista da vida que, para usar os termos de Nietzsche, se empenha em "esmagar a razão sob o sentimento", anunciando a mensagem das camadas mais fundas da alma, do inconsciente, da dinâmica dos impulsos, da sensualidade – não importam os nomes com que possamos circunscrever o elemento natural-demoníaco –, e profere diante do trono da vida um discurso sobre o espírito que é tão acusatório quanto depreciativo. Quão lisonjeiro esse discurso soa aos ouvidos da vontade maldosa, a ela cuja aversão ao espírito é de uma espécie inteiramente outra, incomparavelmente mais "genuína" que a da nova investigação da vida; como o pessimismo desta última, que é justificado e necessário em seu trabalho de criar uma imagem nova e aprofundada do mundo e do homem, é desfigurado num derrotismo da humanidade, para o qual a única coisa que importa é destruir nos corações toda crença em "metas futuras e inovadoras" e difamar essa crença como uma ilustração rasa e antiquada, ultrapassada – isso não preocupa a antiespiritualidade espiritual, que tampouco vê razões para se preocupar. Mas nós temos motivo para observar o efeito estimulante que suas doutrinas exercem sobre os poderes retroativos, e talvez tenhamos mesmo motivo para falar de "um perigo geral que não é pequeno".

De fato não existe hoje nenhuma vontade de preservação falsa e hipocritamente piedosa, nenhuma aversão ao futuro, nenhum medo dele, nenhuma sonsice, nenhuma fidelidade à estupidez, nenhum retrocesso brutal ao passado, nem desejo de estagnação, restauração, recuo no caminho da tomada de consciência e do conhecimento – não há, digo eu, nada disso que não tenha se sentido reforçado pelas simpatias irracionais da nova investigação da vida, que não tenha buscado pôr-se em contato com elas, que não tenha recorrido a elas, que não tenha se confundido premeditadamente com elas e que, acima de tudo, não tenha procurado politizá-las e traduzi-las em algo socialmente antirrevolucionário, fazendo, assim, a reação mais crua aparecer numa luz revolucionária. Isso é muito simples. Se o espírito é apenas um inimigo impotente da vida, se natureza, impulso, noite, instinto são tudo o que dá configuração ao mundo, e se essa descoberta é o que há de mais novo e de mais jovem – ora, então tudo o que havia de velho é, na verdade, o que há de novo e jovem, todo o pré-racional e subracional é o que há de verdadeiro e salvador; e quem vier falar de ideias, de liberdade, por exemplo, de justiça não entende os sinais do tempo e pertence à "humanidade retrógrada".

Então toda tentativa de ajudar a razão a vencer o instinto – a vencer o mau instinto – é um crime contra a vida; pois não existem instintos ruins, se o instinto mesmo possui uma santidade ctônica. Então é intelectualismo desolador e retrógrado querer fazer a realidade se ajustar ao estado de conhecimento que o espírito já alcançou, pensar em solucionar a tensão doentia que hoje, mais perigosamente do que nunca, existe entre ambos. Benevolência social, interesse pela busca da época por formas novas e mais saudáveis de economia é marxismo antiquado, apoiar causas humanitárias, simpatizar com um anseio mundial de unidade espiritual, de síntese política, de comunhão dos povos é internacionalismo superficial, sutileza pacifista, e contra toda essa tralha ideológica ultrapassada se colocam, em todo o seu frescor revolucionário juvenil, o princípio dinâmico, a natureza liberta do espírito, a alma do povo, o ódio, a guerra.

Eis a reação como revolução, o grande retrocesso, enfeitado e pintado como um avanço avassalador. Quem entende essa vaidade? Pois isso é vaidade, necessidade de integração, o desejo de se sentir em união com o espírito, mesmo que de maneira deturpada, e não passar de modo e a preço algum por um maldito. É, no fundo, uma grande reverência para com a ideia de revolução, uma prova a mais do poder que ela exerce sobre a época. Não se é levado em conta sem ela, e também o moribundo sente isso: é assim que ele se autodenomina revolucionário, mais ou menos como no ano de 1918 o conservadorismo feudal levantou a bandeira de um partido popular.

E a juventude? Ela realmente se tornará vítima do modo grosseiro com que a tosca aversão ao espírito usurpa a profundidade de pensamento própria ao novo conhecimento da vida? É o que parece – ou por vezes é o que parece aqui e ali. Já não é incomum para nós o espetáculo deprimente em que se veem corpos jovens carregando ideias senis, levando-as de um lado a outro em passos velozes e destemidos, com canções juvenis nos lábios e braço estendido em saudação romana,[15] desperdiçando com isso o belo elã de suas almas. A confusão parece ficar ainda maior quando a juventude empresta o que há de amável em sua biologia ao que é velho e, além de velho, mau. Mas é apenas uma confusão momentânea, uma miragem sem consistência. A perversidade senil não se torna boa e bela porque é apoiada pela juventude; ela não ganha direito à vida, nem é digna de ser amada – ainda que a juventude derrame tragicamente seu sangue por ela. Erros e mal-entendidos dessa natureza não se mantêm em pé, eles estão destinados a ser corrigidos e eliminados; e a fim de acelerar o processo de sua retificação penso que seria aconselhável que a juventude se ocupasse de uma forma de manifestação da moderna investigação da vida que é mais eficaz do que qualquer outra para frustrar toda tentativa de utilizá-la indevidamente com o fim de obscurecer o conceito de revolução. Refiro-me à psicanálise, e volto finalmente, depois de tantos longos rodeios, ao meu propósito de dar conta, nas palavras mais breves que encontrar, da posição especial que seu criador ocupa na história do espírito moderno.

Falar dessa teoria hoje já não significa tratar de um método terapêutico – reconhecido ou controverso. Ela já extrapolou há muito tempo a mera esfera médica – certamente sem que o

[15] Trata-se, obviamente, da saudação fascista.

médico que a criou tenha de início imaginado tal coisa[16] – e se tornou um movimento mundial, pelo qual são afetados todos os campos possíveis do espírito e da ciência, como a investigação literária e artística, a história da religião e a pré-história, a mitologia, a etnologia, a pedagogia etc., e isso graças à dedicação com que seus adeptos se empenharam em expandi-la e em aplicá-la, criando em torno do seu núcleo médico-psiquiátrico uma aura de alcance comparável àquela que existe em torno da obra pessoal de Stefan George. Apesar disso, sendo em sua origem um método de tratamento, ela preservou em linhas gerais e em espírito o seu caráter medicinal, essa tendência ético-humanística que consiste em resgatar o humano de toda confusão e deformação provocadas pelo sofrimento, e nela, inegavelmente, esse sentido mais profundo que o conhecedor tem da doença não opera em proveito da profundidade e da própria doença, mas, ao contrário, a despeito de todas as vantagens que o conhecimento da vida extrai da exploração do obscuro, se trata, antes de mais nada e em definitivo, do diagnóstico e da cura, do "esclarecimento" na significação mais humanitária da palavra – quero dizer, portanto, que são a intenção e a vontade *médica* que determinam a posição especial da análise no interior do movimento científico de nossos dias.

Ela faz parte desse movimento, isso é claro. Ela é uma parte de sua força, de seu espírito – espírito que não se interessa muito pelo espírito como poder determinante da vida. Com sua ênfase no demoníaco da natureza, com sua paixão inves-

---

[16] Numa carta de agradecimento a Mann pelo envio deste texto, Freud discorda dessa afirmação, dizendo: "Creio não ser correto dizer que por muito tempo eu não vi que minhas constatações analíticas extrapolavam o âmbito médico ..."

tigativa pelas regiões noturnas da alma, ela é tão irracional como qualquer outra manifestação do novo espírito em sua luta vitoriosa com os elementos mecânico-materialistas do século XIX. Por seu espírito, a psicanálise é totalmente revolucionária. "Na condição de psicanalista", explica Freud de passagem, num de seus pequenos esboços autobiográficos, "tenho de me interessar mais pelos processos afetivos do que pelos intelectuais, mais pela vida psíquica inconsciente do que pela consciente." Frase extremamente simples, mas de grandes implicações. O que mais salta à vista é sobretudo a naturalidade com que nela se fala da "vida psíquica inconsciente". Hoje já de fato quase não fazemos mais ideia da afronta revolucionária que esse acoplamento de palavras representou para a psicologia escolar e para todos os costumes filosóficos no momento em que a psicanálise surgiu. Freud mesmo fala sobre isso em seu escrito sobre as *Resistências à psicanálise*, e muito acertadamente põe "humilhação psicológica" que sua teoria causou ao amor-próprio humano ao lado da "humilhação biológica" provocada pela teoria da evolução e ao lado da humilhação cosmológica anterior causada pela descoberta de Copérnico. "Vida psíquica inconsciente", isso parecia subversivo no sentido mais pleno da palavra, uma absurda contradição nos termos, que, se não fosse de fato uma contradição, significaria realmente a subversão de toda psicologia. Psíquico e consciente era o que se havia acostumado a pensar como coisas que andam juntas; aceitava-se que os fenômenos da consciência eram o conteúdo da alma, e psíquico inconsciente era, *assim se esperava*, um desatino incompreensível. A esperança era enganadora. Freud demonstrou que o psíquico é em si inconsciente, e a consciência é uma propriedade que pode ser acrescentada ao ato psíquico, mas nada modifica nele se deixa de ocorrer. Sua teoria da neurose se assentou sobre isso, pois ela afirmou e demonstrou o fenômeno do recalque, da não permissão para que um impulso aflore à consciência e da sua transformação no sintoma neurótico – demonstração cujo alcance além da esfera médica, cuja importância para todo o saber a respeito do homem decerto não era consciente àquele que a apresentou, mas que hoje todo mundo compreende. Essa demonstração era revolucionária e estava inteiramente de acordo com o sentido de todo o movimento antirracional e anti-intelectual de nosso tempo e em nítido vínculo histórico-espiritual com ele. Aquilo que se chama de pansexualismo freudiano, a sua teoria dos desejos e de suas satisfações neuróticas compensatórias, teve o mesmo efeito revolucionário e chocante; e só se pôde dar essa denominação propositalmente escandalosa à sua teoria porque, em primeiro lugar, não se compreendeu que ela tinha muito mais um caráter erótico do que meramente sexual e, em segundo lugar, porque não se deu atenção ao fato de que o recalque e a censura aos impulsos foram reconhecidos em sua teoria como poderes psíquicos que se opunham aos libidinosos.

Repito, as descobertas que Freud fez no inconsciente, sua psicologia profunda, essa investida no reino do obscuro levada inteiramente a cabo com inexorabilidade médica, pertencem, na história do espírito, ao conjunto do movimento revolucionário de nossa época, de antagonismo às tendências mecanicistas e materialistas do século passado. Mas ela se sobressai em relação a esse movimento pelo caráter decididamente mais que antagônico de seu revolucionarismo. Quando a frase modesta que citei fala de um interesse mais necessariamente voltado aos processos afetivos que intelectuais, isso dá ensejo a refletir sobre a psicologia do interesse, na qual nunca se está de todo livre de riscos e armadilhas. O interesse entra muito facilmente numa relação de solidariedade e de simpatia definitiva com seu objeto; ele consegue facilmente afirmar aquilo que havia se proposto a apenas conhecer. O interesse é interessante ele mesmo; onde ele existe, a questão é saber a partir de que fundamento e para que fim ele existe; pergunta-se, por exemplo, se um interesse preponderante pelo afeto é ele mesmo de natureza afetiva ou de tipo intelectual. No primeiro caso, ele significa enaltecimento – que é o que um interesse não deveria propriamente significar. O interesse que o investigador Freud tem pelo aspecto afetivo não degenera em enaltecimento do seu objeto às custas da esfera intelectual. Seu antirracionalismo significa a compreensão da superioridade, em termos fáticos e de poder, do instinto sobre o espírito; ele não significa a admiração submissa dessa superioridade e o escarnecimento do espírito. Ele não dá margem a confusões, nem é vítima delas. Nada mais comum que a confusão do caráter próprio de uma teoria com sua ideia favorita. Uma filosofia, por exemplo, em cujo centro está a ideia de intuição, uma filosofia intuitiva, portanto, não precisa ser de modo algum intuitiva, mesmo que ela própria se considere como tal. Freud está bem distante de dar alimento a um tal engano. Inegavelmente, inconfundivelmente, o seu "interesse" pelo impulso não tem para com este uma relação de adulação que nega o espírito e conserva a natureza, mas serve à vitória da razão e do espírito entrevista revolucionariamente no futuro, ele serve à ilustração – a palavra proibida é aqui introduzida em seu sentido o mais alto, o mais independente das vagas do tempo. "Podemos insistir", diz Freud, "quantas vezes quisermos que o intelecto humano é impotente diante da vida instintiva humana, e temos razão nisso. Mas há algo de peculiar nessa fraqueza; o intelecto tem fala mansa, mas não sossega enquanto não lhe dão ouvidos. Por fim, após incontáveis rejeições, ele acaba por conseguir." Estas são palavras suas; e seria difícil conseguir extrair qualquer aplicabilidade reacionária de uma teoria em que o primado da razão é terminantemente denominado o "ideal psicológico".

Essa teoria não é revolucionária apenas no sentido científico e em relação a métodos de conhecimento anteriores; ela o é no sentido o mais próprio, o mais inequívoco e menos adulterável, inteiramente conforme à definição que o romantismo dá à palavra. É comovente que Freud tenha trilhado o duro caminho de seus conhecimentos inteiramente só, de um modo inteiramente autônomo, apenas e tão somente como médico e cientista natural, sem ter tido notícia de meios de consolo e de confirmação que a grande literatura lhe teria proporcionado – sem o favorecimento de relações pessoais com ela. Tinha de ser assim: a força propulsora do seu conhecimento aumentou sem dúvida em função de não ter contado com tal favorecimento. Ele não conheceu Nietzsche, em quem por toda parte encontramos intuições freudianas antecipadas como que na forma de relâmpagos; e que ele – manifestamente – não tenha conhecido Novalis em primeira mão seria já quase de lamentar, caso se suponha permitido desejar que as coisas tivessem sido mais fáceis para ele. Mas um contexto em que o conceito de inconsciente desempenha um papel psicológico tão decisivo autoriza que se fale de legado inconsciente, de relações suprapessoais. O conceito de influência é misterioso; aquilo que é assim denominado é de natureza tão mediata, tão dependente da atmosfera e tão espiritual, que a palavra se converte num embrutecimento grosseiro do processo. Quando escrevi meu romance *A montanha mágica*, no qual a psicanálise entra de maneira humorística, eu não conhecia de Freud senão o mais geral; eu não tinha lido seriamente nenhum de seus escritos. Num capítulo intitulado "Pesquisas", fiz meu jovem aventureiro no reino do pensamento, adepto apaixonado da biologia, desenvolver ideias sobre a origem da vida, sobre a hipótese inevitável da geração original, sobre o surgimento da vida a partir do inanimado. Faço-o conceber esse acontecimento como um acontecimento intermediário entre dois outros, um anterior e outro posterior: entre o surgimento do material a partir do imaterial e o surgimento da consciência na matéria viva. "O primeiríssimo passo para o mal, para a voluptuosidade e para a morte, dava-se, sem dúvida, no lugar onde, provocada pelo prurido de uma infiltração desconhecida, realizava-se aquele primeiro adensamento do espírito, aquele vicejo exuberante do seu tecido, mescla de prazer e de repulsa, que constituía a fase mais primitiva do substancial, a transição do imaterial ao material. Esse foi o pecado original. A segunda geração original, a criação do orgânico pelo inorgânico, já não era mais que uma intensificação maligna do progresso do corpo em direção à consciência, da mesma forma que a enfermidade do organismo era um exagero ébrio e um relevo indecente de sua corporeidade; a vida era apenas o próximo passo no caminho aventuroso do espírito que se tornara impudico, o cálido reflexo do pudor da matéria que fora despertada à sensibilidade e se mostrara disposta a corresponder ao apelo..."[17] Assim está no romance. Um especialista teria podido me dizer que a passagem é claramente freudiana. Muito mais tarde li o seguinte naquele escrito extraordinário, *Para além do princípio do prazer*, que dá uma nova inflexão à teoria freudiana mediante a introdução da oposição entre impulsos de vida e impulsos de morte: "Em algum momento, na matéria inanimada as propriedades do ser vivo foram despertadas pela ação de uma força ainda totalmente incompreensível. Talvez tenha sido uma transformação, de tipo semelhante àquela outra que numa certa camada da matéria viva fez posteriormente surgir a consciência. A tensão assim surgida na matéria antes inanimada se esforçou por se ajustar; foi dado o primeiro impulso, o de retornar ao inanimado."

Cito as duas passagens como exemplo, que me toca de perto, de relações simpatéticas que palavras como empréstimo e dependência só caracterizariam grosseiramente. Há pelo menos uma dependência com autonomia, e dessa espécie são manifestamente as relações bem espantosas de Freud com o romantismo alemão – relações cujas marcas características saltam aos olhos quase tanto quanto as de sua origem inconsciente em Nietzsche, mas que até agora receberam pouca apreciação crítica. Quando Freud, por exemplo, designa como primeiro impulso retornar ao inanimado; quando busca uma solução para o problema do impulso unificando "a preservação de si e da espécie sob o conceito de Eros", e opõe a este o "impulso de morte ou destruição, que trabalha sem fazer ruído" e

[17] *A montanha mágica*, trad. Herbert Caro, Rio de Janeiro, Nova Fronteira, 2006, p.390-1. Tradução ligeiramente modificada.

concebe "o impulso de maneira bem geral como uma espécie de elasticidade do ser vivo, como um ímpeto de restabelecer uma situação que existiu em algum momento e foi suprimida por uma perturbação externa"; quando ele fala da natureza *essencialmente conservadora* dos impulsos e define a vida como cooperação e antagonismo entre Eros e impulso de morte – tudo isso soa como uma transcrição do aforismo de Novalis: "O impulso de nossos elementos tende à desoxidação. A vida é oxidação forçada." Novalis também vê no Eros que tudo mantém o princípio que impele a apreender o orgânico em unidades cada vez maiores, e o radicalismo erótico de sua psicologia social é um prenúncio místico dos conhecimentos e especulações natural-científicos de Freud. "Amor é o que nos pressiona a nos unir." Isso é Novalis. E quando Freud fala da libido narcisista do eu, e a deduz das transposições libidinais com que as células somáticas se juntam umas às outras, isso está tão completamente na linha dos devaneios romântico-biológicos, que podemos chamá-la de uma ideia que apenas por acaso não ocorre expressamente em Novalis.

Aquilo que foi erroneamente chamado de "pansexualismo", a teoria freudiana da libido é, em resumo, romantismo despido de mística e convertido em ciência natural. É ela que o transforma no psicólogo da profundidade, em investigador do inconsciente, e o faz conhecer a vida através da doença; que o insere no conjunto do movimento científico antirracional de hoje e também faz com que sobressaia em relação a ele. Pois há nessa teoria um elemento de disposição espiritual que a torna refratária a qualquer tentativa de fazer mau uso em qualquer sentido reacionário e hostil ao espírito; um elemento que restringe seu anti-intelecutalismo e o conhecimento sem deixar que ele alcance a vontade. E essa espiritualidade está ligada justamente à ideia cuja predominância despertou as resistências mais violentas à sua teoria, porque o preconceito cristão nos acostumou a vê-la à luz da impureza e da pecaminosidade: a ideia do sexo. Ao descrever o impulso de morte e de destruição como empenho do que é vivo para voltar ao estado de distensão do inanimado, e ao fazer com que essa "volta" seja retida pelo sexo, que é o "verdadeiro impulso de vida", o único com o qual estão ligadas todas as tendências internas ao desenvolvimento mais elevado, à união e ao aprimoramento, Freud confere à sexualidade uma disposição para a espiritualidade revolucionária que o cristianismo estava muito longe de lhe atribuir.[18]

Sabe-se a que ponto toda a psicologia da civilização[19] de Freud se explica pelos destinos dos impulsos, e qual o papel que nela desempenham os conceitos de sublimação e de recalque. A análise, aplicada à vida psíquica normal, torna claro que "os mesmos componentes sexuais que se deixam desviar de suas metas mais imediatas e conduzir para outras são os que proporcionam as contribuições mais importantes para as realizações culturais do indivíduo e da comunidade". Por recalque, no entanto, ela entende a censura do escrúpulo mo-

---

[18] As páginas finais, a partir daqui, constam apenas da edição de 1929.

[19] O termo que aparece aqui é *Kultur*, traduzido em boa parte deste livro por "cultura". A decisão de escolher entre uma e outra tradução depende naturalmente do contexto. O livro de Freud tem por título *O mal-estar na civilização* (*Das Unbehagen in der Kultur*); já as ideias de Mann transcorrem num limite menos definido entre a produção cultural e civilizacional. Mas mesmo em Freud as coisas não são tão estanques. O leitor interessado nessa diferença entre civilização e cultura pode consultar o capítulo "Da sociogênese dos conceitos 'civilização' e 'cultura'" de *O processo civilizador*, de Norbert Elias (Rio de Janeiro, Zahar, 2ª ed., 2011).

ral que impede impulsos arcaicos ou socialmente impossíveis de aceder à consciência, seu amordaçamento no inconsciente, processo que é menos criador do que condicionador da civilização, pois a civilização somente é possível sob a pressão de determinadas proibições, mantidas graças a dispositivos morais e físicos de poder; e como uma introjeção efetiva e autêntica dessas proibições, que significaria liberdade, não pôde ser alcançada na maioria dos homens comuns nem mesmo pela santificação religiosa, a consequência é um estado de hipocrisia cultural, favorecido pela lei de silêncio antianalítica que a sociedade impõe no que se refere aos pressupostos sobre os quais está baseada a civilização. "A civilização humana", diz Freud, "repousa sobre dois apoios, o primeiro é o domínio sobre as forças da natureza, o segundo, a limitação de nossos impulsos. Escravos acorrentados carregam o trono da soberana. Em meio aos componentes impulsivos tornados assim tão servis, os dos impulsos sexuais – no sentido estrito – se destacam por sua força e selvageria. Ai dela se eles se libertam; o trono seria virado de ponta-cabeça, e a soberana, pisoteada. A sociedade sabe disso – e não quer que se fale desse assunto." Por que não? Porque ela, responde Freud, tem má consciência em mais de um sentido. "Em primeiro lugar, ela estabeleceu um ideal elevado de moralidade – moralidade é restrição do impulso – cuja observância ela exige de todos os seus membros, e não se preocupa com o quão difícil essa obediência possa ser para o indivíduo. Ela, porém, também não é tão rica nem *tão bem organizada* que possa ressarcir o indivíduo na proporção de sua renúncia aos impulsos. Cabe, portanto, ao indivíduo encontrar o caminho pelo qual possa obter compensações suficientes para o sacrifício que lhe foi infligido, a fim de preservar seu equilíbrio psíquico. Mas no fim das contas ele é obrigado a viver psicologicamente acima de sua condição, enquanto as exigências de seus impulsos insatisfeitos fazem com que sinta as exigências da civilização como uma pressão constante." Aqui está, segundo Freud, a origem da hipocrisia alimentada pela sociedade, e que é sustentada tanto pela insegurança como pela necessidade de "proteger a inegável labilidade mediante a interdição da crítica e da discussão". Mas essa resistência, em sua opinião, não pode ser mantida eternamente. "Nenhuma instituição humana", diz ele, "pode se subtrair por muito tempo à ação do exame crítico justificado."

Além de boa e simpática, essa proposição é, sobretudo, comprovadamente correta, é uma proposição autenticamente iluminista e de um tom sem dúvida revolucionário. Que tenha sido pensada revolucionariamente num sentido socialmente amplo, num sentido até socialista, fica claro o bastante em mais de uma passagem dos escritos de Freud. Mas esse socialismo e revolucionarismo não é uma política catastrofista, e sim o oposto dela. Ele quer prevenir a catástrofe e evitá-la de uma maneira espiritual; sua preocupação é com a cura, seu sentido é medicinal – na verdade, a análise é a forma médica da revolução.

Nós conhecemos a teoria da neurose desse médico, sabemos que para ele o sintoma neurótico é consequência – não a consequência necessária, mas justamente a consequência patológica do recalque. Observando-se mais de perto, fica claro que ele vê toda a condição de nossa civilização atual sob o signo e a imagem da neurose repressiva – o que é mais que uma imagem ou alegoria, tendo de ser em grande parte entendida no sentido literal e próprio, com o que, no entanto, o alegórico vai além do literal. Freud vê em nossa civilização uma perfeição e uma harmonia ilusórias, totalmente inseguras, instáveis, aparentadas – e não só aparentadas – ao estado em que o neurótico se adapta e se resigna aos seus sintomas, uma forma de vida "que não tem perspectiva de se conservar por longo tempo, nem o merece". Aqui começa o parentesco tão surpreendente, e tão significativo para a história do espírito, de sua teoria com a filosofia da tomada de consciência daquele romantismo representado por Novalis. Ela tem a sensibilidade e conscienciosidade romântica contra a inumanidade de todo conservadorismo embotado, contra uma piedade que tenta preservar a todo preço formas de vida prematuras, moralmente imerecidas, baseadas na instabilidade da falta de consciência. Ela significa a necessidade de desfazer, de dissolver tais ordenações mal-acabadas mediante exame crítico; com o romantismo, ela acredita na transcendência da desordem, em níveis mais elevados, no futuro. O caminho que ela prescreve é o da tomada de consciência, da análise, pelo qual não há pouso nem volta, nenhum restabelecimento dos "bons tempos antigos"; a meta que ela mostra: uma nova ordenação de vida, merecida, assegurada pela tomada de consciência e repousando sobre liberdade e veracidade. Pode-se chamá-la de iluminista, segundo seus meios e objetivos; mas seu iluminismo atravessou muita coisa para que se possa confundi-lo com alegre superficialidade. Pode-se chamá-la de irracional, porque seu interesse investigativo está direcionado para a noite, para o sonho, para o impulso, para o pré-racional, e em seu início se encontra o conceito de inconsciente; mas ela está muito distante de se deixar converter, por esse interesse, numa servidora do espírito obscurantista, delirante, retrógrado. *Ela é aquela forma de manifestação do irracionalismo moderno que resiste inequivocamente a toda usurpação reacionária.* Ela é, seja-nos permitido expressar essa convicção, uma das pedras mais importantes na consolidação dos fundamentos do futuro, da morada em que habitará uma humanidade libertada e consciente. Seu lema é o ensinamento benevolente de Marco Aurélio, ensinamento que vai além do cristianismo: "Faça a ilusão desaparecer! Então o 'coitado de mim!' também terá desaparecido; e, com o 'coitado de mim!', também a dor."[20]

[20] Mann cita a partir do aforismo 450 do *Aurora* de Nietzsche.

Freud e o futuro

Senhoras e senhores!

O que legitima um escritor a ser o orador na cerimônia de homenagem a um grande cientista? Ou, se lhe é permitido transferir a responsabilidade disso àqueles que acreditaram que deviam lhe atribuir esse papel: como se justifica que uma sociedade científica, no nosso caso uma associação acadêmica de psicologia médica, delegue a tarefa de fazer o discurso de celebração do grande dia do seu mestre não a um de seus expoentes, a um homem de ciência, mas a um escritor, isto é, um espírito humano que não se volta essencialmente para o saber, a dissecação, a indagação, o conhecimento, mas para a espontaneidade, a síntese, a produção e criação ingênua, e que, assim, pode quando muito se tornar *objeto* do conhecimento fecundo, mas não se prestar, por sua natureza e vocação, a *sujeito* desse conhecimento? Será que isso ocorre por se considerar que, como artista e até como artista espiritual, o escritor está mais destinado às festividades do espírito e às celebrações em geral que o homem do conhecimento, o cientista, que ele é um ser mais festivo do que este? Não quero contradizer essa opinião. É verdade que o escritor entende das celebrações da vida; ele entende até mesmo da vida como celebração – com o que se toca de leve e de passagem pela primeira vez num motivo que deverá certamente desempenhar um papel temático na música de homenagem espiritual desta noite. Mas o sentido que os organizadores querem dar a esse evento festivo se encontra antes na coisa mesma, a saber, no encontro solene e novo entre objeto e sujeito, entre objeto e agente do conhecimento – numa inversão saturnal das coisas, na qual aquele que conhece, aquele que interpreta os sonhos se transforma em objeto celebrado do conhecimento onírico –, e também a essa ideia eu não tenho nada a objetar, pela simples razão de que também nela já soa um motivo que terá um desenvolvimento sinfônico importante. Ele retornará numa instrumentação mais plena e em forma mais compreensível, pois, ou muito me engano, ou a união de sujeito e objeto, sua confluência, sua identidade, a compreensão da unidade misteriosa de mundo e eu, de destino e caráter, de acontecer e fazer, a compreensão, portanto, do mistério da realidade como obra da alma – é justamente o que constitui o alfa e ômega de toda iniciação psicanalítica...

Como quer que seja, quando se decide convidar um escritor para homenagear um cientista genial, isso diz algo tanto sobre um como sobre o outro; serve para caracterizar a ambos. Daí resulta uma relação particular do homenageado com o mundo da poesia e da literatura, assim como uma relação peculiar do poeta, do escritor com a esfera de conhecimento da qual o homenageado aparece ao mundo como o criador e mestre; e o que há por sua vez de peculiar e digno de nota nessa relação recíproca, nessa proximidade dos dois, é que por muito tempo ambos não tenham tido ciência dela, que ela tenha permanecido no "inconsciente": portanto, naquela região da alma cuja exploração e iluminação, cuja conquista para a humanidade foi precisamente a missão mais própria desse espírito investigativo. Já faz tempo que as relações estreitas entre literatura e psicanálise se tornaram conscientes para ambas. A solenidade desse momento está, porém, pelo menos aos meus olhos e para meu sentimento, na realização, decerto pela primeira vez, de um encontro público de ambas as esferas na manifestação daquela consciência, na clara manifestação de seu reconhecimento.

Disse que por muito tempo os vínculos, as simpatias profundas permaneceram desconhecidas de ambos os lados. E, efetivamente, sabemos que o espírito que hoje nos empenhamos em homenagear, Sigmund Freud, o fundador da psicanálise como terapêutica e método de investigação geral, percorreu o duro caminho de seus conhecimentos totalmente só, de maneira inteiramente autônoma em sua condição de médico e cientista natural, desconhecendo os meios de consolo e confirmação que a grande literatura poderia lhe ter proporcionado. Ele não conheceu Nietzsche, em quem encontramos por toda parte intuições freudianas antecipadas como relâmpagos; não conheceu Novalis, cujos devaneios e inspirações romântico-biológicos com frequência se aproximam espantosamente das ideias analíticas; não conheceu Kierkegaard, cuja coragem cristã para a observação psicológica radical o teria tocado profunda e proficuamente; e decerto tampouco conheceu Schopenhauer, o melancólico sinfonista de uma filosofia do impulso que se esforça por conversão e redenção... Tinha de ser assim. Ele tinha de obter os seus conhecimentos com método e da maneira a mais pessoal, sem conhecer intuições antecipatórias, desfavorecimento que provavelmente aumentou a força propulsora de seu conhecimento, e sua imagem séria não pode ser de modo algum separada da solidão – aquela solidão de que trata Nietzsche no seu deslumbrante ensaio "O que significam ideais estéticos?", quando chama Schopenhauer de um "verdadeiro filósofo", "um espírito verdadeiramente firmado sobre si mesmo, um homem e cavaleiro de olhar de bronze, que tem coragem de ser ele mesmo, que sabe estar sozinho e não espera por comandantes nem por acenos superiores". Na imagem desse "homem e cavaleiro", cavaleiro entre a morte e o diabo, eu me acostumei a ver o psicólogo do inconsciente desde que sua figura espiritual apareceu em meu campo visual.

Isso aconteceu tarde, bem mais tarde do que seria de se esperar, tendo em vista o parentesco do impulso poético-literário em geral, e de minha natureza em particular, com essa ciência. Esse parentesco é constituído sobretudo por duas tendências: em primeiro lugar, pelo amor à *verdade*, um senso de verdade, uma sensibilidade e excitabilidade por esses estímulos e amargores, à verdade que se manifesta principalmente como receptividade e lucidez *psicológica*, de modo que o conceito de verdade por fim quase se dissolve no conceito de percepção e conhecimento psicológico; e, em segundo lugar, pelo senso da *doença*, por uma certa afinidade com ela contrabalançada pela saúde e a experiência de sua significação produtiva.

No que concerne ao amor à verdade, o amor doloroso e moral pela verdade como *psicologia*, ele provém da grande escola de Nietzsche, em quem de fato salta aos olhos a coincidência de verdade com verdade *psicológica*, do indivíduo que conhece com o psicólogo: seu orgulho da verdade, seu conceito mesmo de honradez e de pureza intelectual, sua coragem e melancolia de saber, seu autoconhecimento e autoflagelação – tudo isso é pensado psicologicamente, tem caráter psicológico, e jamais esqueço o fortalecimento e aprofundamento educativo por que minhas próprias disposições passaram ao vivenciarem a paixão psicológica de Nietzsche. No *Tônio Kroeger*, aparece a expressão "aversão ao conhecimento". Ela tem uma marca bem nietzschiana, e sua melancolia juvenil aponta para o que há de hamletiano na natureza de Nietzsche, na qual a dele se espelhava – uma natureza que o destino levou ao saber, sem que ela tenha nascido propriamente para ele. Aquilo sobre o que falo ali são as dores e tristezas juvenis, que nos anos mais maduros se transformaram em algo mais sereno e tranquilo. Mas a propensão a entender verdade e saber psicologicamente, a identificá-los com a psicologia, a sentir a vontade psicológica da verdade como a vontade da verdade em geral e a psicologia como verdade no sentido mais próprio e mais corajoso da palavra – essa propensão, que se pode muito bem chamar de naturalista e se deve atribuir a uma educação que passou pelo naturalismo literário – permaneceu em mim, e constitui a precondição para a abertura do espírito à ciência natural da alma que porta o nome de "psicanálise".

A segunda tendência, como disse, é o senso da doença ou, mais exatamente, da doença como meio de conhecimento; também poderíamos derivá-la de Nietzsche, que sabia muito bem o que devia a sua doença, e que parece ensinar a cada página que não há conhecimento mais profundo sem experiência da doença, e que toda saúde superior tem de passar por ela. Também poderíamos fazer esse senso remontar à experiência de Nietzsche, se ele não estivesse intimamente ligado ao saber do homem espiritual em geral e do homem poético em particular, à essência da humanidade e do humano, de que o poeta é tão só a expressão máxima. "*L'humanité*", disse Victor Hugo, *"s'affirme par l'infirmité"*[1] – frase que reconhece, com orgulhosa sinceridade, a constituição delicada, a competência que a humanidade e a cultura mais elevada alcançaram no campo da doença. O homem foi chamado de "o animal enfermo" em virtude das tensões que o oneram e das dificuldades que o distinguem, as quais lhe são impostas pela posição que ocupa entre natureza e espírito, entre animal e anjo. Pode ainda causar surpresa que os avanços mais profundos na investigação do fundo obscuro da natureza humana tenham vindo pelo prisma da doença, isto é, que a doença, a saber, a neurose, tenha se mostrado um meio de conhecimento antropológico do mais alto nível?

O escritor deveria ser o último a se surpreender. Antes deveria admirar-se de que, a despeito de uma disponibilidade geral e pessoal tão forte, ele tenha percebido tão tarde as relações simpáticas de sua existência com a investigação psicanalítica e a obra de vida de Freud, num momento em que essa doutrina já há muito deixara de ser tratada como um método de tratamento – reconhecido ou contestado –, em que, pelo contrário, ela de há muito já havia extrapolado o âmbito meramente medicinal e se tornado um movimento mundial, que perpassou todos os domínios possíveis do espírito e da ciência: a investigação literária e artística, a história da religião e a pré-história, a mitologia, a etnologia, a pedagogia e tudo o mais – e isso graças ao zelo com que os adeptos a ampliaram e aplicaram, envolvendo o seu núcleo psiquiátrico-medicinal com essa aura de efeitos mais gerais. Seria até mesmo exagerado dizer que eu cheguei à psicanálise: foi ela que chegou até mim. Pelo

---

[1] "A humanidade se afirma pela enfermidade". Em francês no original.

interesse e apreço que ela, por meio de alguns de seus discípulos e representantes, repetidamente demonstrou pelo meu trabalho, desde o *Pequeno senhor Friedmann* até *Morte em Veneza*, *A montanha mágica* e o romance sobre José, ela me deu a entender que eu tinha algo a ver com ela, que a meu jeito eu era de certa maneira "de casa"; ela me fez tomar consciência, como bem lhe convinha, das simpatias latentes, "pré-conscientes"; e o estudo da literatura analítica me fez reconhecer, nos trajes do pensamento e da linguagem da exatidão científica, muito daquilo que já me era bastante conhecido de minha experiência espiritual anterior.

Permitam-me, senhoras e senhores, prosseguir ainda um pouco nesse estilo autobiográfico, e não me levem a mal se, em vez de falar de Freud, eu aparentemente falo de mim! Eu quase não ouso falar sobre ele. O que teria eu de novo para dizer ao mundo sobre ele? Falo *em seu louvor* também e precisamente quando falo de mim e lhes narro o quão profunda e particularmente preparado eu estava, pelas impressões determinantes da formação de minha juventude, para os conhecimentos vindos de Freud. Mais de uma vez, em recordações e confissões, relatei a experiência impactante, a mistura peculiaríssima ao mesmo tempo inebriante e educativa, que o conhecimento da filosofia de Arthur Schopenhauer significou para o jovem que lhe erigiu um monumento em seu romance *Os Buddenbrooks*. No pessimismo de uma metafísica já fortemente armada de conhecimentos da ciência natural eu encontrei pela primeira vez a intrépida coragem para a verdade que constitui a moralidade própria à psicologia analítica profunda. Numa revolução sombria contra a crença de milênios, essa metafísica ensinou o primado do impulso diante do espírito e da razão, ela reconheceu a *vontade* como cerne e fundamento da essência do mundo, tanto do homem como de todas as demais criaturas, e o intelecto como algo secundário e acidental, como servidor e fraco iluminador da vontade. Ela não fez isso por maldade anti-humana, que é a má motivação que impele as atuais doutrinas hostis ao espírito, mas por aquele rigoroso amor à verdade de um século que combateu o idealismo *por* idealismo. Esse século XIX foi tão verdadeiro que ele quis até reconhecer, com Ibsen, a mentira, a "mentira da vida", como sendo inevitável – e bem se vê que há uma grande diferença entre afirmar a mentira por um pessimismo sofrido e por amarga ironia, por causa do espírito, ou por ódio ao espírito e à verdade. Essa diferença não está clara para todos hoje.

Ora, o psicólogo do inconsciente, Freud, é um filho autêntico do século dos Schopenhauers e dos Ibsens, em cuja metade ele nasceu. Como sua revolução está próxima da de Schopenhauer, pelos conteúdos, mas também pelo seu caráter moral! Sua descoberta do enorme papel que o inconsciente, o "isso", o "id", desempenha na vida psíquica do homem foi e é tão escandalosa para a psicologia clássica, segundo a qual consciência e vida psíquica são uma e a mesma coisa, quanto a doutrina da vontade de Schopenhauer foi para toda crença filosófica na razão e no espírito. Com efeito, o antigo admirador de *O mundo como vontade e representação* se sente em casa lendo o extraordinário escrito que faz parte das *Novas preleções de introdução à psicanálise*, cujo título é "Decomposição da personalidade psíquica". Nele, a dimensão psíquica do inconsciente, o "isso", é descrito com palavras que também Schopenhauer poderia ter empregado, com a mesma veemência, com a mesma ênfase no interesse intelectual, com a mesma frieza médica, para descrever o seu sombrio reino da vontade. A região do "isso", diz ele, "é a parte obscura, inacessível de nossa personalidade; o pouco que dele sabemos, nós o aprendemos mediante o estudo da elaboração onírica e da formação do sintoma neurótico". Ele a descreve como um caos, uma caldeira onde borbulham os estímulos. O *isso*, pensa ele, está, por assim dizer, finalmente aberto para o âmbito somático e ali acolhe em si as carências do impulso, que nele encontram sua expressão psíquica – sem que se saiba em qual substrato. A partir dos impulsos, ele se enche de energia, mas não tem organização, não alcança uma vontade conjunta, é apenas o esforço para satisfazer as carências impulsivas obedecendo ao princípio do prazer. Nele não valem as leis lógicas do pensamento, sobretudo o princípio da contradição. "Estímulos contraditórios convivem uns com os outros, sem se suprimir ou enfraquecer uns aos outros; quando muito, sob a pressão econômica dominante, eles concordam na formação de compromissos para a descarga de energia..." Como as senhoras e os senhores veem, são estados que, segundo a experiência de nossa história atual, podem muito bem ser transpostos para o eu mesmo, para todo um eu coletivo, a saber, graças a uma doença moral causada pela adoração do inconsciente, pelo enaltecimento de sua "dinâmica", a única capaz de promover a vida, pela glorificação sistemática do primitivo e do irracional. Pois o inconsciente, o *isso*, é primitivo e irracional, ele é puramente dinâmico. Ele não conhece valores, nem bem nem mal, nem tampouco uma moral. Ele não conhece nem sequer o tempo, o transcurso temporal, a mudança do processo psíquico que se dá nesse transcurso. "Estímulos do desejo", diz Freud, "que jamais transpuseram o *isso*, mas também impressões que o recalque colocou no fundo do *isso*, são virtualmente imortais, e se comportam, depois de decênios, como se tivessem ocorrido em tempos recentes. Eles só podem ser reconhecidos como passado, perder o seu valor e ser desinvestidos de sua energia se se toma consciência deles através do trabalho analítico." E é principalmente aí que reside, acrescenta ele, o efeito curativo do tratamento analítico. Assim compreendemos o quão antipática a psicologia analítica profunda tem de ser para um eu que, embriagado por uma religiosidade do inconsciente, desceu ao estado da dinâmica subterrânea. É mais que claro que e por que tal eu não quer saber da análise e o nome de Freud não pode ser mencionado em sua presença.

No que diz respeito ao eu, o que se passa com ele é quase comovente, algo que causa bastante preocupação. Ele é uma parte pequena, avançada, iluminada e alerta do "isso" – mais ou menos como a Europa é uma pequena e esperta província da grande Ásia. O eu é "aquela parte do 'isso' que foi modificada pela proximidade e influência do mundo externo, constituída para acolher e proteger os estímulos, comparável àquela membrana com que uma partícula de substância viva se envolve". É uma imagem biológica evidente. Freud escreve em geral numa prosa muito clara, ele é um artista do pensamento como Schopenhauer, e um escritor europeu como ele. A relação com o mundo externo se tornou, segundo ele, decisiva para o eu, que tem a tarefa de representá-lo perante o isso – para o bem deste! Pois se não levasse em conta essa força exterior altamente poderosa, o isso, em seu esforço cego para a satisfação dos impulsos, não escaparia da destruição. O eu observa o mundo externo, ele se lembra, ele procura seriamente diferenciar o que é de fato objetivo daquilo que é acréscimo a partir de fontes de estímulo internas. Por incumbência do "isso", ele controla a alavanca da motilidade, da ação, mas insere entre necessidade e ação o intervalo para o trabalho do pensamento, durante o qual ele consulta a experiência, e possui uma certa superioridade reguladora em relação ao princípio do prazer, que reina sem controle no inconsciente, e que ele corrige mediante o princípio de realidade. Mas quão fraco ele é a despeito de tudo! Espremido entre inconsciente, mundo externo e aquilo que Freud chama de "superego", a consciência moral, ele leva uma existência bastante nervosa e angustiada. A sua dinâmica própria é muito frágil. Ele toma emprestadas suas energias do "isso" e, no geral, tem de executar os propósitos deste. Ele bem que gostaria de considerar a si mesmo como o cavaleiro, e o inconsciente como seu cavalo. Mas muitas vezes ele é cavalgado pelo inconsciente, e gostaríamos apenas de acrescentar o que Freud deixou de fazer por moralidade racional, a saber, que é dessa maneira um tanto ilegítima que sob certas circunstâncias ele vai mais longe.

Mas a descrição freudiana do "isso" e do eu – ela não é tal e qual a descrição schopenhaueriana da "vontade" e do "intelecto" – uma tradução de sua metafísica em linguagem psicológica? E aquele que, independentemente disso, já havia experimentado com Nietzsche os atrativos dolorosos da psicologia, depois de ter recebido a iniciação metafísica de Schopenhauer, como não deveria ele ser tomado por sentimentos de familiaridade e reconhecimento quando percorreu pela primeira vez o território psicanalítico, tendo sido encorajado a isso por aqueles que ali residiam?

Ele também percebeu que o contato com ela agia retroativamente do modo mais forte e eficaz sobre aquelas impressões anteriores quando eram refeitas a partir dessa perspectiva. Depois de ter convivido com Freud, como não ler de outra maneira, à luz das suas descobertas, as observações contidas na grande dissertação de Schopenhauer "Sobre o propósito aparente no destino do indivíduo"?[2] E aqui, senhoras e senhores, estou prestes a indicar o ponto de contato mais íntimo e mais secreto que existe entre o mundo da ciência natural de Freud e o mundo filosófico de Schopenhauer – e esse ponto de contato se encontra no ensaio que acabo de mencionar, espanto de profundidade e perspicácia. O pensamento misterioso que Schopenhauer nele desenvolve é, em suma, o de que, exatamente como no sonho, nossa vontade, sem o pressentir, aparece como destino objetivo implacável, como tudo nele vem de nós mesmos e cada qual é o secreto diretor teatral de seus sonhos – da mesma maneira, na realidade, no grande sonho que uma única essência, a vontade mesma, sonha com todos nós, nossos destinos seriam o produto daquilo que temos de mais íntimo, da nossa vontade, e seríamos nós, portanto, que a bem da verdade efetuaríamos aquilo que parece acontecer conosco. Estou resumindo bem precariamente, prezadas senhoras e senhores, pois na verdade são explicações da mais alta força sugestiva e de poderoso alcance. Fato, porém, é que não apenas a psicologia do sonho de que se vale Schopenhauer tem caráter pronunciadamente analítico – não falta sequer o argumento e o paradigma sexual; ademais, todo o seu complexo de pensamento é em tal medida um prenúncio de concepções da

---

[2] O escrito intitulado "Especulação transcendente sobre o aparente propósito no destino do indivíduo" faz parte do volume 1 dos *Parerga e Paralipomena*, de Schopenhauer.

psicologia profunda, em tal medida uma antecipação filosófica delas, que é de espantar! Pois, para repetir o que disse no início, no mistério da unidade de eu e mundo, ser e acontecer, na compreensão daquilo que é aparentemente objetivo e acidental como produto da alma, creio reconhecer o cerne mais íntimo da teoria analítica.

Aqui me vem à mente uma frase que um pupilo sagaz, porém um tanto ingrato, dessa teoria, Carl Gustav Jung, formulou em seu importante prefácio ao *Livro tibetano dos mortos*: "É bem mais imediato, evidente, impressionante e, por isso, convincente", diz ele, "ver o que me *acontece* do que observar como o *faço*." Frase ousada, incrível, que mostra bem claramente com que tranquilidade hoje se veem numa determinada escola psicológica coisas que Schopenhauer ainda sentia como enorme atrevimento e uma "exorbitante" ousadia do pensamento. Essa frase que desmascara o "acontecer" como um "fazer" seria pensável sem Freud? Jamais! Ela lhe deve tudo. Cheia de pressupostos, essa frase não pode ser entendida e nem mesmo poderia ter sido dita sem tudo aquilo que a análise distinguiu e trouxe à luz sobre os lapsos na fala e na escrita, sobre todo o campo dos atos falhos, a fuga na doença, o impulso de autopunição, a psicologia dos casos de infelicidade, em suma, sobre a magia do inconsciente. Mas aquela frase tão concisa, incluindo seus pressupostos psicológicos, tampouco teria sido possível sem Schopenhauer e sua especulação ainda inexata, mas ousada do ponto de vista onírico e precursora. Talvez esse seja o momento, senhoras e senhores, de polemizar um pouco com Freud nessa homenagem. É que ele não tem particular apreço pela filosofia. O senso de exatidão do cientista natural quase que não lhe permite vê-la como ciência. A censura que lhe faz é a de que ela está convencida de poder fornecer uma imagem do mundo coesa e sem lacunas, de que ela superestima o valor cognitivo de operações lógicas, crê na intuição como fonte de saber e até mesmo cultiva inclinações animistas, acreditando na magia da palavra e que o pensamento possa ter influência sobre a realidade. Mas será que com isso a filosofia estaria de fato se supervalorizando? Alguma vez o mundo foi modificado por algo que não o pensamento e seu suporte mágico, a palavra? Creio que a filosofia está efetivamente antes e acima das ciências naturais, e que todo método e exatidão estão a serviço da sua vontade histórico-espiritual. Afinal, trata-se sempre do "*quod erat demonstrandum*".[3] A ausência de pressupostos da ciência é um fato *moral*, ou deveria sê-lo. Do ponto de vista *espiritual*, ela é provavelmente aquilo que Freud chama uma ilusão. Levando a questão ao extremo, podemos dizer que a ciência jamais fez descoberta alguma para a qual não tenha sido autorizada e instruída pela filosofia.

Entre parênteses. Permaneçamos ainda um instante, seguindo nosso propósito, no pensamento de Jung, que utiliza com predileção – como naquele prefácio – resultados analíticos para a construção de uma ponte de compreensão entre o pensamento ocidental e o esoterismo oriental. Ninguém formulou de modo tão arguto como ele o conhecimento schopenhaueriano-freudiano segundo o qual o "doador de tudo o que é dado reside em nós mesmos – uma verdade que, a despeito de toda evidência tanto nas maiores como nas menores coisas, *jamais* é sabida, sendo que com tanta fre-

[3] "Como se queria demonstrar". Em latim no original.

quência seria tão necessário e mesmo indispensável sabê-la". Seria necessário, pensa ele, uma grande reviravolta cheia de sacrifícios para que se veja como o mundo é "dado" a partir da essência da alma; pois a essência animal do homem resiste a se sentir como o autor de seus acontecimentos. É verdade que o Oriente se mostrou desde sempre mais forte que o Ocidente na superação da essência animal, e por isso não precisamos nos admirar ao ouvir que, de acordo com a sua sabedoria, também os deuses fazem parte dos "acontecimentos" que provêm da alma e com ela formam uma coisa só – são o brilho e a luz da alma humana. Esse saber que, segundo o *Livro dos mortos*, é dado ao falecido durante a sua travessia é um paradoxo para o espírito ocidental, que contradiz a sua lógica; pois esta faz distinção entre sujeito e objeto e resiste em colocar este último no interior do primeiro ou a fazê-lo surgir dele. É verdade que a mística europeia conheceu veleidades como essa, e Angelus Silesius disse:

Ich weiss, dass ohne mich Gott nicht ein Nu kann leben;
Werd'ich zunicht, er muss vor Not den Geist aufgeben.[4]

Contudo, uma concepção psicológica de Deus, a ideia de uma divindade que não seja puro acontecimento, realidade absoluta, mas idêntica à alma e vinculada a ela, seria completamente insuportável à religiosidade ocidental – ela poria Deus a perder. E, no entanto, religiosidade significa precisamente ligação, e no Gênesis se fala de uma "aliança" entre Deus e o

---

[4] Em tradução livre: "Eu sei que, sem mim, Deus não pode viver sequer um instante;/ Sendo eu aniquilado, ele precisa renunciar ao espírito."

homem, cuja filosofia tentei representar no romance mítico *José e seus irmãos*. Sim, permitam-me que fale aqui dessa minha obra – talvez ela mereça ser mencionada nessa hora de encontro festivo entre a literatura poética e a esfera psicanalítica. É bastante espantoso – e talvez não apenas para mim – que nela predomine justamente essa teologia psicológica que o estudioso atribui ao saber esotérico oriental: Abraão é, de certa maneira, o pai de Deus. Ele o contemplou e gerou em pensamento; os poderosos atributos que ele lhe dá são decerto propriedade original de Deus, Abraão não é o gerador deles, embora o seja num certo sentido, porque ele os reconhece e realiza pensando. Os poderosos atributos divinos – e com isso Deus mesmo – são com efeito algo dado objetivamente fora de Abraão, mas *ao mesmo tempo* também estão nele e provêm dele; em certos momentos, o poder de sua própria alma quase não pode ser diferenciado deles, ele se junta e funde com eles reconhecendo-os, e isso é a origem da aliança que o Senhor fechou com Abraão, e que é apenas a confirmação expressa de um fato interior. Essa aliança é caracterizada como tendo sido feita no interesse das duas partes, com a finalidade de salvar a ambas. Nela, a necessidade humana e a divina se cruzam de tal modo que quase não se pode dizer de que lado partiu o primeiro impulso para tal cooperação, se do humano ou do divino. Em todo caso, em sua instituição está expresso que a santificação de Deus e a do homem representam um duplo processo e que ambas estão intimamente "ligadas" uma à outra. A pergunta é: para que então uma aliança?

A alma enquanto doadora do que acontece – eu bem sei, minhas senhoras e meus senhores, que essa ideia entrou no romance num nível irônico, que ele não conhece nem como sabedoria oriental, nem como compreensão analítica. Mas a coincidência involuntária, só mais tarde descoberta, tem algo de estimulante. Devo chamá-la de influência? Ela é, antes, simpatia – uma certa proximidade espiritual de que a psicanálise, como não poderia deixar de ser, tomou consciência mais cedo do que eu, proximidade de onde partiram justamente aquelas demonstrações de deferência literária que recebi muito cedo de parte dela. A última dessas demonstrações foi o envio de um número especial da revista *Imago*, o trabalho de um investigador vienense da escola de Freud, intitulado *Sobre a psicologia do biografismo antigo*[5] – título bastante seco, que mal dá conta de anunciar as coisas espantosas a que serve de rótulo. O autor mostra como, alimentada e determinada pela lenda e pela tradição popular, a descrição arcaica, ingênua da vida, e mais precisamente a biografia de artistas, acolhe na história de seus heróis traços e acontecimentos fixos, típicos, esquemáticos, uma espécie por assim dizer convencional de fórmulas biográficas, a fim de legitimá-la, de comprová-la como autêntica e correta – correta no sentido do "sempre foi assim" e do "assim está escrito". Pois o reconhecimento é importante para o homem; ele gosta de reencontrar o antigo no novo e o típico no individual. Nisso se baseia toda a familiaridade da vida, que só poderia assustar e confundir caso se apresentasse como algo inteiramente novo, inabitual e individual, sem oferecer a possibilidade de reconhecimento daquilo que é há muito conhecido. Ora, mas a questão daquele escrito é a de saber se se pode traçar, nítida e indubitavelmente, uma linha divisória entre aquilo que é estereótipo do biografismo legendário e aquilo que é

---

[5] O autor do texto é Ernst Kris. Publicado no nº 21, 1935, p.320-44.

próprio da vida do artista – uma questão à qual se responde negativamente. A vida é, de fato, uma mistura de fórmulas e elementos individuais, uma combinação em que o individual apenas se destaca do elemento formal e impessoal. Muita coisa que está além do plano pessoal, muita identificação inconsciente, muito de convencional e esquemático é determinante para a experiência de vida – não apenas do artista, mas do homem em geral. "Muitos de nós", diz o autor, "'vivem' ainda hoje um tipo biográfico, o destino de uma condição social, de uma classe, de uma profissão ... A liberdade na configuração da vida humana deve estar, manifestamente, em vínculo estreito com aquele compromisso que designamos como *viva vivida*." E exatamente aqui, apenas para meu contentamento, mas não tanto para minha surpresa, ele começa a dar exemplos a partir do romance *José e seus irmãos*, cujo motivo fundamental seria justo essa ideia da "vida vivida", a vida como imitação, como "seguir os passos de", como identificação, tal como é especialmente praticada, com solenidade humorística, por Eleazar, o mestre de José: pois pela supressão do tempo todos os Eleazares do passado nele se juntam num eu presente, de modo que ele fala de Eleazar, o servo mais antigo de Abraão, na primeira pessoa, embora ele na realidade esteja longe de ser esse Eleazar.

Tenho de admitir: o nexo de ideias é extraordinariamente legítimo. O texto caracteriza, com toda a precisão, o ponto em que o interesse psicológico se converte em interesse *mítico*. Ele torna claro que o típico já é também o mítico e que podemos usar "mito vivido" quando queremos falar de "vida vivida". O mito vivido, no entanto, é a ideia épica do meu romance, e bem vejo que a partir do momento em que, como narrador, eu passei da individualidade burguesa para o mítico-típico, minha relação secreta com a esfera analítica entrou, por assim dizer, no seu estágio agudo. O interesse mítico é tão natural à psicanálise quanto o interesse psicológico é natural a todo trabalho literário. Seu recuo à infância da alma individual já é também ao mesmo tempo recuo à infância do ser humano, ao primitivo e ao mítico. Freud mesmo reconheceu que toda ciência natural, medicina e psicoterapia foram durante toda a sua vida um desvio e um regresso à paixão original de sua juventude pela história da humanidade, pelas origens da religião e da moralidade – esse interesse que eclodiu esplendidamente no ápice de sua vida, em *Totem e tabu*. No termo composto "psicologia profunda", "profunda" também tem um sentido temporal: as origens da alma humana são também *tempo primordial*, aquela nascente profunda dos tempos onde reside o mito e onde estão fundadas as normas e formas primitivas da vida. Pois mito é fundação da vida; ele é o esquema atemporal, a fórmula religiosa em que ela se transforma ao reproduzir os traços dele a partir do inconsciente. Não há dúvida de que ter conseguido ver as coisas de modo mítico-típico marca época na vida do narrador, significa uma elevação particular de sua atmosfera artística, uma nova serenidade no conhecimento e na criação, serenidade que só se costuma alcançar numa idade mais avançada; pois na vida da humanidade o mítico representa com efeito um estágio anterior e primitivo, mas na vida do indivíduo, um estágio posterior, de maturidade. O que se ganha com isso é o olhar para a verdade superior que se apresenta no real, o saber sorridente do eterno, do imperecedouro, do válido, do esquema no qual e *segundo* o qual vive aquilo que é supostamente apenas individual, não suspeitando, na presunção ingênua de ser primeiro e único, o quanto sua vida é fórmula e repetição, um caminhar por vias já bastante percorridas. O caráter é um papel mítico que desempenhamos por acreditarmos ingenuamente na ilusão de que somos únicos e originais, e o fazemos como se fosse nossa descoberta mais própria e ação mais autônoma, mas com uma dignidade e segurança que concedem ao ator que assomou e atua no claro não sua suposta originalidade e singularidade, mas que ele, ao contrário, extrai da consciência mais profunda de que representa de novo algo consistente e legítimo e de que, à sua maneira, ele se comporta em todo caso de modo exemplar, não importa se bem ou mal, nobre ou vulgarmente. De fato, ele não saberia de modo algum como se comportar se sua realidade estivesse contida na atualidade singular, ficaria inseguro, desorientado, atrapalhado e confuso em relação a si mesmo, não saberia com que pé dar o primeiro passo, nem que expressão facial assumir. Sua dignidade, sua segurança como ator, porém, está inconscientemente ligada ao fato de que algo intemporal vem de novo à luz e se torna presente com ele; ela é dignidade mítica que ainda cabe também ao caráter miserável e indigno, é dignidade natural porque provém do inconsciente.

Esse é o olhar que o narrador voltado para o mito lança sobre os fenômenos, e vejam: é um olhar irônico e superior; pois o conhecimento mítico tem aqui o seu lugar apenas naquele que vê, e não naquele que é visto. Ora, o que ocorreria se o aspecto mítico se subjetivasse, se se incorporasse ao eu agente e nele despertasse, de modo que ele, com orgulho alegre ou triste, tomasse consciência de seu "retorno", de sua tipicidade, celebrasse seu papel na Terra e encontrasse sua dignidade exclusivamente em saber dar de novo carne e corpo àquilo que é fundamental? Apenas isso, pode-se dizer, seria "mito vivido"; e não se creia que é algo novo e inexperimentado: a vida no mito, a vida como repetição cerimoniosa é uma forma histórica de vida, a Antiguidade viveu assim. Um exemplo disso é a figura da Cleópatra egípcia, que é por inteiro a figura de uma Ishtar-Astarte, é Afrodite em pessoa – tal como Bachofen, em sua caracterização do culto báquico, da cultura dionisíaca, vê na rainha a imagem acabada de uma Estímula dionisíaca, que, segundo Plutarco, representou a mulher como corporificação terrena de Afrodite muito mais pela cultura erótica do espírito do que pelos atrativos físicos. Esse seu caráter de Afrodite, esse seu papel como Hathor-Ísis, no entanto, não é apenas algo crítico-objetivo, expresso primeiro por Plutarco e Bachofen a seu respeito, mas foi o conteúdo de sua existência subjetiva, ela viveu nesse papel. O modo como ela morreu aponta nessa direção: ela parece ter se matado colocando uma cobra venenosa sobre o peito. A cobra, entretanto, era o animal de Ishtar, a Ísis egípcia, que também é representada vestida de escamas de cobra, e se tem conhecimento de uma estatueta de Ishtar com uma cobra sobre o peito. Se, portanto, Cleópatra morreu como descreve a lenda, sua morte teria sido uma demonstração do sentimento mítico do seu eu. Ela não trazia também o penteado de Ísis, a touca em forma de abutre, e não se adornava com as insígnias de Hathor, os chifres de vaca com o disco solar no meio? Foi uma alusão significativa que tenha dado aos filhos que teve com Antônio os nomes de Hélios e Selene. Sem dúvida, ela era uma mulher significativa – significativa no sentido antigo –, que sabia quem era e por que trilhas caminhava!

Na Antiguidade, o eu e sua consciência de si eram diferentes dos nossos, menos exclusivos, menos nitidamente delimitados.

O eu estava, por assim dizer, aberto para o passado, e muito do que havia sido era por ele acolhido e repetido como presente, "existia de novo" com ele. O filósofo da cultura espanhol Ortega y Gasset exprime isso da seguinte maneira: o homem antigo, antes de fazer algo, recua um passo, feito o toureiro que se prepara para dar a estocada final. Ele busca no passado um modelo no qual ele possa se colocar como num escafandro para, protegido e desfigurado, imergir no problema atual. Por isso sua vida é, num certo sentido, uma revivificação, um procedimento arcaizante. No entanto, justamente essa vida como revivificação, renascimento, é a vida no mito. Alexandre seguiu as pegadas de Miltíades, e com respeito a César os seus biógrafos estavam convencidos, com ou sem razão, de que ele queria imitar Alexandre. Esse "imitar", no entanto, é muito mais do que hoje se entende pela palavra; trata-se da identificação mítica particularmente familiar à Antiguidade, mas que atua ainda nos tempos modernos e permanece sempre possível psiquicamente. O caráter antigo da figura de Napoleão foi acentuado com frequência. Ele lamentava que o estado da consciência moderna não lhe permitia passar por filho de Júpiter Amon, como Alexandre. Mas é indubitável que ele, na época de sua expedição ao Oriente, pelo menos se confundia miticamente com Alexandre, e mais tarde, quando se decidira pelo Ocidente, ele declarou: "Eu *sou* Carlos Magno." Note-se bem: ele não diz "Eu me pareço com ele", nem "Minha posição é semelhante à dele", nem tampouco "Sou como ele", mas simplesmente "Eu sou ele". Eis a fórmula do mito.

Nos tempos antigos, portanto, a vida, ou pelo menos a vida significativa, era o restabelecimento do mito em carne e osso; ela se reportava e recorria a ele; só por intermédio dele, só tomando posição em relação ao passado, ela se mostrava como vida genuína e significativa. O mito é a legitimação da vida; só por meio dele e nele ela encontra sua autoconsciência, sua justificação e consagração. Cleópatra desempenhou solenemente o seu papel de Afrodite até a morte – e pode-se viver e morrer de modo mais significativo, mais digno, do que celebrando o mito? Pensem em Jesus e em sua vida, que foi uma vida "para que se cumprisse o que estava escrito". Não é fácil diferenciar, no caráter de realização profética da vida de Jesus, as estilizações dos evangelistas e a consciência que ele tem de si próprio; mas as palavras que diz na cruz à nona hora, "*Eli, Eli, lama sabachtani*?",[6] não eram, apesar das aparências, de modo algum uma explosão de desespero e decepção, mas, ao contrário, de um elevadíssimo sentimento messiânico de si próprio. Pois essas palavras não são "originais", não são um grito espontâneo. Elas estão no início do salmo 22, que, do começo ao fim, é anunciação do Messias. Jesus citou, e a citação queria dizer: "Sim, eu sou ele!" Do mesmo modo, também Cleópatra citou quando, ao morrer, colocou a serpente sobre o peito, e a citação quis dizer de novo: "Eu sou ela!"

Perdoem-me, senhoras e senhores, por ter usado a palavra "celebrar" nesse contexto. Ela é desculpável e indispensável. A vida enquanto citação, a vida no mito, é uma espécie de celebração; na medida em que é presentificação, ela se torna ação solene, consumação por meio de um celebrante do que está prescrito, cerimônia, festa. O sentido da festa não é retorno como presentificação? A cada Natal renasce para a Terra o

[6] "Meu Deus, meu Deus, por que me abandonaste?" Em hebraico no original.

bebê que salvará o mundo, que está destinado a sofrer, morrer e subir aos céus. A festa é a supressão do tempo, um processo, uma ação solene, que transcorre segundo um arquétipo bem marcado; o que nela acontece não acontece pela primeira vez, mas de acordo com um cerimonial e segundo um modelo; ela ganha atualidade e retorna, como as festas acontecem de novo a seu tempo, assim como suas fases e horas se seguem no tempo de acordo com o acontecimento primordial. Na Antiguidade, toda festa era essencialmente um evento teatral, um jogo de máscaras, a representação cênica de histórias de deuses levada a cabo por sacerdotes, como por exemplo a história da vida e do sofrimento de Osíris. Na Idade Média cristã havia o mistério,[7] com céu, terra e horrenda garganta do inferno, como ele ainda retorna no *Fausto* de Goethe; havia também a farsa carnavalesca, o mimo popular. Existe uma ótica artística mítica a respeito da vida, sob a qual esta aparece como jogo farsesco, como consumação teatral de algo que está solenemente prescrito, como no teatro de bonecos, onde as marionetes de caráter mítico recitam e efetivam uma "ação" já muitas vezes realizada, estabelecida e reatualizada de modo jocoso. Basta que essa ótica penetre na subjetividade das personagens dramáticas e nelas se represente como consciência de jogo, como consciência mítico-solene, para que amadureça uma épica bastante curiosa, como ocorre de modo bastante singular nas "Histórias de Jacó", em especial no capítulo "A grande pândega", no qual, entre pessoas que bem sabem todas quem são e por que trilhas seguem, entre Isaac, Esaú e Jacó, a história

---

[7] Trata-se obviamente do gênero teatral, da encenação dramática dos mistérios na Idade Média.

amargo-cômica de como o ruivo Esaú, o diabo ludibriado, se vê subtraído da bênção do pai, se passa jocosa e trágica, para gáudio do povo, em forma de farsa festiva e mítica. E o herói desse romance não seria principalmente ele um celebrador da vida: o próprio José, que presentifica em sua pessoa, à maneira amável de uma trapaça religiosa, o mito de Tamuz-Osíris; que "deixa que aconteça" consigo a vida daquele que foi partido em pedaços, enterrado e ressuscitado; que brinca solenemente com aquilo que de maneira geral só determina e constitui a vida secretamente a partir da profundeza: o inconsciente? O segredo do metafísico e do psicólogo segundo o qual a doadora de todo dado é a alma – esse segredo se torna leve, brincalhão, artístico, alegre, fingido e travesso em José; ele revela a sua natureza *infantil*... E essa palavra nos faz perceber, para nossa tranquilidade, o quão pouco nós nos afastamos do objeto de nossa homenagem solene, a despeito de rodeios aparentemente tão longos – o quão pouco deixamos de falar em seu tributo.

Infantilismo, ou dito de maneira clara, infantilidade regressiva – que papel esse elemento genuinamente psicanalítico não desempenha na vida de todos nós, que forte participação ele não tem na configuração da vida dos homens, e precisa e principalmente na forma da identificação mítica, do viver segundo um modelo, do seguir nas pegadas dos outros! A ligação com o pai, a imitação dele, o jogo paternal e suas transferências a tipos mais elevados e espirituais de imagens substitutivas dele – de que modo decisivo, marcante, formador esses infantilismos não atuam sobre a vida individual! Digo de modo formador pois a finalidade mais prazerosa, mais alegre, daquilo que se pode chamar de formação é para mim, em toda seriedade, a modelagem e conformação que se recebe por meio de algo admirado e amado, por meio da identificação infantil com uma imagem paterna escolhida a partir da mais íntima simpatia. O artista sobretudo, esse homem que passa o tempo brincando, infantilmente apaixonado, sabe de sobra falar das influências secretas e, no entanto, também abertas que essa imitação infantil tem sobre sua biografia, sobre seu modo de vida produtivo, que com frequência não é senão a revivescência da vida dos heróis sob condições temporais e pessoais bem distintas e com outros meios, com meios, digamos, infantis. Assim, por exemplo, a imitação de Goethe que relembrasse suas fases, a de Werther, de Meister, as fases maduras do *Fausto* e do *Divã*, pode ainda hoje ser decisiva e determinante, a partir do inconsciente, para a vida de um escritor – digo: a partir do inconsciente, embora no artista o inconsciente a todo momento brinque de se converter numa consciência sorridente, na profunda atenção de uma criança.

O José do romance é um artista quando joga, a saber, quando joga no plano inconsciente com sua imitação de Deus – não sei que sentimento de antecipação do futuro, que alegria quanto ao futuro toma conta de mim quando me ocupo dessa animação do inconsciente para o jogo, dessa sua fertilização para a produção festiva da vida, para esse encontro, na narrativa, entre psicologia e mito, que é ao mesmo tempo um encontro solene entre literatura e psicanálise. "Futuro": incluí a palavra no título de minha exposição apenas porque o conceito de futuro é aquele que o mais preferencialmente e o menos arbitrariamente associo ao nome de Freud. Mas enquanto eu lhes falava, tive de me perguntar se com meu anúncio não teria induzido a um engano: "Freud e o mito" teria sido talvez, de acordo com o que disse até agora e nesse final, o título correto. E, contudo, meu sentimento se aferra à associação do nome à palavra e quer perceber um nexo entre essa fórmula e aquilo que eu disse. De fato, tão certo como me atrevo a acreditar que no jogo da psicologia com o mito, no qual se dá aquele romance tão próximo do mundo freudiano, estão contidos germes e elementos de um novo sentimento humano, de uma humanidade vindoura, estou também plenamente convicto de que na obra de vida de Freud se reconhecerá um dos pilares mais importantes de uma nova antropologia que se constitui de múltiplas maneiras hoje, e que sua obra é, com isso, o fundamento do futuro, da morada de uma humanidade mais sábia e mais livre. Esse psicólogo médico será reverenciado, creio, como o precursor de um futuro humanismo, de que sentimos o prenúncio e que passará por muitas coisas insuspeitadas pelos humanismos anteriores – um humanismo que estará, no que se refere aos poderes subterrâneos, do inconsciente, do "id", numa relação mais destemida, livre e serena, mais artisticamente madura do que foi dado à humanidade de hoje, em sua labuta com o medo neurótico e com o rancor que este carrega consigo. Freud por certo pensou que o futuro provavelmente julgaria que o significado da psicanálise como ciência do inconsciente superaria de longe seu valor como método de tratamento. Mas também como ciência do inconsciente ela é método de tratamento, método de tratamento supraindividual, método de tratamento em grande estilo. Tomem isso como utopia de escritor – mas, tudo somado, não é absurda a ideia de que o desaparecimento do grande medo e do grande ódio, a sua superação pelo estabelecimento de uma relação irônico-artística, mas não por isso necessariamente impiedosa, com o inconsciente poderia ser considerado um dia como o efeito curativo que essa ciência tem para a humanidade.

A compreensão analítica modifica o mundo; com ela se introduz no mundo uma desconfiança serena, uma suspeita que desmascara as dissimulações e manobras da alma, suspeita que, uma vez despertada, jamais pode voltar a desaparecer. Ela se infiltra na vida, enterra sua ingenuidade primária, retira-lhe o *páthos* da ignorância, desinfla seu pateticismo ao educar o gosto para o *understatement*, como dizem os ingleses, para a expressão mais contida do que exagerada, para a cultura do tom médio, não pomposo, que busca sua força na moderação... *Bescheidenheit* – não nos esqueçamos de que a palavra provém de *Bescheidwissen*,[8] de que originalmente a palavra tinha esse sentido e só mais tarde assumiu o segundo sentido de *modestia*, *moderatio*. A moderação vinda do conhecimento – assumamos que essa será a atmosfera fundamental do mundo pacificado, sereno, sóbrio, em cuja implementação a ciência do inconsciente pode ser chamada a participar.

A mistura de pioneirismo e saber medicinal nela encontrada justifica essas esperanças. Freud chamou certa vez sua teoria dos sonhos "um torrão de nova terra científica", "obtido a partir da fé popular e da mística". Nesse "obtido" estão contidos o espírito e o sentido colonizador de sua investigação. "Onde havia *isso*, deve haver *eu*", diz ele de maneira epigramática, e denomina ele próprio o trabalho psicanalítico uma obra da cultura, comparável à drenagem do Zuidersee. E assim, ao final, os traços desse homem venerável que homenageamos

[8] *Bescheidenheit* (modéstia) estaria ligada, segundo Mann, a *Bescheidwissen*, que significa "conhecer", "estar informado".

se misturam aos do velho Fausto, ansioso para "dominar o orgulhoso oceano, ao lençol áqueo impor nova barreira":

Eröffn' ich Räume vielen Millionen,
Nicht sicher zwar, doch tätig-frei zu wohnen.
...
Solch ein Gewimmel möcht' ich sehn,
Auf freiem Grund mit freiem Volke stehn.[9]

Esse é o povo de um futuro sem medo e livre de rancor, amadurecido para a paz.

[9] "Espaço abro a milhões – lá a massa humana viva,/ Se não segura ao menos livre e ativa.// ... Quisera eu ver tal povoamento novo,/ E em solo livre ver-me em meio a um livre povo." Goethe, *Fausto*, II, trad. Jenny Klabin Segall (São Paulo, Editora 34, 2007, 11563-11564 e 11579-11580, respectivamente).

Schopenhauer[1]

A ALEGRIA QUE SE SENTE com um sistema metafísico, a satisfação proporcionada pela organização espiritual do mundo numa construção de pensamento logicamente fechada, que repousa em si mesma, é sempre um tipo de satisfação estética fora do comum; ela tem a mesma origem que o deleite, o contentamento elevado e, em última instância, sempre sereno que a ação ordenadora e formadora da arte nos proporciona ao nos fazer ver e compreender a confusão da vida.

Verdade e beleza precisam ser referidas uma à outra; consideradas em si mesmas e sem o apoio que uma presta à outra, elas permanecem valores altamente instáveis. A beleza que não tenha a verdade a seu lado, que não possa apelar a ela, que não viva dela e por meio dela, será quimera vazia – e "o que é a verdade?". Nossos conceitos, hauridos de um *mundus phaenomenon*,[2] de uma intuição condicionada de diversas ma-

---

[1] Do início do texto até um pouco mais de sua metade, Thomas Mann apresenta as linhas gerais do sistema filosófico de Arthur Schopenhauer (partindo de Platão e Kant), para então passar ao exame crítico da sua doutrina. Apesar de alguma aridez conceitual (própria ao tema), o leitor que não teve contato com a filosofia schopenhaueriana encontrará nessa primeira metade uma excelente introdução ao pensamento do filósofo alemão.

[2] "Mundo fenomênico" ou "mundo do fenômeno" ou ainda "mundo da aparência": conceito das filosofias kantiana e schopenhaueriana, que se opõe ao mundo da essência ou das coisas como elas são em si mesmas. Em latim no original.

neiras, têm, como distingue e aceita a filosofia crítica, apenas uso imanente e não transcendente: o material de nosso pensamento e também os juízos compostos a partir dele são um meio inadequado para apreender a própria essência das coisas, o verdadeiro nexo do mundo e da existência. Nem mesmo a mais convicta e convincente, a mais intimamente vívida determinação daquilo que está no fundamento do fenômeno consegue trazer a raiz das coisas à luz. O que encoraja e autoriza o espírito humano a tentar fazer isso com tanta insistência é unicamente a suposição necessária de que nosso ser mais próprio, de que o que há de mais profundo em nós, tem de estar intimamente ligado a esse fundamento do mundo e nele se enraizar, e de que a partir dele talvez possam ser obtidos alguns dados que esclareçam o nexo existente entre o mundo dos fenômenos e a verdadeira essência das coisas.

Isso soa modesto. Não estamos muito longe do fáustico "E vejo que não podemos saber nada!", diante do qual toda a pretensa superioridade da filosofia, expressa em locuções como "intuição intelectual" e "pensamento absoluto", ecoa como *hybris* e tolice pomposa. De fato, se um temperamento colérico-polêmico se associa à tradição da escola crítica do conhecimento, não há como deixar de ouvir a censura desdenhosa e irada de que a presunção, de que o filosofismo do "saber absoluto" não passa de uma "fanfarronada".[3] E, no entanto, o grupo de pensadores assim atingido teria algum direito de devolver a censura a quem a lançou. Pois quando se desvaloriza o conheci-

[3] "Fanfarronada" (*Windbeutelei*) é um dos termos que Schopenhauer gostava de usar para rejeitar o "saber absoluto" dos filósofos idealistas alemães, Fichte, Schelling e, principalmente, Hegel.

mento objetivo por se constatar que ele não fornece nada mais que fenômenos; quando se põe em dúvida que o intelecto seja um meio de conhecimento suficiente e de algum modo confiável; e quando todo fazer filosófico é justificado apenas com a afirmação de que nosso eu mais próprio – que é algo totalmente diverso e muito anterior ao intelecto – deve ter um vínculo radical com o fundamento do mundo, tudo isso faz entrar no conceito de conhecimento da verdade um elemento subjetivo, um elemento intuitivo, de sentimento, para não dizer de afetivo e acentuadamente passional, que justificaria muito bem, de um ponto de vista espiritual puro, intelectual, a censura de "fanfarronada" – se é que merece mesmo esse nome severo uma concepção *artística* do mundo na qual entram não apenas a mente, mas todo o homem, seu coração e seus sentidos, seu corpo e sua alma. O reino dos afetos e da paixão é o reino da beleza; por uma lei misteriosa que liga o sentimento à forma, que o faz aspirar por ela e já na origem o identifica a ela, a imagem do mundo recebida com paixão, a imagem do mundo vivida e sofrida com todo o ser do homem trará na sua representação a marca do belo. Nela não haverá resíduo algum da aridez, nem do tédio que a mera especulação intelectual provoca nos sentidos; ela surgirá como romance espiritual, como uma sinfonia de ideias maravilhosamente articulada, desenvolvida a partir de um *único* germe de pensamento onipresente, numa palavra, como uma obra de arte que atua por meio de toda a magia da arte, e assim como a dor, por antiga bênção e graça, pela afinidade profunda entre sofrimento e beleza, se redime pela forma, assim também é a beleza que afiança a sua verdade.

A filosofia de Arthur Schopenhauer sempre foi sentida como uma filosofia eminentemente artística, como a filosofia de artista *par excellence*. Não porque seja, em tão alto grau e em tão grande medida, filosofia da arte – de fato, sua "Estética" ocupa um bom quarto de toda a sua extensão; nem porque sua composição seja de uma clareza, transparência e acabamento tão perfeitos, nem tampouco porque sua exposição seja de uma força, elegância, acerto, e o seu estilo de uma agudeza apaixonada, de uma pureza clássica e de um rigor admiravelmente sereno antes jamais vistos na filosofia alemã: tudo isso é apenas "fenômeno", expressão necessária e natural para revelar a beleza da essência, da natureza mais íntima desse pensamento, uma natureza ansiosa, emocional, oscilando entre violentos contrastes, impulso e espírito, paixão e redenção, em suma, uma natureza dinâmico-artística, que não pode se revelar de nenhuma outra maneira senão em formas de beleza, numa *criação da verdade* que seja pessoal, que deva sua força de convencimento ao fato de ter sido vivenciada e sofrida.

É assim que essa filosofia encontrou admiradores, testemunhas e adeptos entusiastas muito especialmente entre artistas e iniciados na arte. Tolstói chamou Schopenhauer de "o mais genial de todos os homens". Para Richard Wagner, a quem foi dado conhecer a obra dele graças a um poeta, Georg Herwegh, seu ensinamento foi um "verdadeiro presente dos céus", a ação mais profundamente benéfica, a experiência espiritual mais iluminadora, mais produtiva e estimulante dos seus dias, nada menos que uma revelação. Nietzsche, cuja missão foi aproximar ainda mais fortemente arte e conhecimento, ciência e paixão, e fazer com que beleza e verdade se interpenetrassem de modo ainda mais tragicamente extasiado do que o fizera Schopenhauer, via neste o seu grande professor e mestre; jovem ainda, ele lhe dedicou uma de suas *Considerações extemporâneas*,

"Schopenhauer como educador", e na época de sua veneração por Wagner, quando escreveu *O nascimento da tragédia*, ele se movia totalmente numa órbita de pensamento schopenhaueriana. Mas, mesmo depois de renegar Wagner e Schopenhauer, acontecimento importante e decisivo para a história do espírito, o grande superador de si não deixou de amar onde já não podia louvar, e assim como em *Ecce Homo*, obra tardia de terrível serenidade, fosforescente em sua derradeira hiperexcitação solitária, ainda se encontra uma página sobre o *Tristão* que, por não deixar transparecer nada de distanciamento, transparece tanto mais de paixão, assim também esse espírito tão nobre quanto impiedoso consigo mesmo presta até o fim as mais expressivas homenagens à grande figura do formador filosófico de sua juventude, e pode-se dizer que seu pensamento e doutrina, depois da "superação" de Schopenhauer, significaram mais uma continuação e reinterpretação de sua imagem do mundo do que uma ruptura efetiva em relação a ela.

A HISTÓRIA DO PENSAMENTO schopenhaueriano remete ao ponto inicial da vida do conhecimento ocidental, do qual partem tanto o senso científico como o espírito artístico da Europa, e no qual ambos ainda são uma coisa só: ela conduz de volta a *Platão*. As coisas deste mundo, ensina o pensador grego, não têm ser verdadeiro: elas estão sempre em devir, mas jamais são. Elas não servem para objetos do conhecimento propriamente dito, pois só pode haver conhecimento daquilo que é em e por si mesmo e sempre de maneira igual; em sua diversidade e em seu ser meramente relativo, de empréstimo, que também poderia ser chamado de um não ser, elas são sempre apenas objeto de uma opinião ocasionada pela percepção sensível. São apenas sombras. O único ser verdadeiro, que sempre é, que jamais vem a ser e perece, são os arquétipos reais daquelas imagens de sombra, as *ideias* eternas, as formas originais de todas as coisas. Estas não constituem uma multiplicidade, pois cada uma delas é, por essência, apenas uma coisa só, o arquétipo justamente, cujas cópias ou sombras são apenas coisas da mesma espécie, que têm o mesmo nome que ele, mas são individuais, passageiras. Diferentemente do que ocorre com estas, as ideias não estão sujeitas a um surgir e perecer: elas são atemporais e verdadeiramente existentes, não nascem nem desaparecem como suas cópias instáveis. Somente delas, portanto, há também conhecimento verdadeiro, como daquilo que, sempre e sob todos os aspectos, *é*. Dito concretamente: *o* leão é a ideia; *um* leão é mera aparência e não pode, por isso, ser objeto de conhecimento puro. Por certo se poderia levantar a objeção, bastante banal, de que só a imagem que aparece do leão individual, "empírico", é capaz de nos proporcionar a possibilidade de obter conhecimentos acerca do leão como tal e em geral, do leão enquanto ideia. Mas a subordinação espiritual imediata da experiência da imagem visível do leão à *leonitas*,[4] à ideia do leão, à imagem ideal pura e geral dele; a subsunção de cada percepção especial e temporal sob o geral e espiritual, resultado obtido por abstração; a inspeção de toda realidade condicionada e passageira; o aprofundamento e purificação da mera visão numa intuição da *verdade* incondicionada, intocada, perene, que se encontra atrás e além da diversidade dos fenômenos individuais, e pelo nome da qual

---

[4] "Leonidade". Em latim no original.

esta atende – eis a exigência filosófica que Platão apresentou à humanidade de sua época.

Note-se o significado abrangente que esse pensador soube obter da diferença entre artigo definido e artigo indefinido; ele a transformou num paradoxo pedagógico. Pois, com efeito, é paradoxal afirmar que só se pode conhecer aquilo que é invisível, pensado, intuído no espírito; é paradoxal definir o mundo visível como uma aparência, que em si não é nada, que só obtém sentido e uma realidade de empréstimo graças àquilo que nela se exprime. A realidade efetiva – mera concessão do espiritual! Isso não significava nada, ou significava apenas algo capaz de causar bastante perplexidade ao bom senso. Mas é verdade que o contentamento e a missão, o martírio arrogante do conhecimento na Terra sempre consistiu em "*épater le bourgeois*":[5] seu prazer e seu sofrimento sempre foi afrontar o bom senso, inverter a verdade popular, fazer a Terra girar em torno do Sol, quando para qualquer juízo normal o que se dá é o contrário; assombrar, pasmar, exasperar os homens, impondo-lhes verdades diretamente contrárias àquilo que habitualmente percebem pelos seus sentidos. Mas isso ocorre em função de um objetivo pedagógico, que eleva o espírito humano e o torna apto a novas realizações, e o que Platão introduziu no mundo ocidental antigo, com sua ampla interpretação da diferença entre artigo definido e indefinido, foi o espírito da ciência.

Subordinar a multiplicidade de fenômenos à ideia, ligar a esta unicamente verdade e autêntica realidade, exortar à abstração intuitiva, à espiritualização do conhecimento, tudo isso é, ma-

[5] "Chocar o burguês". Em francês no original.

nifestamente, espírito científico e educação para a ciência. Com sua diferenciação de valor entre fenômeno e ideia, empiria e espírito, mundo da aparência e mundo da verdade, temporalidade e eternidade, Platão representa um acontecimento gigantesco na história do espírito humano, e, antes de tudo, um acontecimento científico-moral. Não escapa a ninguém que nessa elevação do ideal em sua condição de realidade única acima da diversidade perecível da aparência, há algo de profundamente moral, a *desvalorização* do sensível em prol do espiritual, do temporal em prol do eterno, inteiramente no sentido do cristianismo posterior: pois com isso a aparência perecível e o apego dos sentidos a ela são de certa maneira igualados ao estado de pecado – só encontra a salvação, a verdade, aquele que se volta para o eterno. Vista por esse lado, a filosofia de Platão mostra a afinidade e o vínculo existente entre ciência e moral ascética.

Mas ela tem outro lado, que é o seu lado artístico. Segundo essa doutrina, o tempo é apenas a visão parcial e fragmentada que um ser individual tem das ideias, as quais estão fora do tempo e são, por isso, eternas. "O tempo", afirma uma bela frase de Platão, "é a imagem móvel da eternidade."[6] E assim, em sua sabedoria ascética, essa doutrina pré-cristã e já cristã tem também de novo um encanto e uma magia sensual-artística incomum; pois a compreensão do mundo como uma variada e movimentada fantasmagoria de imagens que deixa transpassar o ideal e espiritual contém algo de eminentemente artístico, e entrega, por assim dizer, o artista pela primeira vez a ele mesmo: ele é aquele que pode se sentir prazerosa-

[6] A ideia do Timeu de Platão é retomada por Schopenhauer no Livro III de O mundo como vontade e representação, §32.

mente, sensualmente, pecaminosamente preso ao mundo das aparências, ao mundo das cópias, mas se sente preso a ele como o mágico que torna esse mundo das aparências diáfano ao mundo das ideias e do espírito, porque sabe que também pertence a este. Aflora aqui a tarefa *mediadora* do artista, o seu papel hermético-mágico de mediador entre o mundo superior e o mundo inferior, entre ideia e fenômeno, espírito e sensualidade; pois tal é, por assim dizer, a localização cósmica da arte; não há outra maneira de determinar e explicar sua situação singular no mundo, a dignidade descontraída de sua atuação nele. O símbolo lunar, alegoria cósmica de toda mediação, é característico da arte. Pois para a humanidade arcaica, primitiva, o que dava um caráter singular e sagrado à Lua era sua duplicidade, sua posição mediana e mediadora entre o mundo solar e o mundo terrestre, o mundo espiritual e o material. Femininamente receptiva em relação ao Sol, mas masculinamente fecundante em relação à Terra, a Lua era para eles o mais impuro dos corpos celestes, porém o mais puro dos terrestres. Por certo, ela ainda pertencia ao mundo material, mas nele assumia a posição mais alta, mais espiritual, no umbral da esfera solar, e tecia e afiançava, no limite de dois reinos que ela ao mesmo tempo separava e unia, a unidade do todo, intérprete entre o perecível e o imperecível. Pois é justo esta a localização da arte entre espírito e vida. Andrógina como a Lua, feminina em relação ao espírito, mas masculinamente fecundante na vida, manifestação a mais materialmente impura da esfera celeste, e a mais transitoriamente pura e incorruptivelmente espiritual da esfera terrestre, sua essência está em ocupar uma posição intermediária, lunar-mágica, entre as duas regiões. Essa posição intermediária é a fonte de sua ironia.

Platão como artista... Gostaríamos de insistir que a influência de uma filosofia não se deve apenas à moral e à sabedoria que ela vincula à sua interpretação, à sua vivência do mundo (por vezes sua influência neste caso é até menor), mas também e especialmente a essa própria vivência do mundo, que é, aliás, também o essencial, o primeiro, o pessoal numa filosofia – e não o complemento intelectual-moral do seu ensinamento para a salvação e a sabedoria. Sobra muita coisa quando se retira a filosofia de um filósofo, e seria ruim se não sobrasse nada. Nietzsche, o discípulo espiritual que renegou Schopenhauer, compôs versos ao seu mestre:

Was er lehrte, *ist abgethan,*
Was er lebte, *bleibt bestahn,*
Seht ihn nur an!
Niemandem war er unterthan.[7]

Mas se a doutrina de Schopenhauer, da qual se tratará agora, e a dinâmica de sua verdade jamais estarão totalmente "findadas", porque deram provas de que se prestavam a um"abuso" semelhante à cunhagem estética por que passou a mensagem ascético-científica de Platão – a saber, a exploração a que foi submetida por um artista de talento colossal como Richard Wagner (a esse respeito falarei talvez mais tarde) –, a responsabilidade disso não deve certamente ser imputada ao outro mestre e instigador de Schopenhauer, que o ajudou a construir

[7] Em tradução livre: "O que ele *ensinou*, está findado,/ O que ele *viveu*, terá ficado,/ Para ele olhem bem!/ Não foi submisso a ninguém." Versos do poema "Arthur Schopenhauer".

seu sistema de pensamento: Kant, natureza extremamente, exclusivamente espiritual, que se encontrava tanto mais longe da arte quanto mais próximo estava da crítica.

Crítico do conhecimento que trouxe a filosofia de volta ao espírito humano – ela tinha se perdido no voo da especulação –, e que fez deste o seu objeto, colocando limites à razão, Immanuel Kant ensinou, na segunda metade do século XVIII em Königsberg, Prússia, algo bastante semelhante àquilo que havia sido afirmado dois mil anos antes pelo pensador ateniense. Todo o nosso mundo da experiência, explica ele, está submetido a três leis e condições, que são as formas intransponíveis nas quais se realiza todo o nosso conhecimento. Elas se chamam tempo, espaço e causalidade. No entanto, elas não são determinações do mundo, como ele pode ser em si e por si mesmo, independentemente de nossa apercepção; não são determinações da "coisa em si", mas pertencem apenas ao seu fenômeno, uma vez que não passam de formas de nosso conhecimento. Toda multiplicidade, todo surgir e perecer, só é possível mediante essas três determinações; elas se referem unicamente ao fenômeno, e não podemos saber absolutamente nada da "coisa em si", à qual elas não são de modo algum aplicáveis. Isso vale até mesmo para nosso próprio eu: nós só o conhecemos como fenômeno, não segundo aquilo que ele é em si. Noutras palavras: espaço, tempo e causalidade são dispositivos de nosso intelecto, e se chama, por isso, de *imanente* àquela apreensão que nos é dado ter das coisas através da imagem delas, apreensão que é condicionada por eles; já a apreensão *transcendente* seria aquela que obteríamos quando a razão se voltasse para si mesma graças à crítica da razão, graças à compreensão de que aqueles três dispositivos são meras formas do conhecimento.[8]

Essa é a concepção fundamental de Kant, e se vê que é muito aparentada à de Platão. Ambos declaram que o mundo visível é um fenômeno, isto é, uma aparência nula, que só ganha significação e alguma realidade graças àquilo que o perpassa e nele se exprime. Para ambos, a verdadeira realidade está acima, atrás, em suma, "além" do fenômeno, e que ela se chame "ideia" ou "coisa em si" não faz grande diferença. Schopenhauer assimilou esses dois conceitos com muita profundidade a seu pensamento. Ainda jovem (em Göttingen, entre 1809 e 1811) ele havia estudado Platão e Kant com um interesse todo pessoal, preferindo esses dois pensadores tão separados no tempo e espaço a todos os demais. Os resultados quase idênticos a que haviam chegado pareciam muito apropriados para apoiar, justificar e ajudar a desenvolver a imagem de mundo que ele trazia em si mesmo – não espanta, pois, que os chamasse "os dois maiores filósofos do Ocidente". Deles retirou o que lhe podia ser útil, e causou grande satisfação à sua necessidade de se filiar a uma tradição que conseguisse utilizá-lo de forma tão primorosa, ainda que o tenha transformado em algo completamente diferente, em algo mais de acordo com sua natureza totalmente distinta – quero dizer, uma natureza muito "mais moderna", muito mais impetuosa e sofrida.

O que tomou deles foram as "ideias" e a "coisa em si". Com esta última, porém, ele empreendeu algo bastante ousado, quase proibido, algo, no entanto, que era sentido por ele de

[8] Baseando-se na exposição da filosofia kantiana feita por Schopenhauer no Livro III de *O mundo como vontade e representação*, Thomas Mann troca o termo "transcendental" que ali aparece por "transcendente".

uma maneira profunda e com um poder de convicção irresistível: ele o definiu, ele o chamou pelo nome, ele afirmou saber o que era aquilo, embora nada mais se pudesse saber a seu respeito segundo Kant. Aquele algo era a *vontade*. A vontade era o fundamento último e irredutível do ser, a fonte de todos os fenômenos, em cada um dos quais ela se encontra e atua como produtora e geradora de todo o mundo visível e de toda a vida – pois ela era a vontade de viver. Ela era isso de um extremo a outro, de modo que quem dissesse "vontade" estaria falando justamente da vontade de viver, e quem empregasse a fórmula mais extensa cometia na verdade um pleonasmo. A vontade queria sempre apenas uma coisa: a vida. E por que a queria? Por que ela lhe apetecia? Seria porque ela apresentava o resultado de algum conhecimento objetivo a respeito do valor da vida? Oh, não, a vontade era completamente alheia a todo conhecimento; ela era algo totalmente independente, totalmente original e incondicionado, um ímpeto cego, um *impulso* fundamental-infundado, absolutamente imotivado, que estava tão longe de depender de qualquer juízo sobre o *valor* da vida, que antes, pelo contrário, todos os juízos dessa espécie dependiam inteiramente do grau de força da vontade de vida.

A vontade, portanto, essa coisa em si situada fora de espaço, tempo e causalidade, tinha um desejo cego e imotivado pelo ser, pela vida, pela *objetivação*, ela os desejava com uma avidez e um prazer selvagens e irresistíveis, e o modo pelo qual se dava essa sua objetivação era a transformação da sua unidade original numa multiplicidade, o que era designado com precisão como *principium individuationis*.[9] Para expiar

[9] "Princípio de individuação". Em latim no original.

seu prazer, a vontade ávida de vida se objetivava segundo esse *principium* e se estilhaçava numa miríade de partes do mundo do fenômeno presente no tempo e espaço, mas permanecia existindo inteira e com plena força em cada uma dessas partes, mesmo nas menores e nas mais isoladas. O mundo era, pois, inteiramente produto e expressão da vontade, a objetividade da vontade no espaço e no tempo. Mas, além disso e simultaneamente a isso, ele era ainda outra coisa: ele era *representação*, minha representação, sua representação, representação de cada um e representação do mundo a respeito de si próprio – em virtude da capacidade de conhecimento do intelecto, farol que a vontade acendeu para si mesma nos níveis mais altos de sua objetivação. A expressão "níveis mais altos" precisa ser corretamente entendida. Espírito místico, mas também extremamente moderno e munido de ciência natural, Schopenhauer introduziu em sua cosmogonia da vontade, na infinita diversidade de suas emanações, o conceito de *evolução*. E o fez por amor àquele elemento filosófico que tomou de empréstimo a Platão, as "ideias". Ao postular ou estipular uma hierarquia ou escala na multiplicidade de objetivações da vontade, ele conservou ou salvou as "ideias" – pois estas eram justamente a intuição pura dessa escala de objetivações da vontade. As coisas isoladas não eram objetivação totalmente adequada da vontade, mas uma objetivação obscurecida pelas formas de nosso conhecimento. Na verdade, nós não poderíamos reconhecer nenhum "exemplar", nenhum acontecimento, nenhuma mudança, nenhuma multiplicidade, mas somente o ser, a objetivação imediata e pura da vontade em seus diferentes níveis, e nosso mundo seria, portanto, para falar com os escolásticos, um *nunc stans*,[10] um agora imóvel das ideias diáfanas e eternas.

Portanto, nos níveis mais altos de sua individuação, já nos animais, mas especialmente no homem, nível mais alto e complexo de todos, a vontade acendeu, para sua ajuda, segurança e iluminação, a luz do intelecto, que faz do mundo representação. Que fique bem claro: não foi o intelecto que produziu a vontade – ao contrário: foi esta que produziu aquele. O que veio primeiro e imperou não foi o intelecto, o espírito, o conhecimento, mas a vontade, e o intelecto foi feito para servi-la. Como poderia ter sido diferente, se o conhecimento mesmo era parte dos níveis mais altos de objetivação da vontade e, sem esta, não teria tido sequer oportunidade de se constituir? Num mundo que era inteiramente obra da vontade, do impulso de vida absoluto, imotivado, desprovido de fundamento e de valores, ao intelecto só cabia naturalmente o segundo posto. Sensibilidade, nervos, cérebro eram exatamente como outras partes do ser orgânico – isto é, em nada diferente do oposto, do antípoda do cérebro cognoscitivo: eles eram o dispositivo sexual, a expressão da vontade num determinado ponto de sua objetivação, e a representação, que devia seu surgimento a ela, também estava destinada a servir à vontade, não era um fim em si mesma, mas, tanto quanto aquelas outras partes, um meio para obtenção dos fins da vontade. Há muito de comicidade e de miserabilidade humilhante nessa relação entre intelecto e vontade, na constatação schopenhaueriana de que aquele é apenas instrumento a serviço desta; nela está contida toda a tendência e capacidade que o homem tem de se

---

10 "Agora permanente". Em latim no original.

enganar e de achar que sua vontade recebe seus ensinamentos e conteúdos do intelecto, quando, para nosso filósofo, é exatamente o contrário: o intelecto – afora sua tarefa de iluminar um pouco as imediações mais próximas da vontade e de lhe prestar auxílio nos níveis mais altos de luta pela vida – só existe para lisonjeá-la, para justificá-la, para abastecê-la de motivos "morais", em suma, para racionalizar nossos impulsos. Isso lembra os filósofos cristãos da Idade Média, que seriam tomados pelo demônio caso se afastassem do princípio segundo o qual a razão existe apenas e tão somente para fazer apologia da fé. Se tivessem dito isso a Kant! E, no entanto, porque havia tomado a "coisa em si" de Kant e as "ideias" de Platão, Schopenhauer tinha a convicção de ser kantiano e platônico nesse seu modo de avaliar a razão.

Era um modo claramente *pessimista* de avaliá-la; e, de fato, qualquer manual ensina que Schopenhauer é, primeiro, o filósofo da vontade e, segundo, o filósofo do pessimismo. Não há, porém, nem primeiro nem segundo, mas uma só e mesma coisa, ele era o segundo porque e na medida em que era o primeiro – ele era necessariamente pessimista, porque era o filósofo e psicólogo da vontade. Sendo o oposto de suficiência tranquila, a vontade é em si mesma algo fundamentalmente infeliz; ela é inquietação, esforço *por algo*, necessidade, ansiedade, sofreguidão, desejo, sofrimento, e um mundo da vontade não pode ser senão um mundo de sofrimento. A vontade que se objetiva em cada ente expia seu prazer metafísico fisicamente, numa acepção bem literal dessa expressão: ela tem de "pagar" por ele, da maneira mais terrível, no mundo e pelo mundo que ela produziu, o qual se afirma, em todo o seu horror, como obra do desejo e do tormento. Ou seja, quando se converte em mundo, o que ocorre, segundo o *principium individuationis*, pela sua dispersão na multiplicidade, a vontade se esquece de si mesma e se transforma, embora mantendo-se una em todo o seu esfacelamento, numa vontade que discorda de si, que conflita consigo mesma numa miríade de formas diferentes, e que, não reconhecendo a si mesma, busca o seu bem-estar, o seu "lugar ao sol" numa de suas manifestações particulares em detrimento de outras, e até de todas as outras, e assim crava constantemente os dentes na própria carne, como aquele habitante do Tártaro que devora avidamente a si mesmo.[11] Isso deve ser tomado ao pé da letra. As "ideias" de Platão ganham uma voracidade insaciável em Schopenhauer, pois, como níveis de objetivação da vontade, elas disputam entre si a matéria, o espaço e o tempo. O mundo vegetal deve servir de alimento ao mundo animal; cada animal, por sua vez, deve servir de presa e alimento a outro, e assim a vontade de vida devora continuamente a si mesma. O homem, enfim, vê o todo como feito para seu uso, mas é nele, por sua vez, que o horror da luta de todos contra todos, da discórdia da vontade consigo mesma, se evidencia da maneira mais terrível, como no provérbio: "*Homo homini lupus.*"[12]

Toda vez que Schopenhauer fala do sofrimento do mundo, da desolação e da sanha de vida das múltiplas encarnações da vontade (e ele fala muito e pormenorizadamente sobre isso), sua eloquência, extraordinária por natureza, seu gênio de escritor atingem os cumes mais brilhantes e gélidos de sua per-

---

[11] Tiestes, cujo mito será retomado um pouco mais tarde.

[12] "O homem é o lobo do homem". A sentença, celebrizada por Hobbes e Freud, aparece pela primeira vez em Apuleio. Em latim no original.

feição. Ele fala com uma veemência cortante, com o acento característico de quem se exprime por experiência, por amplo conhecimento próprio, um acento que enche de medo e encanta pela poderosa verdade. Há em algumas páginas um escárnio feroz da vida, cáustico, de olhar faiscante e lábios crispados, entremeado de citações gregas e latinas; a miséria da vida é denunciada, constatada, contabilizada e fundamentada de modo compassivo e implacável – mas não tão opressivo como se esperaria de alguém dotado de tamanha precisão e talento para exprimir-se sombriamente, porque tudo traz, ao contrário, uma satisfação singular e profunda graças ao protesto espiritual, à indignação humana, audível num tremor contido da voz que ali se exprime. Essa satisfação é sentida por cada um de nós; pois quando um espírito julgador e grande escritor fala do sofrimento do mundo, ele também fala de você e de mim, e todos nos sentimos vingados, com uma sensação de triunfo, por suas palavras admiráveis.

Privação, necessidade, cuidado com a preservação da vida – são coisas que vêm primeiro; depois, superadas com esforço, vêm então impulso sexual, paixão amorosa, ciúme, inveja, ódio, medo, ambição, avareza, doença, e assim por diante, inesgotavelmente: todos os males, que têm origem no conflito interno da vontade, emergem da caixa de Pandora. E o que permanece no fundo dela? Esperança? Ah, não: tédio; pois toda vida humana consiste num vaivém entre dor e tédio. A dor é o que há de positivo, o prazer é sua mera cessação, isto é, algo negativo, que logo se converte em tédio – assim como o tom fundamental, ao qual o labirinto da melodia sempre retorna, e a harmonia, na qual a desarmonia desemboca, suscitariam um tédio insuportável, se prolongados indefinidamente. E há satisfações? Pode-se dizer que sim. Mas, comparadas ao longo tormento causado por nossa cupidez, comparadas à infinidade de nossos desejos, elas são breves e escassas, e para cada desejo satisfeito restam ao menos dez insaciados. Aliás, a satisfação é apenas aparente, pois o desejo realizado dá lugar a outro: aquele é um *engano* reconhecido, este apenas um engano ainda não reconhecido. Nenhum objeto obtido pelo querer pode proporcionar satisfação duradoura; ele se assemelha à esmola que se dá ao mendigo para prorrogar por mais um dia sua existência miserável. E a felicidade? Ela consistiria no repouso. Mas ele justamente não é possível para o sujeito do querer. Correr atrás e fugir, temer a desgraça, ansiar pelo gozo – tudo é a mesma coisa, a preocupação com as reiteradas exigências da vontade preenche e move a consciência sem trégua, e assim o sujeito do querer está sempre preso a girar na roda de Íxion, tira incessantemente água com o cântaro das Danaides e definha eternamente de sede e fome, como Tântalo.

São imagens e mais imagens de tormento, imagens do Tártaro, como a de Tiestes devorando a si mesmo louco de fome. A vida é um inferno? Não de todo, apenas aproximadamente, uma espécie de antegosto dele. Mas semelhante ao inferno ela certamente é; pois é de antemão seguro que, sendo a própria tolice metafísica, um erro terrível, um pecado, o pecado em si, toda exteriorização da vontade de vida só pode ser algo aparentado ao inferno. O que se vê no platonismo, no cristianismo? A desvalorização levemente ascética e pessimista do sensível pelo espiritual em Platão, a única a levar à salvação e à verdade, é aqui reforçada e aprofundada da maneira mais feroz, porque ela ganhou em dois milênios uma carga de sofrimento e queixa desconhecida do homem ocidental antigo: o mundo real é produto da vontade, que cometeu um pecado original, um ato insensato primordial, que jamais deveria ter ocorrido; e se o mundo não é o inferno verdadeiro e completo, é porque a veemência da vontade de vida não foi de todo suficiente para tanto; se ela tivesse sido apenas um pouco mais forte, ainda um pouco mais vontade de vida, o inferno estaria consumado. Isso soa como uma limitação do pessimismo, mas é somente uma nova estocada da revolta cáustica contra a vida e contra a maldita vontade de viver – aparentada àquele chiste que Schopenhauer se permite fazer, quando diz que a vida se mantém sempre somente com muito custo sobre o fio do "ainda poder ser"; esse mundo é o pior de todos os imagináveis: pois se fosse apenas um pouco pior, ele já não poderia mais ser. Não raro Schopenhauer lembra Voltaire.

Ele por vezes se parece com Voltaire na clara perfeição da forma e no chiste certeiro; é, porém, superior ao francês na rica obscuridade de seu ser, na profundidade e poder de sua vida interior. Testemunho destes é a doutrina da redenção que ele insere em sua filosofia da vontade, o anseio de redenção que dela emana. Há, com efeito, uma redenção da miséria e do equívoco, do engano e da penitência que é esta vida, e ela está nas mãos do ser humano, objetivação da vontade mais alta e mais desenvolvida, mas também a mais sujeita ao sofrimento e a mais cheia de sofrimentos. A redenção estaria na morte? Seria grande erro acreditar nisso! A morte se dá inteiramente no fenômeno, na empiria, na esfera da diversidade e da mudança; ela não afeta de modo algum a realidade transcendente e verdadeira. O que fenece em nós é somente a individuação; o núcleo de nosso ser, a vontade, que é vontade de vida, permanece intacta e, *enquanto souber dizer sim a si mesma*, ela saberá encontrar vias de acesso à vida. A propósito, isso explica a irracionalidade e a imoralidade do suicídio, com o qual não se obtém melhoria alguma: pois com ele o indivíduo nega e aniquila justamente apenas a sua individuação, não o erro primordial, a vontade de vida, que busca no suicídio apenas uma realização mais favorável. A redenção não está, portanto, na morte; ela significa algo bem distinto e está ligada a uma condição de todo diferente. Difícil suspeitar a que mediador se deve essa bênção, sob certas circunstâncias. Ele é o intelecto.

Mas o intelecto não é produto da vontade, seu instrumento, sua lanterna na escuridão, destinado unicamente ao serviço dela? Assim é e permanece sendo. No entanto, nem sempre e em todos os casos é assim. Em circunstâncias especiais, afortunadas – deveríamos dizer em circunstâncias ditosas, excepcionais! –, o servo e pobre ajudante pode tornar-se senhor de seu senhor e criador, pode pregar-lhe uma peça, emancipar-se dele, autonomizar-se e afirmar, ao menos transitoriamente, uma autocracia suave, clara, benéfica ao mundo, na qual a vontade, deposta do poder e excluída, declina suave e ditosamente. Há uma situação em que o milagre acontece, em que o conhecimento se desvincula da vontade, em que o sujeito cessa de ser um mero sujeito individual e se converte num puro sujeito do conhecimento, desprovido de vontade. É o chamado estado *estético*. Ele é uma das maiores e mais profundas experiências de Schopenhauer, e se ele dispõe de acentos tão medonhos para descrever os tormentos infligidos pelo poder da vontade, seráficos são os tons que sua prosa encontra, e efusiva a expressão de sua gratidão, quando ele se põe a falar – o que ocorre copiosa e incansavelmente – das dádivas proporcionadas pela *arte*. É como discípulo de Platão e Kant que ele faz a formulação e interpretação espiritual desta que é talvez a sua experiência mais pessoal. "Belo", afirmara Kant, "é *aquilo que apraz sem interesse*."[13] Sem interesse – entendido com razão por Schopenhauer como: sem referimento à vontade. Para ele, a satisfação estética era pura, desinteressada, liberta da vontade, era uma "representação" no sentido ao mesmo tempo o mais intenso e o mais sereno, uma intuição clara, tranquila, profundamente calma. E por que ela era assim? Aqui foi preciso ajuda de Platão e do esteticismo latente de sua doutrina das ideias. As ideias! Era por meio delas que os fenômenos, essas cópias da eternidade, se tornavam translúcidos no estado estético: o olhar aberto para elas era a intuição pura, grande, solar, *objetiva*, de que só o gênio era digno – e mesmo ele apenas em suas horas e instantes geniais – e, junto com ele, aquele que recebia e fruía a obra estética.

Mas como? Seria o intelecto que abriria o olhar para essa visão? Sim, o intelecto que se desvinculou da vontade e se tornou conhecimento puro e inocente. Desnecessário dizer que a palavra "intelectual" não era tomada em sentido estrito na arte; não era o pensamento, a abstração, o entendimento que produzia o estado bem-aventurado. A arte não podia ser ensinada, ela era um presente da intuição. O intelecto desempenhava um papel ali somente na medida em que era ele que transformava o mundo em representação. De modo algum precisamos saber algo sobre a condição metafísica das coisas, do fenômeno e das ideias, de Kant e de Platão, para participar da arte. Explicar o estado estético em sua essência verdadeira, torná-lo acessível ao

[13] A ideia é kantiana, mas a frase é de Nietzsche, em *Para a genealogia da moral*.

pensamento abstrato, era tarefa da filosofia – certamente apenas de uma filosofia que entendia mais de arte, que tinha *vivido* mais a arte do que todas as filosofias, anteriores e atuais. Ela sabia e ensinava que o olhar da arte era aquele da *objetividade genial* – e se lembrarmos o que foi dito antes a respeito da mediação realizada pela arte como fonte de *ironia*, então perceberemos que ironia e objetividade estão conjugadas e são uma coisa só. Apolo, o da flecha certeira, o deus das musas, é um deus do afastamento e da distância – não do envolvimento, do *páthos* e da patologia –, não do sofrimento, mas da liberdade, um deus objetivo, o deus da ironia... Nela, portanto, na objetividade genial, era assim que Schopenhauer via, o conhecimento estava livre da escravidão da vontade, e a atenção já não era perturbada por nenhuma motivação do querer: nesse estado nós nos entregávamos às coisas enquanto estas eram mera representação, e não mais motivos, e uma tranquilidade jamais conhecida nos era dada de uma vez: "Sentimo-nos", diz nosso autor, "totalmente bem. Eis o estado de ausência de dor, que Epicuro prezava como o sumo bem e como o estado dos deuses: pois estamos, por esse instante, livres da vil opressão da vontade, festejamos o sabá depois dos trabalhos forçados que prestamos a ela, a roda de Íxion deixou de se mover."

Palavras conhecidas, muito citadas. O belo e a visão altamente tranquilizadora que ele nos proporciona conseguiram arrancá-las dessa alma amarga e atormentada. São verdadeiras? Mas o que é a verdade? Uma vivência que encontra palavras assim é verdadeira, é justificada pela força do sentimento. Deveríamos crer que essas palavras da mais completa e ilimitada gratidão foram cunhadas para designar uma felicidade relativa, sempre apenas meramente negativa? Pois a felicidade é, em geral, negativa, é somente cessação de uma tortura, e não é diferente com a felicidade da intuição estética das ideias, da objetividade que acalma a vontade, como também se pode reconhecer indubitavelmente pelas imagens que ela inspira a Schopenhauer. Ela também é uma felicidade efêmera, passageira. O estado artístico, acreditava Schopenhauer, a permanência num olhar iluminado idealmente não era a redenção final. O estado estético era somente um estágio preliminar de outro mais perfeito, no qual a vontade apenas provisoriamente pacificada naquele primeiro seria para sempre ofuscada, vencida e aniquilada pelo conhecimento. A plenitude do artista era o santo.

Ao lado de sua estética, Schopenhauer colocou a sua ética. Ele a instituiu como coroamento daquela: pois a ética era a doutrina da inversão da vontade no nível mais alto de sua objetivação, o homem; era a doutrina da autonegação e autossuperação da vontade graças à compreensão da terrível equivocidade e vileza do mundo do sofrimento, o qual era a sua obra e o seu espelho, a sua objetivação; graças, portanto, ao autoconhecimento da vontade de viver como aquilo que deve ser absoluta e definitivamente negado. Como isso era possível? Como a negação da vontade podia provir da vida, que era, de um extremo a outro, vontade de viver? Isso se tornava possível justamente porque o mundo era o produto de um ato da vontade, e tal ato podia ser anulado e suprimido por um ato negativo, um ato contrário à vontade. Esse era o feito do conhecimento livre, que numa espécie de rebelião cósmica de escravos se desvencilhava da vontade e punha fim a sua servidão, e tal feito era o conteúdo mais íntimo, a função última da ética, que devia conduzir a ele.

Que é, enfim, a ética? É a doutrina das ações dos homens, a doutrina do bem e do mal. A doutrina? A vontade cega, imotivada e sem sentido, podia ser ensinada? Certamente que não. Certamente, a virtude não podia ser ensinada, tão pouco quanto a vontade. Assim como ninguém se tornava artista por lhe terem explicado a essência do estado estético, assim também ninguém se tornava bom e evitava o mal porque lhe explicaram o sentido e a significação de um e outro – o que Schopenhauer, como filósofo, estava pronto a fazer. Quando muito, a abstração ajudava um pouco, e o fazia na figura de certos dogmas das diferentes religiões que eram a roupagem exotérica do saber esotérico, o traje místico da verdade, verdade para o povo, por assim dizer. Os motivos racionais de uma boa ação pouco importavam, desde que a boa ação acontecesse. Ela acontecia, porém, pelo sentimento, por um conhecimento intuitivo da verdade que repousava sobre uma visão das coisas pelo seu interior, exatamente como no estado estético, sobre o qual Schopenhauer logo prestaria maiores esclarecimentos. Antes, porém, ele ainda fez questão de dar a entender que a ética tampouco podia ser uma doutrina moral, no sentido de um códice de prescrições para a vontade. Não se podia de modo algum fazer prescrições para a vontade. Ela era livre, absoluta e onipotente. *Somente* nela havia liberdade, ela existia exclusivamente na transcendência, jamais na empiria, na objetivação da vontade encontrada no espaço, tempo e causalidade, no mundo. Neste, tudo era rigorosamente causal, ligado e determinado segundo causa e efeito; a liberdade se encontrava além do fenômeno, assim como a vontade, mas ali ela vivia e reinava de maneira absoluta – ali estava a liberdade da vontade. Como é tão frequente, com a liberdade também se passava o inverso do que o "bom senso humano" queria perceber: ela não estava no agir, mas no *ser* – não no *operari*, mas no *esse*; o agir era regido, portanto, por uma necessidade e determinabilidade inelutáveis, mas o ser era original e metafisicamente livre: o homem que cometeu algo passível de punição *agiu assim* necessariamente, como caráter empírico, sob a influência de determinados motivos, mas ele teria podido *ser* de outra maneira – e também o remorso, os escrúpulos se referiam ao ser, não ao agir.

Era um pensamento audaz, sentido em profundidade e, não obstante, duro! É uma das intuições mais notáveis e, no final das contas, mais convincentes da criação schopenhaueriana da verdade. Graças a ele, um par de conceitos morais e aristocráticos indubitavelmente caros a Schopenhauer, e que ele não gostaria de ver submergir num determinismo absoluto, conseguiu ser salvo da empiria e transferido para a transcendência e atemporalidade, onde foi conservado numa misteriosa segurança: eram eles culpa e mérito. A existência deles dependia da liberdade da vontade – e o quanto já não se havia debatido a respeito desta! Mas a liberdade da vontade sempre fora entendida de modo temporal, como liberdade da vontade no âmbito do fenômeno e em relação ao caráter empírico do homem, tal como este o experimentava em seu próprio destino e o apresentava aos olhos dos outros, como representação agradável ou terrível. Só que, tão logo a vontade se objetivasse, tornando-se fenômeno e ganhando individuação, já não havia traço da liberdade e tampouco, portanto, de culpa ou de mérito. Sendo aquele que era, o homem agia, tinha de agir, sob a influência de determinados motivos; mas seu agir e padecer, seu curso de vida, seu destino eram apenas a experiência que ele e os outros faziam do seu ser, de seu caráter "inteligível", que se encontrava fora ou detrás do fenômeno, e este era, como o mundo inteiro, produto de um ato livre da vontade. A vontade se manifestava em cada coisa exatamente como ela se determinava em si mesma e fora do tempo. O mundo era apenas o espelho dessa vontade, e nele tudo fazia parte da expressão daquilo que ela queria; era assim porque ela assim queria. Segundo a mais rigorosa justiça, cada ser suportava não apenas a existência em geral, mas também o ser que lhe era próprio, a sua individualidade, e tudo o que lhe sucedesse, tudo o que *pudesse* lhe suceder, lhe acontecia sempre com justiça.

Pensamento cruel, duro – ofensivo, implacável e orgulhoso! Aceitá-lo repugna nosso sentimento – mas é precisamente a nosso sentimento que a sua mística apela. No seu fundamento está uma verdade mística, graças à qual aquele par de conceitos, culpa e mérito, longe de se perder, se aprofunda de modo assustador. É claro que, em sentido estrito, ambos são com isso tirados da esfera *moral*. Mas os espíritos aristocráticos, para os quais a "justiça" não importa muito, sempre se inclinaram a retirar culpa e mérito da esfera da moralidade. Goethe fala com predileção dos "méritos inatos" – o que em sentido lógico e moral é, falando propriamente, uma junção de palavras absurda. Pois "mérito" é, inteiramente e por princípio, um conceito moral, e aquilo que é inato, ou seja, beleza, perspicácia, nobreza, talento – ou, referindo-se ao destino –, *sorte*, não pode logicamente ser um mérito. Para que se pudesse falar em mérito aqui, tais coisas teriam de ser resultado de uma escolha livre, a expressão de uma vontade teria de se dar *antes* de sua manifestação – e é justamente isso que Schopenhauer afirma, quando explica, no seu jeito aristocrático e duro, que tudo o que ocorre a cada um, seja ele feliz ou infeliz, é sempre somente o que ele mereceu.

Muito rapidamente, no entanto, a afirmação aristocrática da injustiça e da sina desigual dos homens se dissolve na mais incontestável e democrática igualdade – simplesmente porque desigualdade e diferença e até mesmo a *diferenciação* são, comprovadamente, *ilusão*. Para designar essa ilusão, Schopenhauer se serve de um nome da sabedoria hindu, muito admirada por ele devido à concordância pessimista dela com seu próprio diagnóstico a respeito do mundo: ele a chama de "véu de Maia". Já bem antes, porém, ele a havia enunciado em latim, seguindo a maneira de se exprimir dos eruditos ocidentais: a grande ilusão acerca da desigualdade e injustiça das condições, dos caracteres, situações e destinos se funda no *principium individuationis*. Diferença e injustiça dizem respeito apenas à multiplicidade no tempo e no espaço, a qual, no entanto, é mero fenômeno – ela é a representação que nós temos do mundo enquanto indivíduos, em virtude das disposições de nosso intelecto, e que, em sua verdadeira realidade, é a objetivação de uma única vontade de vida, que está no todo e no singular, em mim e em você. Mas isso não é conhecido pelo indivíduo, que se sente isolado e apartado do todo cósmico – e como poderia conhecê-lo, se as condições de seu conhecimento, se o "véu de Maia" que encobre seu olhar e o mundo, lhe vedam a intuição da verdade? Ele não vê a essência das coisas, que é uma só, e sim suas manifestações separadas, diferentes e até opostas: prazer e tormento, o verdugo e o mártir, a vida de alegrias de um e a existência miserável de outro. Você diz sim, claro que para você mesmo, a uma coisa e diz não a outra, principalmente em relação a você mesmo. A vontade, que é sua origem e essência, faz com que você deseje a felicidade, as alegrias e deleites da vida; você estende a mão na direção deles, os traz para bem junto de si – e não nota que, com essa afirmação da vontade, também persegue todos os tormentos do mundo e os traz para bem perto de si. O mal que você faz, que causa a si mesmo, sua revolta, por outro lado, contra a injustiça da vida, mas também a inveja, a nostalgia e a ansiedade, o seu desejo de mundo, tudo isso provém da ilusão da multiplicidade, do engano, de que você não é o mundo, e o mundo não é você – tudo isso provém da diferenciação ilusória entre "mim" e "você", da quimera de Maia.

Seu medo da morte também provém dela. A morte nada mais é que a supressão de um equívoco – de um descaminho, pois toda individuação é descaminho. A morte nada mais é que o desaparecimento de uma parede ilusória, que separa o eu em que você se encontra encerrado do resto do mundo. Você acredita que, quando morrer, esse mundo restante continuará a existir, e você, aterradoramente, não será mais. No entanto, eu lhe digo: este mundo, que é sua representação, já não existirá, mas você, ou seja, isso que em você receia a morte, que não a quer, porque é a vontade de vida – nisso você permanecerá, viverá, pois a vontade, da qual você provém, sempre saberá encontrar a porta para a vida. A ela pertence toda a eternidade, e juntamente com a vida, que ela conhece como tempo, enquanto ela mesma é, na verdade, presente constante, você também recupera o tempo. A vida, com todos os seus prazeres e tormentos, estará assegurada à sua vontade, enquanto ela quiser. Mas para você seria melhor que ela não quisesse...

Enquanto isso você continua vivendo como aquele que você é. Você vê e ama, observa e anseia, deseja a ansiada imagem alheia, tão alheia e outra, você sofre porque gostaria de atraí-la, de sê-la... Mas *ser* uma coisa é algo de todo diferente, incomparavelmente mais incômodo e lamentável do que *vê-la*, e o anseio é uma trapaça, causada pela representação. Assim como todo o mundo restante, você mesmo e seu corpo são dados como representação, mas ao mesmo tempo também como vontade – e o corpo é a única coisa no mundo que lhe é dado também como vontade. Tudo o mais é apenas representação para você. O mundo todo é um balé, um espetáculo, que, segundo sua crença original e natural, está longe de ter tanta realidade quanto você que é o espectador dele, um espetáculo que não deve ser tomado a sério no mesmo grau e sentido que você. Para o eu encerrado no *principium individuationis*, envolvido pelo véu de Maia, todos os demais seres aparecem como máscaras e fantasmas, aos quais ele não tem condição alguma de atribuir, mesmo que só aproximadamente, tão grande importância e seriedade ontológica quanto atribui a si mesmo. Tudo depende de você – não é mesmo? –, porque você é o único ser efetivo. Você é o centro do mundo (e também o centro do seu mundo), e todo o peso está posto no seu bem, em que o sofrimento da vida permaneça o mais distante e em que as delícias dela ocorram da maneira mais copiosa possível. O que sucede aos outros é de uma relevância incomparavelmente menor; não lhe faz nem mal, nem bem.

Esse é o ponto de vista do egoísmo natural, que ainda não foi enfraquecido, nem minimamente iluminado, que se encontra numa sujeição incondicional ao *principium individuationis*. A visão desse princípio; o conhecimento intuitivo de seu caráter vexatório, de ocultação da verdade; o pressentimento crescente da indiferenciação entre o eu e o tu, a compreensão, pelo sentimento, de que a vontade é uma só e a mesma em tudo e em todos: eis o início e a essência da ética. Quer dizer: ela trata desse conhecimento, dessa compreensão pelo sentimento, descrevendo suas consequências benéficas, mas não os ensina, nem os pode ensinar, pois assim como artista algum jamais foi produzido pela estética abstrata, assim também você não aprende nem ensina a virtude. É o homem que a experimenta, assim como a experimentou aquele discípulo hindu diante de cujo olhar um grande espírito fez desfilar todos os seres do mundo, animados e inanimados, dizendo, a cada um deles, as seguintes palavras: "*Tat twam asi*", "Este é você". Nessas palavras, nessa compreensão, nessa dádiva da intuição está contida toda virtude, toda justiça, todos os bens e toda magnanimidade – e no desconhecimento delas, que se encontra preso à ilusão, está o contrário de tudo isso, a saber, o mal. *Mau* é o homem que comete injustiça se um poder exterior não o impede, ou seja, alguém que, não satisfeito em afirmar a vontade de vida tal como se manifesta em seu corpo, também nega a vontade que se manifesta nos outros indivíduos e busca aniquilar a existência deles tão logo ponham obstáculos aos esforços de sua própria vontade. No mau caráter se exprime uma vontade selvagem, que vai além da afirmação do próprio corpo, mas principalmente uma restrição tão profunda do conhecimento ao fenômeno e ao *principium individuationis*, que o conhecimento se prende ferreamente à diferença estabelecida por este entre a própria pessoa e a dos outros, o que explica por que o mau caráter considera a essência desses outros como completamente estranha à sua, como separada dele por um abismo, vendo neles, literalmente, apenas máscaras vazias, enquanto para sua mais profunda convicção só ele tem realidade.

Daí resulta naturalmente a definição do homem *bom*; sobretudo se voltamos os olhos para a figura de transição que há entre ele e o homem mau, a saber, o homem *justo*. Justiça já é uma compreensão do *principium individuationis*, porém num grau menor, mais negativa do que positiva, como negação da injustiça. Na afirmação da própria vontade, o homem justo não chega à negação da vontade que se manifesta nos outros indivíduos. Ele se abstém de lhes infligir sofrimento para ampliar o próprio bem-estar. Diferentemente do que ocorre com o homem mau, o princípio de individuação não é para ele uma parede divisória absoluta, mas o modo como se comporta deixa ver que ele reconhece sua própria essência, a vontade de viver como coisa em si, também em fenômenos alheios, que lhe são dados apenas como representação, e neles se reconhece ao menos a ponto de ter o cuidado de não lesá-los. O que já é bastante; e é sempre também já algo mais: a verdadeira bondade sempre depende disso. E não se deve considerá-la uma fraqueza! O homem bom não é absolutamente uma manifestação da vontade originalmente mais fraca que o homem mau, a não ser que ele seja apenas bonachão, o que, de fato, não leva a muita coisa. Não, o que nele triunfa sobre a vontade é o conhecimento. Que conhecimento? Ora, isso é claro: é o conhecimento de que a diferença entre ele e os outros repousa sobre uma ilusão capaz de induzir ao mal, de que ela é um fenômeno enganador, de que o *em si* de seu próprio fenômeno é também o mesmo do fenômeno alheio, isto é, a vontade de viver, que se corporifica em tudo, mesmo nos animais e em toda a natureza e, por isso, ele não maltratará sequer um animal.

Mas não é o caso, aqui, de ficar nas negações e falar apenas por meio delas: a bondade é positiva. Ela executa as obras do amor. E o motivo por que o faz provém de um sentimento profundo: pois se não o fizesse, ela se veria como alguém que hoje passa fome para amanhã ter mais do que poderia comer. Para o homem "bom" seria exatamente o mesmo que deixar os outros à míngua, enquanto ele mesmo viveria do bom e do melhor. O véu de Maia se tornou diáfano e se desfez para ele a grande ilusão segundo a qual a vontade dispersa pelo fenômeno parece ora se regalar, ora sofrer ou viver na penúria, embora sejam sempre a mesma vontade e o mesmo tormento que ela a um só tempo inflige e suporta. Amor e bondade são *compaixão*, que surge quando se conhece o "*Tat twam asi*", quando se levanta o véu de Maia – como já dizia Spinoza: "*Benevolentia nihil aliud est, quam cupiditas ex commiseratione orta*" – "Bondade não é outra coisa que amor nascido da compaixão". Mas daí também se conclui que, assim como a justiça se intensifica em bondade, assim também, por sua vez, a bondade é capaz de se intensificar não apenas até o amor mais altruísta e a abnegação mais magnânima, mas até mesmo à santidade. Pois o homem que possui tal conhecimento do amor considerará o sofrimento de todos os seres vivos como sofrimento seu, e tornará sua a dor de todo o mundo. Ele vê o todo, a vida, como um conflito interno entre vontade e sofrimento constante; a humanidade, os animais em sofrimento, e o conhecimento da essência das coisas em si se tornam para ele um modo de aquietar a vontade. Nele, a vontade se afasta da vida, pois, já que está obrigado a negá-la devido ao conhecimento da compaixão, como ele poderia ainda afirmar, inclusive em si mesmo, a vontade de viver, se a obra, expressão e espelho dela, é a vida? A decisão daquele que tem esse conhecimento é renúncia, resignação, serenidade. Nele acontece a passagem da virtude para o alto paradoxo da ascese – um grande paradoxo, com efeito: pois aqui sucede que uma individuação da vontade nega a essência nela manifestada e expressa pelo seu corpo, o seu agir desmente o seu fenômeno e entra em aberta contradição com ele. Aquele aquietamento libertador, mas passageiro, da vontade, sobre o qual repousa a felicidade do estado estético, atinge seu acabamento no resignado, no asceta, no santo. Neste, o conhecimento se assenhorou para sempre da vontade, ele a sobrepuja e suprime. Ele carrega o pecado do mundo, o expia e é, ao mesmo tempo, sacerdote e vítima. Assim como o corpo exprime a vontade em geral, também os órgãos reprodutores exprimem a afirmação da vontade que vai além da vida individual. O asceta rejeita a satisfação sexual: sua castidade é sinal de que, junto com a vida de seu corpo, também se suprime a vontade, de que ele é o fenômeno. O que define o santo? O que o define é que ele não faz nada daquilo que gostaria de fazer, e faz tudo o que não gostaria de fazer. Nós conhecemos exemplos espirituais perturbadores desse comportamento – nós o vimos ser praticado por ascetas natos e sacerdotes abnegados, que, em exaltação ditirâmbica da vontade ébria de poder, celebravam a paixão de suas vidas não fazendo nada daquilo que gostariam de ter feito, e fazendo tudo o que lhes causava mal – discípulos em princípio do filósofo Schopenhauer, e mais ainda quando já não queriam sê-lo... Pois castidade ascética, tornada máxima geral, levaria ao fim da espécie humana. No entanto, pelo vínculo existente entre todas as manifestações da vontade, com o perecimento da manifestação suprema, o homem, também pereceria seu reflexo mais fraco, o animal, e, como desta maneira todo o conhecimento seria suprimido, todo o mundo restante – porque sem sujeito não há objeto – se diluiria por si só em nada. O homem é o redentor potencial da natureza. Por isso afirma Angelus Silesius, o místico:

> *Mensch! Alles liebet dich; um dich ist sehr gedrange:*
> *Es läuft dir alles zu, dass es zu Gott gelange.*[14]

Está assim delineado, em traços amplos e grosseiros, o conteúdo da obra principal de Arthur Schopenhauer, à qual ele denominou *O mundo como vontade e representação* – título altamente objetivo, que exprime perfeitamente, em três substantivos, não apenas o conteúdo do livro, mas também o homem que o produziu, em sua poderosa obscuridade e em sua igualmente enérgica clareza, em sua profunda sensualidade e em sua espiritualidade rigorosa e pura, em sua paixão e em seu anseio de redenção. O que há de extraordinário nele é que se trata de um livro cujo pensamento, reduzido à fórmula mais sucinta do título e presente a cada linha, é *um só*, um pensamento que atinge seu desenvolvimento mais completo e abrangente nas quatro partes, ou melhor, nos quatro movimentos sinfônicos de que está composto; é um livro que se assenta sobre si mesmo, é ele mesmo de uma ponta a outra, confirmando a si mesmo ao ser e fazer aquilo que ele diz e ensina: está inteiro ali, onde quer que o abramos, mas, para se efetivar no tempo e no espaço, ele precisa de toda a pluralidade de seus aspectos, que se desdobram por mais de 1.300 páginas, em 25 mil linhas,

---

[14] Em tradução livre: "Homem! Tudo te ama; tantos se põem à tua volta:/ Tudo corre para ti, a fim de alcançar Deus."

quando, na verdade, ele é um *nunc stans*, a presença permanente de seu pensamento, de modo que os versos do *Divã* se aplicam a ele como a nenhum outro:

Dein Lied ist drehend wie das Sterngewölbe,
Anfang und Ende immerfort dasselbe,
Und, was die Mitte bringt, ist offenbar
Das, was am Ende bleibt und Anfang war.[15]

Trata-se de uma obra de tal coesão cósmica e de uma força de pensamento tão abrangente, que temos com ela uma experiência singular: quando dela nos ocupamos por mais tempo, tudo parece diferente – mesmo aquilo que estamos lendo paralelamente ou que leremos logo depois parecerá estranho, pouco instrutivo, incorreto, arbitrário, não disciplinado pela verdade... Verdade? Ela é tão verdadeira assim? Sim, no sentido da sinceridade mais elevada e convincente. Mas o adjetivo significa uma evasiva. Sua obra traz e contém a verdade? Schopenhauer não o afirmou tão peremptoriamente, com a pretensão quase perversa com que o fizera Hegel, que declarou a seus alunos: "Eu não falo apenas a verdade, *eu sou* a verdade." O resumo correspondente em Schopenhauer afirma: "A humanidade aprendeu algo comigo que ela jamais esquecerá."[16] Acho que isso é tanto mais elegante e modesto, como também mais

[15] Em tradução livre: "Tua canção gira como a cúpula estrelada,/ Começo e fim sempre o mesmo,/ E o que o meio traz é manifestamente/ O que permanece no fim e estava no começo."
[16] A citação de Hegel parece apócrifa; a frase de Schopenhauer, citada um tanto imprecisamente, se encontra no §14 dos *Fragmentos para a história da filosofia*.

aceitável. Pois se trata de aceitação, quando se fala da verdade. A verdade, parece-me, não está presa a palavras, não coincide com determinada afirmação textual – talvez esse seja seu principal critério. A razão por que jamais nos esqueceremos do que Schopenhauer disse é que o que ele disse não se prende às palavras que empregou, pois poderíamos usar outras palavras – e, mesmo assim, permaneceria um núcleo de sentimento, uma vivência da verdade – tão aceitável, tão inabalável, tão certa, como jamais encontrei na filosofia. Podemos viver e morrer com ela – principalmente morrer: ouso afirmar que a verdade schopenhaueriana, que sua aceitabilidade, é feita para resistir até o último momento, sem necessidade de esforço, sem fadiga de pensamento, sem palavras. O que Schopenhauer disse não é gratuito: "A morte é o verdadeiro gênio inspirador ou o Musageta da filosofia... Dificilmente se teria filosofado sem a morte." Ele é um grande conhecedor da morte e nela versado – entre as coisas mais belas e diríamos até mais profundas que escreveu (embora em toda parte sua obra seja igualmente profunda) está o grande capítulo do segundo volume de *O mundo como vontade e representação*: "Sobre a morte e sua relação com a indestrutibilidade de nosso ser em si". Esse conhecimento da morte está ligado ao seu pessimismo ético, que, mais do que uma doutrina, é um caráter, uma atitude artística, um ar vital, pessimismo ao qual o então ainda jovem Nietzsche declara seu amor quando diz: "O que me agrada em Wagner é o mesmo que me agrada em Schopenhauer. O ar ético, o odor fáustico, a cruz, a morte e o túmulo." Esse era o ar espiritual vital que respirávamos na segunda metade do século XIX – o ar de juventude, o ar da terra natal para nós que hoje já passamos dos sessenta. Em alguns aspectos, podemos ter deixado tudo isso para trás. Mas este breve escrito é testemunha de que restou um afeto de agradecimento em relação a toda aquela atmosfera. Também a música faz parte dessa atmosfera ético-pessimista: Schopenhauer é bastante musical; repetidas vezes eu chamei sua obra principal de uma sinfonia em quatro movimentos; e, no terceiro desses movimentos, dedicado ao "objeto da arte", ele exaltou a música como nenhum outro pensador jamais havia feito – ele atribui à música um lugar totalmente especial, não ao lado das demais artes, mas acima delas, porque, diferentemente destas, ela não é figuração do fenômeno, mas figuração imediata da vontade, exibindo o caráter metafísico que está por trás de cada manifestação física do mundo, e a coisa em si que está por trás de cada fenômeno. Sua filosofia deixa a suspeita de que também aqui o intelecto serve à vontade, e de que Schopenhauer não amava a música porque lhe atribuía esse significado metafísico, mas lhe atribuía esse significado metafísico porque amava a música. O certo, porém, é que esse amor se encontra em ligação espiritual imediata com seu conhecimento em matéria de morte, e ele bem poderia ter dito: "Dificilmente se faria música sem a morte."

"Quem se interessa pela vida", escrevi em *A montanha mágica*, "se interessa particularmente pela morte."[17] Eis a marca profunda, durável para toda a vida, deixada por Schopenhauer. Também teria sido schopenhaueriano, se eu tivesse acrescentado: "Quem se interessa pela morte, nela busca a vida"; e eu o disse, embora de modo menos epigramático, pois, ainda jovem escritor e tendo de conduzir à morte o herói de meu romance juvenil, Thomas Buddenbrook, eu lhe concedi a alegria de ler

[17] Mann cita de memória frase do capítulo "Humaniora".

aquele grande capítulo "Sobre a morte", sob cuja recente impressão eu mesmo me encontrava, não passando então de um autor de 23 ou 24 anos. Foi uma grande felicidade, e em minhas *Memórias* menciono de passagem que uma experiência como aquela não poderia ter ficado guardada dentro de mim, que uma bela oportunidade de dar testemunho, de mostrar gratidão logo se apresentou, na qual se podia dar imediatamente acolhida poética a ela. Ao herói sofredor de meu romance burguês, da obra que foi o fardo, a dignidade, a pátria e a bênção de minha juventude, eu dei de presente a preciosa experiência, a elevada aventura, entrelacei-a em sua vida na narrativa no momento em que ela estava próxima do fim e fiz com que ele encontrasse a vida na morte, com que se desvencilhasse das algemas que prendiam sua individualidade cansada, que se libertasse de um papel na vida assumido simbolicamente e desempenhado com coragem e inteligência, mas que nunca satisfizera seu espírito nem seu anseio de mundo, que lhe fora um impedimento para ser algo outro e melhor.

Schopenhauer é um escritor para jovens – e a razão disso é decerto que sua filosofia é a concepção de um homem jovem. Quando *O mundo como vontade e representação* foi publicado, em 1818, isto é, o primeiro volume contendo o sistema, ele estava com trinta anos, mas a redação tinha durado quatro anos, e as experiências intelectuais de que o cristal se formara remontavam, sem dúvida, a muito antes: quando seu livro tomou forma nele, Schopenhauer não era muito mais velho do que eu quando o li. Ele envelheceu aprimorando, reunindo comentários, assegurando e reforçando tenaz e incansavelmente aquilo que era uma dádiva de sua juventude, de modo que ele proporciona o raro espetáculo de um velho que até o último instante zela, com estranha fidelidade, pela obra de sua juventude. Mas ela permaneceu como tal em seu âmago, e não é em vão que Nietzsche alude a essa gestação temporã ao dizer que a filosofia de alguém tem a idade dele, e que o poema cósmico de Schopenhauer traz a marca da idade dominada pelo aspecto erótico. E – poderíamos acrescentar – pelo sentido para a morte, pois os jovens têm muito mais familiaridade com a morte e sabem muito mais a seu respeito que os velhos, porque sabem muito mais a respeito do amor. Erotismo da morte como sistema de pensamento lógico-musical, nascido de uma enorme tensão entre espírito e sensualidade – uma tensão cujo resultado, cuja fagulha que dela escapa é justamente o erotismo: eis a experiência que a juventude familiar e simpática a ela tem com essa filosofia, que não é por ela entendida num sentido moral, mas vital, pessoal – não pela doutrina, quero dizer, pela pregação, mas em sua essência, e é assim que ela a entende corretamente.

"Onde estarei eu, depois de morto?", pergunta Thomas Buddenbrook. "Ora, isso é tão luminosamente claro, tão avassaladoramente simples! Estarei em todos aqueles que um dia disseram, dizem e dirão 'Eu': mas especialmente naqueles que o dizem mais plenamente, mais energicamente, mais jovialmente... Em algum lugar do mundo cresce agora um menino, bem nutrido e desenvolvido, apto a desenvolver suas capacidades, já bem feito e tranquilo, puro, cruel e ousado, um daqueles homens cuja visão aumenta a felicidade dos felizes e faz os infelizes entrar em desespero: é meu filho. Este sou eu... logo... logo... assim que a morte me livrar da funesta ilusão de que não sou tanto ele quanto eu... Odiei algum dia a vida, essa vida pura, cruel e forte? Que insensatez e equívoco! Só odiei a mim mesmo por não poder suportá-la. Mas eu amo vocês... eu amo todos vocês, venturosos, e logo cessarei de estar separado de vocês por uma prisão estreita; logo aquilo que em mim ama vocês, meu amor por vocês estará livre, estará em e com vocês... em e com vocês todos!"[18]

Perdoem-me por citar de novo essa peça lírica juvenil, inspirada pela embriaguez que o feitiço de uma bebida metafísica provocou num jovem de vinte anos! Atesto que o abalo orgânico que ela significou só pode ser comparado àquele provocado na alma jovem pelo primeiro contato com o amor e o sexo – e essa comparação não é casual. Mas fiz a citação para mostrar que se pode pensar de acordo com um filósofo sem ter minimamente de pensar em conformidade com ele, quer dizer, que se pode lançar mão de seus pensamentos e, ao mesmo tempo, pensar de uma maneira que ele não pensou. Assim pensava, com certeza, alguém que, afora Schopenhauer, também já tinha lido Nietzsche, alguém que transpunha uma experiência na outra e provocava a mais estranha confusão entre elas. O que me importa assinalar, no entanto, é o abuso ingênuo de uma filosofia, "falta" cometida principalmente por artistas, e à qual aludi quando disse que com frequência uma filosofia age menos por sua moral e sabedoria, que são a flor intelectual de sua vitalidade, do que por essa vitalidade mesma, por aquilo que é essencial e pessoal – isto é, por sua paixão mais do que por sua sabedoria. Desta maneira, artistas com frequência se tornam "traidores" de uma filosofia, e foi assim que Schopenhauer foi "entendido" por Wagner, quando este

[18] *Os Buddenbrooks*, na tradução brasileira de Herbert Caro (Rio de Janeiro, Nova Fronteira, 2000, p.703).

colocou seu mistério erótico *Tristão e Isolda* sob a proteção, por assim dizer, da metafísica de Schopenhauer. Aquilo em que Schopenhauer influenciou Wagner, e em que este mesmo se reconhecia, foi a explicação do mundo como "vontade", como impulso, a concepção erótica do mundo (o sexo como "foco da vontade"), determinante para a música do *Tristão* e para a sua cosmogonia feita de anseio e nostalgia. Contestou-se que o *Tristão* tenha sido influenciado pela filosofia schopenhaueriana – com razão, se o que está em questão é a "negação da vontade": pois se trata de um poema de amor, e é no amor, no sexo, que a vontade mais fortemente se afirma. Todavia, é justamente como mistério amoroso que a obra ganha em seu âmago uma coloração schopenhaueriana. É ali que se absorve a doçura erótica, a essência embriagadora da filosofia schopenhaueriana, enquanto a sabedoria é deixada de fora.

É assim que artistas lidam com uma filosofia – eles a "entendem" à sua maneira, uma maneira emocional: pois a arte só precisa chegar a resultados emocionais, passionais, não a resultados morais, que a filosofia, como uma mestra, sempre se sentiu exortada a obter. Mesmo que ela não fosse uma "filosofia universitária" subsidiada pelo Estado, mesmo que não fosse "submissa a ninguém" – mesmo assim era desejável que seus resultados morais coincidissem ao máximo com a moral dominante – no Ocidente, com o cristianismo –, que eles, enquanto produto da sabedoria, fossem condizentes com o resultado religioso e o confirmassem. Pode-se ser ateu – e Schopenhauer era; mas quando se é um metafísico, é sempre possível chegar, embora por uma via indireta, a resultados que fortalecem, de maneira desejável, as exigências da moral religiosa. Schopenhauer teve a felicidade e encontrou a possibilidade de chegar, a partir de pressupostos e experiências altamente sensuais e apaixonadas, a elevadíssimos resultados morais; deduzindo-a do caráter ilusório da vida, do engano que é o *principium individuationis*, chegou a uma doutrina da compaixão e da redenção que concordava com o cristianismo: compaixão, amor cristão, supressão do egoísmo, são decorrência do conhecimento cuja visão atravessa a ilusão que separa o eu e o tu, a ilusão do véu de Maia. Tal concordância não podia surpreender o filósofo, quando ele institui, como fez Schopenhauer, um paralelismo entre religião e filosofia e vê naquela uma "metafísica para o povo", uma metafísica que, por estar dirigida à grande massa do gênero humano, só pode oferecer a verdade em forma alegórica, enquanto a filosofia a concebe em sua pureza. Ele mesmo diz: "Os resultados morais do cristianismo, até a máxima ascese, se encontram por mim fundamentados racionalmente e na concatenação existente entre as coisas; enquanto no cristianismo eles o são mediante meras fábulas. A fé nestas desaparece mais a cada dia; por isso, será necessário se voltar para a minha filosofia." Mas a concepção segundo a qual a única diferença entre filosofia e religião é a que existe entre verdade exotérica e verdade esotérica, uma das quais se tornou inaceitável e a outra tem de ocupar o seu lugar – essa concepção não impede que também para a consciência do filósofo não seja a moral religiosa que carece da confirmação da filosofia, mas ao contrário; e para mim não há dúvida de que o filósofo se tranquiliza bastante quanto à verdade de sua filosofia se há concordância dos resultados morais de sua explicação do mundo com os ensinamentos da religião, e também Schopenhauer se sentiu legitimado como filósofo por isso. "Ele não foi submisso a ninguém." Mas que ele tenha sido levado à condenação ética do suicídio, porque neste não se nega, e sim se afirma a vontade de vida, isso foi uma decorrência de seu pensamento, pois era grato ao seu pensamento, pois "é mais ou menos isso que diz o padre, com palavras um pouco diferentes".[19]

No fundo, ele teve sorte. Ele não entrou em conflito nem com a religião, nem com o Estado, e isso justamente graças ao desprezo que lhe votava, e que o fazia ver na idolatria hegeliana do Estado o maior de todos os filistinismos. Por seu lado, ele julgava o Estado um mal necessário e assegurava que permaneceria numa postura acrítica e tolerante de não intromissão no trabalho daqueles que "têm a difícil tarefa de governar *seres humanos* – isto é, manter lei, ordem, calma e paz entre os vários milhões de um gênero que é, a julgar pela sua maioria, desmesuradamente egoísta, injusto, iníquo, desonesto, invejoso, malvado e, por isso, de cabeça bem limitada e obtusa, e a difícil tarefa de proteger os poucos a quem coube pela sorte alguma propriedade contra o grande número dos que nada mais têm além de suas forças corporais". Isso soa raivoso e divertido, não sem obter certa aprovação de nossa parte. Mas essa concepção do Estado como instituição de defesa da propriedade não se aproximaria, embora por outro lado, do "filistinismo" tanto quanto a apoteose hegeliana da política e sua doutrina do Estado como colmeia, como ponto máximo de todo o esforço humano e como "organismo ético absolutamente perfeito"? São conhecidos os horrores que podem ser cometidos contra os homens quando se segue uma doutrina como aquela segundo a qual a destinação deles seria

---

[19] A frase é de Goethe, na Parte I do *Fausto*.

sua dissolução no Estado; eles são conhecidos por suas consequências: pois tanto o fascismo como o comunismo derivam de Hegel, e Schopenhauer mesmo viu com os próprios olhos a continuidade do absolutismo estatal hegeliano no comunismo. Contudo, por mais completo que seja nosso assentimento com a indignação que ele manifestava pela totalidade estatal, em virtude da qual, como dizia, "a meta superior de nossa existência se oculta inteiramente a nossos olhos", não nos parece, por outro lado, que a totalidade humana, da qual o aspecto político-social é uma parte, possa de alguma maneira se beneficiar da renúncia irônica com que o pequeno capitalista filosófico abdica de qualquer participação nessa esfera; não nos parece que ela possa se beneficiar da renúncia do espírito a toda paixão política, conforme o lema "Agradeço a Deus a cada manhã por não ter de me preocupar com o Império Romano"[20] – um lema que poderia convir muito bem ao Estado, a um verdadeiro filistinismo e à indolência, e também uma divisa da qual dificilmente se compreende como pôde ser adotada por um combatente espiritual como Schopenhauer.

Para explicar tal "visão desinteressada" do Estado, que equivale ao mais acabado conservadorismo político, não basta, naturalmente, o interesse profundo e temeroso de Schopenhauer pela manutenção do patrimônio que herdara de seu pai, um comerciante de Danzig, patrimônio pequeno, por certo, mas suficiente para um celibatário filosófico como ele; o seu interesse era justificado e, no fundo, altamente espiritual: pois essa posse burguesa – com ingênua lealdade ele degradou o Estado

---

[20] Versos do *Fausto* de Goethe adotados como "lema" por Schopenhauer em *Sobre a filosofia universitária*.

à condição de guardião dela – era tudo para ele, seu esteio e apoio nesse mundo vil, proporcionando-lhe liberdade social, a independência e a solidão de que precisava para realizar sua obra; e quanto mais ele se sentia incapaz de ganhar o seu pão por si mesmo – em algum emprego, por exemplo –, tanto mais no decorrer de sua vida ele era grato ao finado Heinrich Floris Schopenhauer pela inestimável herança. Obviamente, sua atitude apolítica ou antipolítica, isto é, conservadora, tem raízes mais profundas, e resulta de sua filosofia, para a qual um aprimoramento, uma elevação do mundo, está fundamentalmente fora de questão, pois este é manifestação de um princípio em si mesmo mau e reprovável, a vontade, e ela só pode buscar a *redenção*, não a *libertação*. Como poderia saber lidar com a ideia de liberdade política um pensamento para o qual a liberdade está situada além do fenômeno? Mas a indiferença política dessa filosofia se explica sobretudo pelo seu *objetivismo*, pelo valor de salvação que ela atribui à intuição objetiva, e somente a ela. Para Schopenhauer, genialidade nada mais é que objetividade, ou seja, a capacidade de se comportar como intuição pura, como puro sujeito cognoscitivo, como "claro olho do mundo". Aqui ele está próximo de Goethe, a quem devotava uma admiração ilimitada, e a cuja influência marcante se deve também, sem dúvida, o alheamento político da cultura alemã. A filosofia, explica Schopenhauer, não pergunta pelo "de onde", "para onde" e "por quê" do mundo, mas somente pelo seu "o quê": ela tem por objeto a mesma essência sempre igual do mundo, a ideia dele, que se manifesta em todas as relações, mas não está submetida a elas. A filosofia, assim como a arte, provém desse conhecimento – e dele também provém afinal aquela disposição espiritual que conduz à santidade e à redenção do mundo.

Arte e filosofia são, portanto, *quietistas* (pois objetivismo puro é quietismo). Longe de querer mudar as coisas, elas se limitam a contemplá-las. Por isso, Schopenhauer não simpatizava nada com o "progresso" e menos ainda com a ação política do povo, a revolução. Sua postura no ano de 1848 foi de uma mesquinharia e comicidade horríveis – não é possível descrevê-la de outro jeito. Seu coração não se colocou minimamente do lado daqueles que, entusiastas o bastante, tinham então a esperança de dar à vida pública alemã uma direção que teria determinado para melhor a história da Europa até os dias de hoje, uma direção que era do interesse de todo homem de espírito: a direção democrática. Ele não tinha outro nome para designar o povo senão "a canalha soberana", e emprestou ostensivamente seus "binóculos de ópera" ao oficial que, de seu apartamento, fazia o reconhecimento dos que participavam das barricadas, a fim de que este pudesse comandar melhor o fogo de sua artilharia. Além disso, em seu testamento ele constituiu como seu herdeiro universal o "fundo berlinense de apoio aos soldados prussianos aposentados por invalidez, que lutaram pela manutenção e restabelecimento da ordem legal na Alemanha contra as insurreições e rebeliões dos anos de 1848 e 1849, e de apoio aos dependentes daqueles que nelas tombaram".

Sua posição antirrevolucionária se funda, mais uma vez, em sua imagem do mundo: e ela não se deve primariamente a uma maneira lógica de pensar, mas a uma predisposição; ela é uma atitude fundamental ligada a seu moralismo, a seu pessimismo ético, àquela atmosfera de "cruz, morte e túmulo", contrária, por necessidade psicológica, à retórica, ao *páthos* libertário, ao culto da humanidade. Ele é antirrevolucionário pela ética pessimista, por ódio ao otimismo torpe da demagogia da atualidade e do progresso: no final das contas, a atmosfera em que vive é a de certa burguesia espiritual alemã, cujo ar não poderia ser mais familiar, mais local – que é alemã justamente porque espiritual, e porque sua interioridade, seu radicalismo conservador, seu absoluto alheamento a todo pragmatismo democrático, sua "pura genialidade", sua audaz falta de liberdade, seu apolitismo profundo são uma possibilidade e norma especificamente alemãs. É a esse mundo que pertence Arthur Schopenhauer – um burguês com marca e estigma de gênio, que tornava sua figura quase grotesca, mas um burguês, inquestionavelmente, mesmo naquilo que tinha de mais espiritual e pessoal. Basta ver sua vida: sua ascendência de comerciantes hanseáticos, o sedentarismo do velho senhor em Frankfurt am Main, sempre vestido segundo uma elegância antiquada, a imutabilidade e a pontualidade pedantemente kantianas em que transcorriam os seus dias; a precaução com a saúde baseada em bons conhecimentos fisiológicos – "o homem sensato não busca o prazer, mas a ausência de dor"; sua meticulosidade como capitalista (ele registrava cada centavo e a sábia administração dos recursos fez com que duplicasse o seu pequeno patrimônio ao longo de sua vida); tranquilidade, tenacidade, parcimônia, regularidade no método de trabalho (à redação nos textos para publicação ele dedicava apenas e tão somente as duas primeiras horas da manhã, e escreveu a Goethe que *sinceridade* e *honestidade*, qualidades transferidas por ele da atividade prática à atividade teórica e intelectual, constituíam a essência de suas realizações e êxitos): tudo isso comprova fortemente o que há de burguês na sua parte humana, assim como é expressão de sua espiritualidade burguesa que abominasse tão decididamente a Idade Média romântica, o embuste clerical, a fidalguia, e acreditasse que devia permanecer inteiramente no humanismo clássico, embora...

Há aqui uma porção de "emboras", que põem em questão o humanismo e o classicismo de Schopenhauer e levam antes a falar dele como um romântico ou, ao menos, obrigam a diferenciar os elementos que constituem o seu ser complexo. Como alguém que conhecia e dominava as línguas e literaturas antigas, Schopenhauer foi certamente um humanista extraordinário, no sentido estrito, erudito, da palavra: em Weimar, onde vivia sua mãe, Johanna Schopenhauer, conselheira da corte, escritora romântica e bem conhecida de Goethe, o jovem que havia sido destinado pelo pai à profissão de comerciante, que fora levado a trocar a propensão que o direcionava para as ciências pela permissão de fazer uma grande viagem de formação pela Europa, mas que voltara aos estudos depois da morte do pai, se dedicou com verdadeiro fervor ao grego e ao latim, sob as instruções de um jovem professor de ginásio que ficou espantado com seus rápidos progressos. Ele escrevia em latim com fluência, e as inúmeras citações de autores antigos em seus escritos dão prova de que era íntima e amplamente versado nas letras clássicas. A cada citação em grego, ele acrescentava sempre uma tradução latina impecável. No entanto, sua cultura literária não era, de modo algum, humanista: ela se espraiava pelas letras europeias de todos os séculos, pois seu conhecimento das línguas modernas era inclusive anterior ao das línguas antigas, e seus livros estão ainda quase mais repletos de citações de escritores ingleses, franceses, italianos, espanhóis, e também da literatura alemã, principalmente de Goethe e da mística, do que de citações antigas. Isso lhes dá um cosmopolitismo, um arejamento, uma vastidão de conhecimento, um aspecto mundano-literário que está em correspondência também com o fato de seu aparato filológico-humanista ser complementado por conhecimentos altamente positivos das ciências naturais, cuja base ele havia assentado ainda como jovem estudante em Göttingen, e em cujo aprimoramento ele se empenhou por toda a vida, porque precisava deles para a sustentação e consolidação empírica de sua metafísica.

Schopenhauer é um humanista clássico principalmente enquanto esteta, na sua teoria do belo: seu ensinamento que define o gênio como a mais pura objetividade é inteiramente apolíneo-goethiano; ele recorre a Goethe, acredita estar ao lado dele, sente-se como "clássico" e o é em grande medida por seu pensamento e seus juízos, ou seja, naquele sentido humano alemão-burguês de que falei, que o fazia desprezar as tolices da honra feudal assim como as beatices obscurantistas, o neocatolicismo de sua época. Ele prezava o alegorismo cristão por se tratar de uma religião redentora pessimista, mas falava com superioridade filosófica sobre as diferentes "religiões nacionais", e no fundo seu "talento" religioso pode ser dito fraco, se comparado ao seu forte talento metafísico: basta ler o que ele escreve de passagem, aqui e ali, sobre fé, sobre o culto idólatra, sobre o culto religioso: suas afirmações não são menos racionalistas do que, por exemplo, as opiniões de Freud sobre a "ilusão" religiosa.

Em todas essas matérias, Schopenhauer é, portanto, um humanista de orientação clássico-racional. Mas pretendo seguir em frente e dizer o mais importante. A despeito de toda a sua misantropia e de tudo aquilo que ele é capaz de dizer e lamentar sobre o estado de corrupção da vida em geral, assim como sobre a deformidade do gênero humano em particular, e apesar de todo o desespero com a sociedade miserável em que o indivíduo se encontra assim que nela desperta como homem, Schopenhauer é, por paradoxal que isso possa soar, um venerador do homem segundo a sua ideia, impregnado de respeito orgulhoso, humano, pelo "coroamento da criação", que é para ele, assim como para o autor do *Gênesis*, o significado que cabe ao homem, essa objetivação mais alta e desenvolvida da vontade. Essa forma mais altamente significativa de seu humanismo está em consonância, ela se harmoniza tacitamente com seu ceticismo político, com sua posição antirrevolucionária. O homem é digno de respeito, pois é o ser que conhece. Decerto, todo conhecimento está por princípio submetido à vontade, pois nasceu dela, como a cabeça do tronco. Mesmo entre os animais essa subserviência do intelecto jamais pode ser suprimida. Mas observe-se a diferença entre homem e animal no que se refere à relação da cabeça com o tronco! No reino animal inferior, ambos quase se confundem e, em todos os animais, a cabeça está voltada para a terra, onde se encontram os objetos da vontade; mesmo entre os animais superiores, cabeça e tronco estão ainda bem mais unificados que no homem, cuja fronte (aqui Schopenhauer diz "fronte" em vez de "cabeça") parece ter sido colocada livremente sobre o corpo, não suportada por ele, *não estando a serviço dele*. "Essa vantagem humana é exibida em seu mais alto grau pelo Apolo do Belvedere: a fronte do *deus das Musas*, olhando longe ao seu redor, pousa tão livremente sobre os ombros que parece ter se desprendido totalmente do corpo, parecendo não estar mais sujeita a cuidar dele."

Será possível fazer associações mais humanistas do que estas? Não é em vão que ele vê a dignidade do homem na imagem do deus das Musas. O que se manifesta nessa imagem é uma visão profunda e peculiar, unificando arte, conhecimento e *dignidade do sofrimento* humano – é um *humanismo pessimista*, que representa algo totalmente novo e, ouso dizer, bastante promissor na maneira de agir e pensar, já que em geral o humanismo se mostra influenciado em sua essência por uma retórica otimista: no homem, objetivação mais alta da vontade, esta é iluminada pelo mais claro conhecimento; quanto mais, porém, o conhecimento alcança nitidez, quanto mais a consciência se intensifica, mais também aumenta o sofrimento, que, por isso, atinge seu grau mais alto no homem, no qual há, por sua vez, diferenças de graus entre os indivíduos – é no gênio que o conhecimento chega a seu ápice. "O que determina a precedência hierárquica é o quanto alguém pode sofrer", afirma Nietzsche, que permaneceu até o fim completamente dependente do aristocratismo schopenhaueriano, um aristocratismo fundado na capacidade de sofrer, na *vocação* para o sofrimento, que nobilita o homem e sua manifestação suprema, o gênio. É dessa vocação que resultam as duas grandes possibilidades que o humanismo schopenhaueriano atribui ao homem: elas se chamam *arte* e *salvação*. Unicamente humana é a possibilidade do estado estético, enquanto intuição das ideias liberta da vontade; humana e apenas humana é a possibilidade da autonegação da vontade de viver, autonegação definitivamente redentora que se dá na elevação do artista a santo ascético. Concede-se ao homem a possibilidade de correção, que anula o grande equívoco e o pecado do ser: esse conhecimento mais alto, que lhe é outorgado quando faz seu todo o sofrimento do mundo, pode levá-lo à resignação e à reversão da vontade. E assim o homem é a *esperança secreta* do mundo e de todas as criaturas, ao qual todos os seres, por assim dizer, se voltam cheios de confiança e para o qual olham como se fosse o seu único possível redentor e salvador.

Essa é uma concepção de grande beleza mística, na qual se exprime um respeito humano pela destinação do homem que sobrepuja e retifica toda misantropia, toda aversão humana por parte de Schopenhauer. O que me importa é isto: a unificação de pessimismo e humanismo, a experiência espiritual que Schopenhauer proporciona, de que uma coisa de modo algum exclui a outra, e de que não é preciso ser bajulador nem adulador da humanidade para ser humanista. A esse respeito, pouco me incomoda a pergunta pela *verdade* das interpretações schopenhauerianas, especialmente de sua interpretação do belo e do estado estético extraída de Kant, a famosa "ausência de interesse", de que Nietzsche, muito mais avançado em refinamento psicológico, zombava não sem razão. Nietzsche, o dionisíaco, se voltou contra a moralização da arte e do trabalho artístico, cujo máximo acabamento estaria no santo ascético: contra a suposta negatividade do prazer estético produtivo e receptivo, enquanto modo de escapar da tortura da vontade; contra a negatividade do prazer em geral, contra o pessimismo mesmo, portanto, que para ele já estava implícito na confrontação entre um "mundo verdadeiro" e um "mundo do fenômeno", e que ele já suspeitava e comprovava em Kant. Ele anota sem nenhum comentário (este é dispensável) que Kant declara: "Subscrevo com plena convicção estas proposições do conde Nerri (filósofo italiano do século XVIII):

Il solo principio motore dell'uomo è il dolore. Il dolore precede ogni piacere. Il piacere non è un essere positivo."[21] Isso ia tanto assim contra a intenção daquele em que podemos ler: "O prazer é uma forma da dor"? Em todo caso, ia contra o parecer de sua vontade anticristã, que, por amor à Terra e à vida, não podia de modo algum admitir um "mundo verdadeiro". Isso não impede que, justamente *in aestheticis*, sua ascendência schopenhaueriana jamais seja negada, mesmo na época da apostasia em relação a ele. Pois, se no *Mundo como vontade e representação* consta que "o em si da vida, a vontade, a existência mesma é um sofrimento contínuo, em parte deplorável, em parte assustador, enquanto o mesmo em si da vida, intuído puramente tão só como representação ou reproduzido pela arte, livre do tormento, proporciona um *espetáculo significativo*", Nietzsche retoma inteiramente essa justificação da vida como um *espetáculo estético* e como um *fenômeno da beleza*, da mesma maneira que Schopenhauer retoma a "ausência de interesse", a saber, ele apenas dá ao pensamento schopenhaueriano uma inflexão espiritual em direção ao dizer sim extasiado, antimoral, numa justificação dionisíaca da vida, na qual, sem dúvida, dificilmente se reconhece o pessimismo moralista, negador da vida, de Schopenhauer, mas no qual este continua vivendo numa coloração diferente, com sinais trocados, num gesto modificado. Notemos que alguém pode se tornar antagonista de um pensador permanecendo, no entanto, seu discípulo em espírito. Deixa-se de ser marxista, por exemplo, quando se coloca a teoria de Marx de ponta-cabeça, deduzindo certas posturas

---

[21] "O único princípio motor do homem é a dor. A dor precede todo prazer. O prazer não é um ser positivo". Em italiano no original.

econômicas do ideológico, do religioso, em vez do contrário?[22] Assim, Nietzsche permaneceu schopenhaueriano. O que o protege do título duvidoso de ser um otimista é o conceito do heroico, que é apropriado ao seu dionisismo e que vem do pessimismo. Hesitamos em falar de otimismo quando se trata de um pessimismo bacântico, de uma forma de afirmação da vida, portanto, que não é primária e ingênua, mas de uma superação, de um "apesar de", que é obtido do sofrimento. O heroico, porém, também se encontra em Schopenhauer – "A felicidade é impossível: o que se pode obter de mais elevado é um curso de vida heroico."[23]

O que, porém, nos adverte a não tomar ao pé da letra, num sentido próprio, a posição humanista de Schopenhauer, as suas opiniões clássico-apolíneas sobre a vontade, o que em seu caso, como em tantos outros, nos leva antes a diferenciar entre opinião e essência, e a não confundir o homem com seus juízos, é o seu extremismo, é o contraste grotesco-dualista de sua natureza, que deve ser dita *romântica* no sentido mais pitoresco da palavra, e que o afasta da esfera de Goethe, bem além do que sua consciência jamais poderia sonhar. Eu disse que Schopenhauer se manteve inteiramente no âmbito kantiano quando definiu que o estado estético é aquele em que o conhecimento se liberta da vontade, libertação em que o sujeito cessa de ser mero sujeito individual e se torna puro sujeito do conhecimento, sem nenhuma vontade. Com sua natureza

[22] Mann está se referindo a Max Weber (*Ética protestante e espírito do capitalismo*) e a Ernst Troeltsch (*O significado do protestantismo para o surgimento do mundo moderno*).

[23] A frase, de *Parerga e Paralipomena*, é retomada por Nietzsche nas *Considerações extemporâneas*. Thomas Mann a cita de memória.

não emotiva, Kant, porém, jamais teria chegado a definir a "coisa em si" como vontade, como impulso, como paixão cega da qual o estado artístico proporciona redenção passageira; e sua estética do desinteresse não é o resultado moral de um dualismo romântico-emotivo entre vontade e representação, de uma concepção de mundo baseada no contraste entre sensualidade e ascese, com todos os horrores e tormentos demoníacos de um lado, e com todas as felicidades apaziguadoras do outro, mas, comparada a isso, ela é o mais frio espiritualismo. Ascese significa mortificação. Em Kant, contudo, não havia muito o que mortificar e, para descrever o estado estético, ele jamais teria encontrado as imagens veementes de gratidão efusiva que ocorreram tão copiosamente a Schopenhauer. A ascese faz parte de um mundo romântico contrastante, e seu pressuposto são experiências terríveis da vontade, do impulso, da paixão, e um profundo sofrimento com elas. O *santo* enquanto acabamento do artista foi uma descoberta do filósofo do impulso e emocionalista Schopenhauer, não do pensamento decerto implacável, porém muito mais temperado de Kant, para quem as tensões terrivelmente engenhosas do contrastante mundo schopenhaueriano, com sua polarização entre o cérebro e os órgãos genitais, eram completamente estranhas.

São raros os títulos de livro tão expressivos, tão acabados como o da obra principal de Schopenhauer – no fundo, sua única obra, que desenvolve seu único pensamento, para o qual todo o resto, tudo o que foi escrito numa vida de 72 anos, não passa de compilação perseverante de provas, de confirmação insistente. *O mundo como vontade e representação* – ele não é só esse pensamento trazido à sua formulação mais sucinta, ele é também o homem, o ser humano, a pessoa, a vida, o sofrimento. Os impulsos da vontade desse homem, especialmente sua sexualidade, devem ter sido sempre fortes e perigosos, torturantes como as imagens mitológicas com que descreve a servidão da vontade – eles devem ter estado numa relação tão contraditória com a força de seu impulso de conhecimento, com sua clara e poderosa espiritualidade, que o resultado, grotesco no sentido elevado da palavra, é a duplicidade, o dilaceramento terrível e radical da experiência, com o mais profundo desejo de redenção, a negação mais espiritual da vida mesma, a penalização de seu em si como mau, equivocado e culpado. O sexo é para Schopenhauer o "foco da vontade", em sua objetivação física o polo oposto do cérebro, que é o representante do conhecimento. Que manifestamente essas duas esferas possuíssem nele uma força muito superior à média é algo que fala a favor da plenitude e força do conjunto de sua natureza; o que faz dele um "pessimista" e negador do mundo é justamente apenas a relação bastante hostil, contraditória, excludente, causadora de sofrimento na qual essas esferas se encontram, o que, aliás, não impede de qualificar seu pessimismo como produto espiritual mal compreendido de sua força e plenitude. Ele viveu o mundo de maneira bipolar, contrastante, conflituosa, violentamente atormentada, como impulso e espírito, como paixão e conhecimento, como "vontade" e "representação". Que sucederia se ele tivesse encontrado a unidade entre elas na sua atividade artística, no seu gênio, se tivesse entendido que gênio não é de modo algum sensualidade abrandada e vontade suspensa, que arte não significa objetividade espiritual, mas que é unificação produtiva e ampliadora da vida, interpenetração das duas esferas – muito mais fascinante do que sexo ou espírito jamais poderão ser, cada um separadamente? Que o trabalho artístico, que a criação nada mais é, e também nele nada mais foi, que sensualidade espiritualizada e espírito que se torna genial a partir do sexo? Goethe viu e viveu isso tudo de modo bem diferente, de modo mais feliz, sadio, sereno, "clássico", menos patológico que o pessimista Schopenhauer – a palavra "patológico" entendida aqui num sentido espiritual, não clínico –, e com isso quero portanto dizer de um modo menos romântico. Para ele, sexo e espírito, "ideia e amor" eram os estímulos mais fortes da vida, e ele escreveu: "Pois vida é o amor, e a vida da vida – espírito." Em Schopenhauer, o fortalecimento genial de ambas as esferas se converte, ao contrário, em ascetismo. Para ele, o sexo é uma perturbação demoníaca da contemplação pura, e o conhecimento não passa daquela negação do sexo que afirma "Arranca teu olho, se ele está te incomodando". O conhecimento como "paz de espírito", a arte como quietação, como estado de "pura" contemplação, estado redentor e que alcança redenção na ausência de vontade, e o artista como estágio preparatório para o *santo*, que está além de toda vontade de viver – isso é Schopenhauer, e para dizê-lo mais uma vez: enquanto essa apreensão do espírito e da arte é apolíneo-objetiva, ela está próxima da de Goethe e apresenta um caráter clássico. Seu extremismo e ascetismo, no entanto, é manifestamente romântico num sentido da palavra frontalmente contrário ao gosto de Goethe, tal como o conhecemos melhor por sua postura em relação a Heinrich von Kleist;[24] é com sentimentos semelhantes que ele deve ter lido

[24] Thomas Mann parece se referir ao "diagnóstico" de Goethe sobre o temperamento hipocondríaco de Kleist, conforme relato de Johannes Falk em seu livro póstumo *Apresentação de Goethe a partir de um convívio íntimo*.

O mundo como vontade e representação: concordando com alguns resultados, mas recusando em essência e reagindo "hipocondriacamente" – e, assim, abanando a cabeça, ele o colocou de lado; com efeito, sabemos que ele, depois de um ímpeto inicial de interesse e curiosidade, não chegou a ler o livro até o fim.

O estranhamento de um grande homem em relação a outro, que é egoísmo necessário, não deve nos desorientar. Goethe também unificava em si, de uma maneira mais venturosa, o clássico e o romântico – e essa é até uma das fórmulas com que se pode exprimir sua grandeza. Com Schopenhauer, não é diferente: a unificação dessas duas direções do espírito também deve ser contabilizada mais como saldo do que como prejuízo para sua grandeza – já que, de fato, a grandeza unifica, condensa, resume uma época. Schopenhauer condensa muita coisa, sua doutrina abriga muitos elementos: idealistas, da filosofia da natureza e até do panteísmo; e que sua personalidade seja forte o bastante para amarrar esses elementos, como também o clássico e o romântico, fundindo-os em algo totalmente novo e único, de modo que não se possa falar nem de longe de ecletismo, eis o que é decisivo.

No fundo, termos e alternativas como "clássico" e "romântico" não se aplicam bem a ele: nenhum dos dois faz jus à sua situação psíquica, que é posterior àquela em que esses dois conceitos temporalmente afins desempenharam um papel. Ele está mais próximo de nós que os espíritos que se ocuparam dessa diferença, e que se pautaram por ela: a forma espiritual de Schopenhauer, aquela hiperexcitação e superaquecimento dualista-grotescos de seu gênio, é menos romântica que *moderna* – e eu poderia inserir muita coisa nessa última designação, mas me limito a aplicá-la, em termos amplos, a uma situação psíquica do Ocidente, cujo sofrimento cada vez maior, no século entre Goethe e Nietzsche, salta por demais à vista. Nesse sentido, Schopenhauer se encontra entre Goethe e Nietzsche, ele constitui a passagem de um para outro – mais "moderno", sofredor, difícil do que Goethe, porém muito mais "clássico", robusto, sadio do que Nietzsche –, donde se pode ver que otimismo e pessimismo, afirmação e negação da vida, não têm nada que ver com saúde e doença. Enquanto juízos de valor, saúde e doença devem ser aplicados com muita precaução ao domínio humano-espiritual, porque são conceitos biológicos, e a natureza do homem não se reduz ao biológico. Dificilmente, no entanto, se poderá afirmar que o entusiasmo dionisíaco e anticristão de Nietzsche foi pessoalmente algo mais saudável e robusto que a fúria de Schopenhauer com a vida, nem que ele trouxe mais saúde ao mundo, objetiva e espiritualmente. Nietzsche trabalhou excessivamente e de uma maneira desconcertante com essa oposição biológica, trazendo à baila uma falsa saúde que hoje esmaga a espiritualidade em que a Europa poderia se curar. Ele mesmo, no entanto, significa um passo adiante no sofrimento, no refinamento e na modernidade – sobretudo naquela qualidade em que, mais do que em nenhuma outra, ele é tão pronunciadamente o discípulo de Schopenhauer, isto é, como psicólogo.

Schopenhauer, como psicólogo da vontade, é o pai de todo o conhecimento moderno da alma: dele parte, passando pelo radicalismo psicológico de Nietzsche, uma linha reta que vai até Freud e aqueles que alargaram sua psicologia profunda e a aplicaram às ciências humanas. A hostilidade de Nietzsche ao intelecto e seu antissocratismo nada mais são que a afirmação e o enaltecimento filosóficos da descoberta schopenhaueriana do primado da vontade, de sua compreensão pessimista da posição secundária e serviçal do intelecto em relação à vontade. Essa compreensão, essa constatação não propriamente humana no sentido clássico, de que o intelecto existe para agradar à vontade, para justificá-la, para abastecê-la com motivos muitas vezes aparentemente capazes de enganar o próprio indivíduo, para racionalizar os impulsos, abriga uma psicologia cético-pessimista, um conhecimento da alma de uma inexorabilidade clarividente, que não apenas prepara, mas também já é ela mesma aquilo que chamamos de psicanálise. No fundo, toda psicologia é desmascaramento e perspicácia irônico-naturalista para a relação vexatória existente entre espírito e impulso. Está inteiramente de acordo com a mística conivência natural das *Afinidades eletivas* que, nesse romance, Goethe faça o já apaixonado Eduardo dizer depois de seu primeiro encontro com Otília: "Ela é uma pessoa divertida" – e que sua mulher lhe responda: "Divertida? Ela não abriu a boca!"[25] Schopenhauer deve ter certamente gostado dessa tirada. Ela é uma ilustração charmosa, ainda sereno-clássica, daquela sua frase que diz que não queremos uma coisa porque a reconhecemos como boa, mas que a achamos boa porque a queremos.

Ele mesmo afirma, por exemplo: "No entanto, é preciso notar que, para nos enganarmos a nós mesmos, nós cometemos aparentes precipitações, que na verdade são secretamente ações refletidas. Pois não enganamos e bajulamos ninguém com artimanhas mais finas do que a nós mesmos." Nessa observação incidental estão contidos *in nuce* capítulos inteiros e até volumes da psicologia analítica do desmascaramento – da

---

[25] Thomas Mann cita de memória.

mesma maneira que, posteriormente, muitos conhecimentos e descobertas freudianos são com frequência antecipados como relâmpagos nos aforismos de Nietzsche. Numa palestra que fiz sobre Freud em Viena,[26] observei que o reino sombrio da vontade schopenhaueriana é completamente idêntico àquilo que Freud chamou de "inconsciente", de "isso" – assim como, por outro lado, o "intelecto" de Schopenhauer corresponde inteiramente ao "eu" freudiano, a essa parte da psique voltada para o mundo externo.

O verdadeiro tema de uma recapitulação e consideração atuais da imagem schopenhaueriana do mundo, o que motiva a evocar a recordação de sua figura espiritual perante uma geração que sabe um pouco menos a seu respeito é a relação entre pessimismo e humanismo: é o desejo de transmitir, a um presente cujo sentimento humanista se encontra em grave crise, a experiência da ligação peculiar que melancolia e orgulho humano estabeleceram nessa filosofia. O pessimismo de Schopenhauer é seu humanismo. Sua explicação do mundo a partir da vontade, sua compreensão da força superior dos impulsos e o rebaixamento da razão outrora divina, do espírito, do intelecto a mero instrumento para assegurar a vida, é anticlássica e, por essência, inumana. Mas seu humanismo, sua espiritualidade está justamente na coloração pessimista de sua doutrina, no fato de que esta o leva à negação do mundo e ao ideal da ascese, de que esse grande escritor com experiência do sofrimento, que escreveu a prosa de nossa grande época da

[26] "Freud e o futuro", conferência traduzida neste volume (ver p.53).

cultura humana, tira o homem do biológico e da natureza, faz da sua alma sensitiva e cognitiva o cenário de uma reversão da vontade e vê nele o possível salvador de todas as criaturas.

O século XX, em seu primeiro terço, teve uma postura contrária ao racionalismo e intelectualismo clássico, entregando-se a uma admiração do inconsciente, a uma exaltação do instinto que ele acreditava dever à "vida", mas que só facilitou, e muito, a vida dos maus instintos. Com frequência, o conhecimento pessimista transformou-se em malícia, o reconhecimento espiritual de verdades amargas em ódio ao espírito e em desprezo por ele, e resistindo a isso as pessoas se colocaram, sem nenhuma generosidade, do lado da vida: do lado do mais forte, portanto; pois, se há uma coisa líquida e certa é esta: a vida não tem nada a temer da parte do espírito e do conhecimento, e a parte mais fraca, a parte da Terra que precisa de proteção não é a vida, mas o espírito.

Todavia, também o anti-humanismo de nossos dias é uma experiência humana, uma resposta unilateral à eterna pergunta a respeito da essência e do destino do homem. Ela precisa manifestamente de uma correção que restabeleça o equilíbrio, e penso que a filosofia aqui relembrada possa prestar bons serviços quanto a isso. Chamei Schopenhauer de "moderno" – quando deveria chamá-lo de "póstero". Os elementos de sua personalidade, a consonância claro-escura deles, a mistura de Voltaire e Jakob Böhme, o paradoxo de sua prosa clássico-clara, que anuncia o que há de mais fundo e de mais noturno, sua orgulhosa misantropia, que jamais nega respeito à ideia do homem, em suma, aquilo que chamei de humanismo pessimista me parece tomado por uma atmosfera de porvir e promete ainda à obra de seu pensamento, depois da fama determinada pela moda e de ter ficado meio esquecida, talvez um efeito humano profundo e frutífero. Sua sensualidade espiritual, sua doutrina, sua vida consistiu nisto, que conhecimento, pensamento, filosofia não são coisas da cabeça, mas do homem inteiro, do seu coração e dos seus sentidos, do seu corpo e sua alma – seu trabalho artístico, numa palavra, pertence a uma humanidade que está além da aridez racional e da idolatria do instinto, e pode ajudar a criá-la. Pois a arte, acompanhando o homem pelo seu penoso caminho, já estava desde sempre lá, no destino.

Sofrimento e grandeza de Richard Wagner

Il y a là mes blâmes, mes éloges en tout ce que j'ai dit.[1]

MAURICE BARRÈS

SOFRIDA E GRANDE como o século XIX, de que é expressão acabada: é assim que vejo a figura espiritual de Richard Wagner. Com a fisionomia sulcada em todos os seus traços, carregada por todos os seus impulsos, assim a vejo, e quase não sei distinguir o amor que sinto por sua obra – um dos fenômenos mais extraordinariamente problemáticos, ambíguos e fascinantes do mundo criativo – do amor pelo século que sua vida perpassa quase por inteiro, uma vida inquieta, desassossegada, atormentada, possessa e mal-compreendida que desembocou no esplendor da fama internacional. Requisitados por tarefas de novidade e dificuldade inigualáveis, nós, homens de hoje, não temos tempo e apenas pouca vontade de fazer jus a uma época que declina às nossas costas (e a que chamamos de época burguesa); nossa postura em relação ao século XIX é a mesma dos filhos em relação aos pais: repleta de críticas, como é de praxe. Damos de ombros tanto para sua fé, que era uma fé em

[1] "Minhas reprovações, meus elogios estão em tudo o que eu disse". Em francês no original. Frase extraída dos *Cahiers*.

ideias, como para sua falta de fé, ou seja, para seu relativismo melancólico. Se sua afeição liberal pela razão e pelo progresso nos parece risível, o seu materialismo nos parece compacto demais, e sua presunção em desvendar o mundo de forma monista, algo extraordinariamente superficial. E, no entanto, seu orgulho científico foi compensado e até superado por seu pessimismo, por sua comunhão musical com a noite e com a morte, dos seus traços aquele que um dia será provavelmente o mais marcante. Mas a ele se liga uma vontade, um impulso para o grande formato, para a obra *standard*, para o monumental, para as massas grandiosas – impulso que se combina, de maneira bastante singular, com uma paixão pelo pormenor, pela minúcia, pelo detalhe psíquico. Com efeito, sua essência e marca é a grandeza, e uma grandeza sombria, sofredora, ao mesmo tempo cética e exasperantemente, fanaticamente verdadeira, que sabe encontrar uma felicidade breve e incrédula no instante de embriaguez provocado pela beleza evanescente; uma estátua dele teria de mostrar músculos capazes de suportar uma carga e tensão moral como a de Atlas, que fizessem pensar no universo das figuras de Michelangelo. Os fardos que o século XIX carregou foram fardos de gigante, fardos *épicos*, no sentido último dessa palavra forte – razão pela qual, ao ouvi-la, não devemos pensar apenas em Balzac e Tolstói, mas também em Wagner. Em resposta à carta solene endereçada a Liszt na qual desenvolvera o plano dos seus *Nibelungos* (estamos no ano de 1851), o amigo lhe responde de Weimar: "Vá em frente e trabalhe sem nenhuma preocupação na sua obra, para a qual poderíamos estabelecer o mesmo programa que o cabido de Sevilha apresentou ao arquiteto para a construção da catedral da cidade: 'Construa-nos um templo que leve as futuras gerações a dizer que o cabido estava louco ao empreender algo tão extraordinário', e no entanto a catedral está aí!" – Este é o século XIX!

O jardim mágico da pintura impressionista da França, o romance inglês, francês, russo, as ciências naturais alemãs, a música alemã – não, não é uma época ruim, retrospectivamente ela é um bosque de grandes homens. E somente o olhar retrospectivo, a distância nos permite reconhecer um ar de família entre eles todos, a marca comum que a época neles imprime, a despeito de todas as diferenças de seus modos de ser e de suas capacidades. Zola e Wagner, por exemplo, os *Rougon-Macquart* e *O anel dos Nibelungos* – há cinquenta anos dificilmente ocorreria a alguém citar esses criadores, essas obras juntas. No entanto, eles se complementam. O parentesco do espírito, da intenção, dos meios salta hoje aos olhos. O que os liga não é apenas a ambição do formato, o gosto artístico pelo grandioso e massivo, nem tampouco apenas, no aspecto técnico, o *leitmotiv* homérico; é, sobretudo, um naturalismo que se intensifica no simbólico e chega ao mítico; pois quem não reconheceria o simbolismo e a tendência mítica presente na épica de Zola, que eleva suas figuras para além do real? E aquela Astarte do Segundo Império, chamada Nana, não é um símbolo e um mito? De onde ela tira o seu nome? Seu nome é um som primordial, um balbucio arcaico, sensual, da humanidade; Nana era o cognome da Ishtar babilônica. Zola sabia disso? Seria tanto mais extraordinário e característico se não o soubesse.

Também Tolstói tem a força da vastidão naturalista, a grandiosidade democrática das massas. Ele também tem o *leitmotiv*, a autocitação, a modulação linguística fixa que caracteriza suas figuras. Com frequência ele foi censurado por inflexibilidade na execução, na repetição, na insistência, por sua determinação em não dar nada de graça ao leitor, por sua grandiosa vontade de se tornar tedioso; e Nietzsche disse a respeito de Wagner que ele era sem dúvida o mais descortês de todos os gênios, que não leva o seu ouvinte a sério, repetindo a mesma coisa tantas vezes até o levar ao desespero ou ao convencimento. Essa é também uma afinidade entre eles, mas há outra mais profunda, que consiste no elemento ético-social que lhes é comum, não importando nada que Wagner tenha visto na arte um arcano sagrado, uma panaceia contra os males da sociedade, enquanto no fim da vida Tolstói a condenou como um luxo frívolo. Pois, enquanto luxo, ela também foi condenada por Wagner. Para ele, a purificação e a santificação artística eram um meio de purificar e santificar uma sociedade corrompida; ele era um homem catártico, purificador, que queria libertar a sociedade do luxo, da dominação monetária, da falta de amor, por meio da consagração estética, estando, no seu *éthos* social, muito próximo do épico russo. E também lhes é comum a sina de que se quis encontrar uma ruptura na vida de ambos, que teria cindido o caráter, o modo de ser e de pensar deles, cujo significado teria sido algo equivalente a um colapso moral – quando, na verdade, o curso de vida de ambos demonstra a mais perfeita lógica e coerência. Se as pessoas acharam que Tolstói sucumbiu na velhice a uma espécie de loucura religiosa, elas não viram que a fase final de sua vida estava prefigurada em sua fase anterior; elas esqueceram ou não haviam notado que o velho Tolstói já preexiste psiquicamente em figuras como Piotr Bezhúkov, de *Guerra e paz*, e Levin, de *Ana Kariênina*. E quando Nietzsche mostra Wagner no período final subitamente como um vencido que desaba diante da cruz cristã, ele não vê ou quer que não vejam que a atmosfera sentimental do *Tannhäuser* antecipa a do *Parsifal*, e que este é a síntese de uma obra de vida profundamente romântico-cristã, que ele leva a cabo com a mais extraordinária determinação. A última obra de Wagner é também a sua obra mais teatral, e dificilmente uma carreira artística foi mais lógica do que a sua. Uma arte da sensualidade e do formalismo simbólico reconduz necessariamente a uma celebração eclesiástica (pois o *leitmotiv* é uma fórmula – mais ainda, ele é um ostensório, reivindicando quase uma autoridade religiosa), e creio até que o anseio secreto, a ambição última de todo teatro seja o ritual, de onde ele surgiu, tanto entre os pagãos como entre os cristãos. A arte teatral já é em si mesma barroco, catolicismo, igreja, e um artista que, como Wagner, estava acostumado a trabalhar com símbolos e a levantar ostensórios, tinha por fim de se sentir como um irmão do sacerdote, e até como o próprio sacerdote.

Muitas vezes me deixei levar pela busca de relações entre Wagner e Ibsen, e achava difícil fazer distinção entre o parentesco de época e um parentesco ainda mais íntimo que aquele produzido pela contemporaneidade dos dois. Nos diálogos do drama burguês de Ibsen era-me impossível não reconhecer meios, efeitos, encantamentos e os estímulos mais profundos que me eram familiares da atmosfera sonora de Wagner; era-me impossível não constatar uma fraternidade entre eles, que em parte consistia, sem dúvida, simplesmente na grandeza deles, mas também nas diferentes espécies dessa sua grandeza. Como lhes é comum a enorme coesão, o acabamento, a inteireza nas poderosas obras de suas vidas, socialmente revolucionárias na juventude e empalidecendo na velhice, à medida que vão adentrando o terreno do mítico e do cerimonial! *Quando nós, os mortos, acordamos*, a horripilante confissão de arrependimento feita em sussurro por um homem que só se dedicou ao trabalho, a declaração de amor à "vida" que vem tarde, tarde demais, e *Parsifal*, o oratório da redenção – como me acostumei a vê-los como um só, a senti-los como um só, essas duas cerimônias de despedida e últimas palavras antes do eterno silêncio, celestes obras de velhice em sua fadiga majestática e esclerosada, no seu ser já tornado mecânico em todos os seus meios, na marca tardia do resumo, do retrospecto, da autocitação, da dissolução.

Não é o caso de dizer que o chamado *fin de siècle* não passou de um reles drama satírico de uma pequena época, e que o verdadeiro e venerável desfecho do século se deu nas obras da velhice desses dois magos? Pois ambos foram Magos do Norte, velhos bruxos manhosos, profundamente versados em todos os artifícios da insinuação de uma arte diabólica tão engenhosa quanto astuta, grandes na organização do efeito, no culto das coisas pequeninas, nas caixas de fundo falso e na construção de símbolos, na celebração da ideia, na poetização do intelecto – além de serem ambos músicos, como é natural em homens do norte: não só aquele que aprendera música, conscientemente e que usufruiu dela como um conquistador, mas também o outro, Ibsen, ainda que de maneira mais secreta, mais espiritual e velada em palavras.

Mas o que os torna parecidos a ponto de confundi-los é o processo de sublimação a que formas artísticas já existentes foram submetidas, tanto nas mãos de um como nas de outro, formas artísticas, aliás, que se encontravam numa situação espiritual modesta. No caso de Wagner, essa forma artística foi a ópera, e no caso de Ibsen, a comédia de costumes. Disse Goethe: "Tudo o que é perfeito no seu gênero tem de ir além do seu gênero, tem de se tornar alguma outra coisa de incomparável. Em muitos sons, o rouxinol ainda continua sendo pássaro; então ele se eleva acima de sua classe e parece querer indicar a todo o bando de emplumados o que significa verdadeiramente cantar." Foi bem assim que Wagner e Ibsen levaram a ópera e o teatro de costumes à perfeição, fazendo deles algo outro, incomparável. E neles também se encontra aquele resto, aquela sobra do exemplo do rouxinol de Goethe: por vezes, ainda há ópera em Wagner, mesmo quando chega ao mais alto, e até mesmo no *Parsifal*; por vezes, a técnica do drama de Dumas ainda matraqueia em Ibsen. Mas ambos são criadores no sentido do aperfeiçoamento, da ultrapassagem, pois desenvolveram algo novo e insuspeitado daquilo que estava dado.

O QUE ELEVA a obra de Wagner, no aspecto espiritual, tão acima do nível de todo drama musical anterior? Há dois poderes que se encontram nessa elevação, poderes e dotes geniais que deveriam ser considerados hostis um ao outro, e efetivamente muitos hoje se comprazem de novo em afirmar a sua essência contraditória: eles se chamam *psicologia* e *mito*. Pretende-se negar que sejam conciliáveis: a psicologia aparece como algo demasiadamente racional, para que alguém se convença a não ver nela *nenhum* obstáculo insuperável no caminho da terra mítica. Acredita-se que esteja em contradição com o mítico, assim como está em contradição com a música, embora esse mesmo complexo de psicologia, mito e música nos surja imediatamente diante dos olhos como realidade orgânica em dois casos, em Nietzsche e em Wagner. Daria para escrever um livro sobre o psicólogo Wagner, e até sobre a arte psicológica do músico, assim como do poeta, se é que essas qualidades podem ser separadas nele.

A técnica do motivo-reminiscência,[2] já utilizada ocasionalmente em óperas passadas, vai aos poucos sendo ampliada para um sistema virtuosístico profundo, que torna a música instrumento de alusões, aprofundamentos e referências psicológicas numa escala jamais vista. A conversão do motivo mágico ingênuo-épico do "filtro de amor" em mero meio de libertação de um amor já existente – na realidade, o que os amantes tomam podia não passar de pura água, e só a crença de terem bebido a *morte* os liberta espiritualmente da lei moral em voga – é uma ideia poética de um grande psicólogo. Desde o início, quão além do libreto já não se encontra a poesia de Wagner – e isso menos na linguagem do que na psicologia! Como diz o Holandês Voador no belo dueto com Senta no Segundo Ato:

Die düstre Glut, die hier ich fühle brennen,
Soll ich Unseliger sie Liebe nennen?
Ach nein, die Sehnsucht ist es nach dem Heil.
Würd'es durch solchen Engel mir zuteil![3]

---

[2] O motivo-reminiscência é um tema, frase ou o conjunto de elementos musicais que se repetem para identificar uma personagem na ópera.

[3] Em tradução livre: "A brasa triste que sinto em mim queimar,/ De amor a devo, infeliz, chamar?/ Ah, não, o anseio é de ventura./ Que me daria a angelical criatura!"

Esses são versos que podem ser cantados, mas nunca pensamentos de tal complexidade, de tal densidade psíquica, haviam sido cantados antes ou destinados ao canto. O condenado ama essa moça à primeira vista, mas ele diz a si mesmo que seu amor não diz respeito de fato a ela, mas à salvação, à redenção. Entretanto, ela também lhe aparece como a encarnação da possibilidade de salvação, de modo que ele não pode nem quer distinguir entre o desejo de salvação espiritual e o desejo dela. Pois, uma vez que a esperança tomou a figura dela, ele não pode mais querer que ela tenha outra figura, isto é, o que ele ama na redenção é essa moça. Que entrecruzamentos ambíguos, que olhar para as difíceis profundezas de um sentimento! Isso é análise – e essa palavra se impõe com um sentido ainda mais moderno, ainda mais audacioso, se observamos a vida amorosa germinal, florescente, primaveril, do jovem Siegfried, tal como Wagner lhe dá vida no texto, com ajuda das alusões da música ao fundo. Nela, ligação com a mãe, desejo sexual e medo – penso naquele medo fabular que Siegfried gostaria de aprender – se unem num conjunto pressagioso, vindo do inconsciente, um conjunto, portanto, que o psicólogo Wagner apresenta numa concordância realmente notável, intuitiva, com outro filho típico do século XIX, Sigmund Freud, o psicanalista. O modo como, nos devaneios de Siegfried sob a tília, a lembrança da mãe deságua em erotismo; o modo obscuro, desfigurado, com que a orquestra joga com o motivo de Brunilda adormecida entre as chamas na cena em que Mime tenta ensinar o discípulo sobre o medo – isso é Freud, é análise, e nada mais; e devemos nos lembrar que também em Freud, cuja investigação radical e cujo conhecimento profundo da alma são antecipados em grande estilo por Nietzsche, o interesse pelo mito, pelo ancestralmente humano e pré-cultural está estreitamente ligado ao interesse psicológico.

"O amor na mais plena realidade", diz Wagner, "só é possível no sexo: só como homem e mulher os seres humanos podem se amar do modo mais efetivo, enquanto todo outro amor é apenas um amor derivado deste, decorrente dele, remetendo-se a ele, ou tentando imitá-lo artificialmente. É errôneo tomar esse amor [o amor sexual, claro] apenas por *uma* revelação do amor em geral, como se fosse possível aceitar outras revelações, e até mais elevadas, *ao lado* desta." Essa redução de todo "amor" ao amor sexual tem inegavelmente caráter analítico. Nela se exprime o mesmo naturalismo psicológico manifestado na fórmula metafísica schopenhaueriana do "foco da vontade" e nas teorias freudianas da cultura e da sublimação. Ela pertence genuinamente ao século XIX.

A propósito, o complexo erótico materno também se encontra no *Parsifal*, na cena de sedução do segundo ato – e com isso estamos diante de Kundry, a figura mais forte, mais audaciosa do ponto de vista poético que Wagner concebeu, tendo ele mesmo sentido que ela tinha algo de extraordinário. Seus esforços iniciais não partiram dela, mas de sentimentos ligados à Sexta-Feira Santa; no entanto, logo o interesse ideal e formador se reuniu mais e mais em torno dela, e a inspiração de que a mensageira selvagem do Graal fosse a mesma pessoa que a mulher sedutora, a ideia, portanto, de uma dupla existência psíquica, é a revelação e tentação decisivas, que despertaram nele o desejo mais secreto de se lançar no maravilhoso empreendimento. "Desde que compreendi isso", escreve ele, "quase tudo me ficou claro em relação a esse tema." E noutra ocasião: "É que uma criação peculiar, uma mulher maravilhosa, ligada às forças demoníacas do mundo (a mensageira do Graal), tem se tornado cada vez mais viva e fascinante para mim. Se conseguir dar conta dessa criação, terei realizado algo de bastante original." "Original" é uma palavra comovedoramente calma, modesta para aquilo que se realizou de fato. As heroínas de Wagner se caracterizam em geral por um traço de nobre histeria, por um certo sonambulismo, êxtase e visionariedade, que emprestam a seu heroísmo romântico uma modernidade estranha, duvidosa. Mas a figura de Kundry, rosa do inferno, é decididamente um pedaço de patologia mítica; em sua atormentada dualidade e em seu dilaceramento, como *instrumentum diaboli* e penitente desejosa de salvação, ela é pintada de uma forma clínica drástica e verdadeira, com uma tal ousadia naturalística no esquadrinhar e exibir a vida de uma alma terrivelmente enferma, que sempre me pareceu um extremo de saber e maestria. Mas entre as figuras do *Parsifal* não é só ela que tem esse caráter psíquico extremo. Se no esboço para essa obra final e extrema se afirma, a respeito de Klingsor, que ele é o demônio do pecado oculto, a sanha da impotência contra o pecado, sentimo-nos transportados àquele mundo cristão do conhecimento de estados de alma distantes, infernais, o mundo de Dostoiévski.

Wagner como mitógrafo, como descobridor do mito para a ópera, como aquele que redime a ópera pelo mito, eis o seu segundo poder; e, efetivamente, ele é inigualável na afinidade psíquica com esse mundo de imagem e pensamento, nessa capacidade de conjurar e reavivar o mito: ele havia descoberto a si mesmo quando descobriu a passagem da ópera histórica para o mito; e, se escutamos o mito, é como se a música não fosse produzida para outra coisa e jamais fosse se propor outra tarefa senão servir o mito. Quer este surja como mensageiro da esfera pura, enviado em auxílio da inocência, tendo infelizmente de voltar para lá de onde veio porque a fé não resiste; quer como conhecimento acerca do início e do fim do mundo, como filosofia fabular cosmogônica, conhecimento expresso em canto e fala – sempre o seu espírito, a sua essência, a sua *sonoridade* é atingida com uma segurança e com uma intuição que tem afinidade eletiva com ele, sua linguagem é falada com uma naturalidade sem exemplo em toda a arte. É a linguagem do "um dia", no seu duplo sentido de "aconteceu outrora" e de "algum dia acontecerá"; e a densidade da atmosfera mitológica é insuperável, por exemplo, na cena das Nornas no início do *Crepúsculo dos deuses*, na qual as três filhas de Erda se entregam a uma espécie de bisbilhotice sacra universal, ou nas aparições da própria Erda no *Ouro do Reno* e em *Siegfried*. Os fortíssimos acentos da música que acompanha o corpo de Siegfried já não se dirigem ao jovem da floresta, que partiu para conhecer o medo; ela ensina o sentimento sobre aquilo que se passa atrás dos véus da névoa que baixa: o herói solar jaz no caixão, fulminado pela pálida treva; e a palavra indicadora vem em auxílio do sentimento: "Foi a fúria de um javali selvagem", se diz, e "Ele é o maldito javali", diz Gunther, voltando-se para Hagen, "que destroçou esse nobre". A perspectiva se escancara, alcançando o mais primordial e primeiro da imagética onírica humana. Tamuz, Adônis, derrotados pelo javali, Osíris, Dioniso, os destroçados que devem retornar como o Crucificado, em quem uma lança romana terá de abrir uma ferida no flanco para seja reconhecido – tudo o que foi e que é, todo o mundo da beleza sacrificada, morta pela ira invernal, é abrangido por esse olhar mítico, e não se diga que o criador de *Siegfried* foi infiel a si mesmo ao criar o *Parsifal*.

A PAIXÃO PELA OBRA cheia de magia de Wagner acompanha minha vida desde que tomei contato com ela, desde que comecei a descobri-la para mim e a nela me introduzir com conhecimento. Jamais poderei esquecer o que com ela fruí e aprendi, jamais esquecerei as horas de felicidade profunda, solitária, em meio à multidão da plateia, horas cheias de estremecimento e enlevo dos nervos e do intelecto, de descobertas de coisas significativas, comoventes e grandes, como só essa arte pode proporcionar. Minha curiosidade por ela jamais se esgotou; não me cansei de escutá-la, de admirá-la, de examiná-la – não sem desconfiança, confesso-o; mas as dúvidas, objeções, discordâncias eram tão pouco prejudiciais a ela quanto a imperecível crítica de Nietzsche a Wagner, que eu sempre senti como um panegírico de sinal invertido, como uma outra forma de veneração. Ela exprimia uma relação de amor e ódio, era uma forma de autoflagelo. A arte de Wagner foi a maior paixão amorosa da vida de Nietzsche. Ele a amou como Baudelaire, o poeta das *Flores do mal*, de quem se diz que durante sua agonia, durante a paralisia e semiconsciência dos seus derradeiros dias, sorriu de alegria quando ouviu pronunciarem o nome de Wagner – *il a souri d'allégresse*. Da mesma maneira, na escuridão de sua paralisia, ao ouvir o som desse nome, Nietzsche costumava despertar e retrucar: "Esse foi alguém a quem amei muito."[4]

---

[4] A fonte do episódio é Ernst Bertram em seu *Nietzsche, tentativa de uma mitologia*.

Ele o odiou muito por motivos espirituais, morais e culturais que não caberia discutir aqui e agora, nesse "dia sagrado" em que Richard Wagner morreu em Veneza, para falar como Nietzsche. Mas seria estranho se eu fosse o único a ter tido essa experiência de que a polêmica de Nietzsche contra Wagner é antes um estímulo que um obstáculo ao entusiasmo.

Aquilo de que desde sempre discordei, ou melhor, que me deixava indiferente, era a teoria de Wagner – praticamente nunca pude me convencer a acreditar que alguém a tenha levado a sério. O que fazer com essa soma de música, texto, pintura e gesto, que pretendia se passar pela única verdade e pela realização acabada de toda aspiração artística? O que fazer com uma teoria artística segundo a qual o *Tasso* seria inferior ao *Siegfried*? Era difícil aceitar, eu achava, que as artes particulares pudessem ter nascido da desagregação de uma unidade teatral original, ao serviço da qual elas deveriam retornar, para o bem delas. A arte está inteira e completa em cada uma de suas formas de manifestação; não é preciso adicionar seus gêneros para torná-la perfeita. Pensar isso é o *mau* século XIX, uma maneira ruim e mecanicista de pensar, e a obra vitoriosa de Wagner não é uma prova de sua teoria, mas apenas de si mesma. Ela vive e viverá por muito tempo, mas a arte sobreviverá a ela nas artes e comoverá a humanidade por meio delas, como sempre aconteceu. Seria barbárie pueril acreditar que grandeza e intensidade do efeito da arte sejam resultado do grau acumulado de agressão aos sentidos.

Como alguém apaixonado pela teatralidade e até se poderia dizer como um maníaco pelo teatro, Wagner tendia a acreditar nisso, porque para ele a primeira exigência da arte era a de que tudo o que deve ser dito precisa estar em comunicação direta e total com os sentidos. E é interessante observar até que ponto, no caso de sua obra capital, *O anel dos Nibelungos*, essa necessidade incontornável leva a uma transformação do *drama*, drama para o qual se dirigiam todos os seus esforços, e cuja lei fundamental era para ele justamente a sensibilidade total. Nós conhecemos a história do surgimento dessa obra. Ocupado com a elaboração do esboço dramático de *A morte de Siegfried*, Wagner estava insatisfeito, como ele mesmo narra, com o fato de que a história tivesse muitos pressupostos, que muita ação se passasse antes do início, e que a informação a respeito disso tudo tivesse que entrar na composição da peça. Sua necessidade de representar sensivelmente aquela história anterior prevaleceu, e assim ele começou a escrever em sentido inverso: ele compôs *O jovem Siegfried*, *As Valquírias* e, depois, o *Ouro do Reno*; ele não sossegou até colocar tudo presente no palco, tudo em quatro noites, desde a célula-mãe, desde o início primordial, o si bemol tocado pelo fagote baixo no prelúdio do *Ouro do Reno*, com o qual ele dá um início solene e quase inaudível à narração. Algo de esplêndido surgiu, e é fácil entender o entusiasmo que tomou conta do autor vendo aquilo em que havia se tornado o seu plano gigantesco, tão cheio de possibilidades de produzir efeitos novos e profundos. Mas o que foi propriamente que veio à luz? Algumas vezes, a estética rejeitou a forma do drama dividido em diversas partes. Isso foi feito, por exemplo, por Grillparzer. Ele achava que a relação de uma parte com a outra dá *um quê de épico* ao todo, com o que decerto ele ganharia imponência. Mas com isso está determinado o efeito do *Anel*, o caráter de sua grandeza, e o que constatamos é justamente que a obra principal de Wagner deve seu modo de ser imponente ao espírito da arte épica, em cuja esfera o seu tema se originou. O *Anel* é uma obra épica cênica, nascida de uma aversão pelas histórias que antecedem a história, que vagueiam como fantasmas por trás da cena, uma aversão, que, como se sabe, não é compartilhada pela tragédia antiga, nem pela tragédia francesa. Com sua técnica analítica e sua arte de desenvolver histórias anteriores, Ibsen está aqui muito mais próximo do drama clássico. E não deixa de ter o seu humor que precisamente o teorema de Wagner a respeito da sensibilidade dramática o tenha conduzido de maneira tão espantosa ao épico.

Sua relação com as artes particulares, a partir das quais ele criou sua "obra de arte total", é digna de reflexão; nela há algo de verdadeiro diletantismo, tal como Nietzsche, então devoto de Wagner, diz a respeito da infância e juventude deste em sua Quarta Consideração Extemporânea: "A juventude dele é a juventude de um diletante multifacetado, em que nada quer dar certo. Nenhuma formação artística rigorosa, familiar ou hereditária, o limitava. Pintura, poesia, artes cênicas, música lhe tocavam tão de perto quanto a sua educação e a sua futura profissão; quem observasse superficialmente, poderia crer que ele havia nascido para o diletantismo." Se a observamos de fato e não apenas superficialmente, se a observamos com paixão e admiração, podemos dizer, correndo o risco de sermos mal entendidos, que a arte de Wagner é um diletantismo monumentalizado pela máxima força de vontade e inteligência, um diletantismo que foi levado à genialidade. A ideia mesma de unificação das artes tem algo de diletante, e permaneceria presa ao diletantismo se todas elas não fossem submetidas, com a máxima força, ao seu enorme gênio expressivo. Paira um quê de dúvida sobre sua relação com as artes; por mais absurdo que possa soar, falta-lhe certa sensibilidade artística. A Itália, as artes plásticas o deixam, no fundo, inteiramente frio. Ele escreve a Mathilde Wesendonck em Roma: "Contemple e veja também por mim: eu preciso que alguém o faça por mim ... Comigo se passa algo peculiar: várias vezes isso me ocorreu e, na Itália, ficou claro da maneira mais categórica: por um momento eu sou vivamente arrebatado por um efeito significativo sobre meu olho, mas – isso não dura muito... Parece que o olho não me é suficiente como sentido de percepção do mundo."

Isso é perfeitamente compreensível! Ele é um homem de bom ouvido, músico e poeta, mas é estranho que ele possa escrever de Paris à mesma destinatária: "Ah, como a menina se regala com Rafael e com a pintura! Como isso é belo, amável e reconfortante! Só a mim isso jamais há de comover! Continuo sendo sempre o mesmo vândalo que, estando já faz um ano em Paris, ainda não visitou o Louvre. Isso não lhe diz tudo??" Não diz tudo, mas alguma coisa e particularmente significante. A pintura é uma grande arte, tão grande como a obra de arte total. Ela existia por conta própria antes desta e continuará a existir depois dela, mas ela não o comove. Ele precisaria ser menos grandioso para que não nos sentíssemos ofendidos por isso na alma mesma da pintura! Pois as artes plásticas não têm nada a lhe dizer, nem como passado, nem como presente vivo. A grandeza da pintura que era contemporânea à sua obra, o impressionismo francês, ele quase não a viu, ele não se importou com ela. Seu contato com ela se limita ao fato de Renoir ter pintado um retrato seu – o quadro não heroiciza exatamente o seu objeto e não lhe terá agradado muito.[5] É claro que ele se

[5] Retrato de Wagner pintado por Auguste Renoir em 15 de março de 1882, em Palermo.

relaciona com a poesia de um modo completamente diferente do que com as artes plásticas. Durante toda a sua vida, ela lhe deu muito, especialmente por meio de Shakespeare, ainda que a teoria com a qual ele glorificava seu próprio talento o fizesse falar quase com pena dos "poetas literários", como costumava dizer. Mas não importa que ele mesmo tenha dado sua contribuição à poesia, que a tenha enriquecido com suas obras – com o que nunca se deve esquecer que elas não são para ser lidas, não são propriamente obras de linguagem, mas "emanação musical", que precisam ser completadas por imagem, gesto e música, e só na cooperação de todas elas é que se perfazem como poesia. Do ponto de vista puramente linguístico, elas têm frequentemente um quê de bombástico e de barroco, um quê infantil, uma falta de jeito grandiosa e impositiva – com reservas de genialidade absoluta, de força, de coesão, de beleza primordial, que afastam qualquer dúvida –, embora não apaguem a consciência de que não se trata de criações que estejam no interior da cultura da grande literatura e poesia europeia, mas à parte dela, como indicações para a expressividade de uma representação teatral, que, entre outras coisas, precisa também da palavra. Quando falo daquelas centelhas de genialidade linguística espalhadas pelo seu diletantismo audacioso, estou pensando em especial no *Anel dos Nibelungos*, no *Lohengrin*, que como criação textual representa talvez o que Wagner alcançou de mais puro, de mais nobre e de mais belo.

O seu gênio é uma síntese dramática das artes, que apenas como todo, isto é, como síntese, perfaz o conceito de obra autêntica e legítima. As partes de que ela se compõe, a própria música enquanto tal e não como meio para o fim do todo, tem algo de selvagem e ilegítimo, que só se dilui na sublimidade do todo. Que a relação de Wagner com a linguagem não era a de nossos grandes poetas e escritores, que ela carecesse do rigor e da delicadeza predominantes ali onde a linguagem é sentida como um bem supremo e como um meio cuja guarda é entregue aos cuidados da arte, é o que mostram os seus poemas de ocasião, os elogios românticos adocicados e os poemas em louvor a Luís II da Baviera, as rimas banais e alegres aos amigos e colaboradores. Qualquer rimazinha ocasional de Goethe é poesia que vale ouro e alta literatura comparada a esses filistinismos linguísticos, a essas brincadeiras versificadas, de que o admirador dele consegue quando muito sorrir. Em vez destas, é melhor se voltar para os escritos em prosa de Wagner, que são manifestos estéticos e críticos da cultura, esclarecimentos da própria obra – escritos de artista de espantosa sagacidade, de grande energia de pensamento, ainda que certamente não possam ser comparados, enquanto obras de linguagem e do espírito, aos trabalhos de filosofia da arte de Schiller, como, por exemplo, seu ensaio imperecível sobre *Poesia ingênua e poesia sentimental*. Naqueles ainda há algo ao mesmo tempo difuso e rígido que torna a leitura pesada, um diletantismo selvagem que reaparece pelos cantos; eles não fazem realmente parte do mundo da grande ensaística alemã e europeia, não são realmente obra de um escritor nato, tendo surgido de passagem, por necessidade. Em Wagner, tudo o que é particular nasce por necessidade. Ele só é bem-sucedido, hábil, consumado, legítimo e grande na totalidade.

Não foi apenas por necessidade, com vistas à imponência do todo e por vontade, que ele também se fez músico? Nietzsche observa a certa altura que o que se chama de talento não pode constituir o essencial do gênio. "Quão pouco talento em

Richard Wagner, por exemplo", exclama ele. "Houve já alguma vez músico tão sem recursos aos 28 anos de vida?" De fato, a música de Wagner é hesitante, precária e sem originalidade em seus primórdios, que ocorrem muito mais tarde em sua vida do que na vida da maioria dos grandes músicos. Ele mesmo diz: "Lembro-me de que por volta dos meus trinta anos eu ainda me perguntava interiormente, com dúvidas, se de fato eu possuía o material para uma individualidade artística mais elevada; em meus trabalhos eu ainda só conseguia ver traços de influência e de imitação, e não ousava olhar sem aflição para meu futuro desenvolvimento como um criador completamente original." Essa lembrança é do ano de 1862, época em que alcançou a maestria em sua arte. Entretanto, apenas três anos antes, com 46 anos de idade, num período em que não conseguia avançar seu trabalho no *Tristão*, ele escreve a Liszt de Lucerna: "Não conseguirei lhe dizer com toda a força necessária o quão miserável me sinto como músico; do fundo do coração, considero-me alguém absolutamente imprestável. Você deveria me ver quando fico sentado pensando 'tenho que levar isso adiante' – e então vou ao piano e junto um treco lamentável, para logo abandoná-lo como um idiota. Em que estado me encontro! – Que convicção interior de minha própria indigência musical! E então vem você, transpirando música por todos os poros, como rios, fontes e cachoeiras, e ainda tenho de escutar palavras como as suas. É muito difícil para mim *não* acreditar que não sejam pura ironia... Caríssimo, isso é uma história à parte, e creia-me, não vou muito longe nela." Isso é depressão manifesta, nula em cada palavra e duplamente absurda pelo destinatário a quem essa confissão é endereçada; e Liszt responde à altura. Ele o acusa de "injustiça tola consigo próprio". De qualquer modo, todo artista conhece essa súbita vergonha diante de mestres contemporâneos ou passados: ela decorre do fato de que todo exercício artístico representa um novo ajuste, ajuste ele mesmo já bastante artístico, do condicionamento pessoal e individual à arte em geral, e mesmo depois de ter as suas realizações reconhecidas e aclamadas, o indivíduo ainda pode se perguntar, comparando-as à maestria alheia: como é possível que meu trabalho seja colocado ao lado dessas obras? Mesmo assim, um tal grau de rebaixamento depressivo, de desespero de consciência em relação à música, é um tanto estranho e psicologicamente digno de atenção em alguém que está trabalhando no terceiro ato do *Tristão*. De fato, a ditatorial autoconfiança dos últimos dias de Wagner, quando escarnecia de muitas belas composições, quando escarnecia de Mendelssohn, Schumann e Brahms nos *Bayreuther Blätter*, condenando-os para glorificar a própria arte – essa autoconsciência foi adquirida a preço de muita compunção e desalento anterior perante a arte! De onde vinham esses ataques? Eles vinham certamente de que em tais momentos ele cometia o erro de isolar sua elaboração musical comparando-a a algo de supremo, quando ela só podia ser considerada *sub specie*[6] de sua própria criação, e vice-versa – e foi principalmente desse erro que nasceu a resistência exasperada que sua música teve de superar. Nós que devemos ao mundo mágico desses sons, à sua magia intelectual, tanta felicidade e arrebatamento, tanto espanto com essa enorme capacidade criadora, nós temos dificuldade de compreender essa resistência, essa aversão; achamos que expressões usadas contra a música de Wagner, que

[6] "Sob o aspecto", "sob o ponto de vista". Em latim no original.

designações como "fria", "algébrica", "informe" são de um mal-entendido, de uma incompreensão assustadora, testemunhos de uma pobreza de entendimento e de uma insensibilidade paquidérmica, e tendemos a crer que tais juízos só podem provir de gente melófoba e filistina, de esferas onde já não há nem religiosidade, nem musicalidade. Mas não era este o caso. Muitos dos que assim julgavam, que tinham de julgar assim, não eram burgueses provincianos, eram almas e espíritos artísticos, músicos e amantes da música, gente para quem os destinos da música eram muito importantes, e que reivindicava com razão o direito de saber distinguir entre o que era e o que não era música – e eles achavam que aquilo não era música. A opinião deles foi completamente vencida, a ela estava reservada uma derrota secular. Mas, mesmo se falsa, ela era também imperdoável? A música de Wagner não é totalmente música, do mesmo modo que o substrato dramático que ela transforma em criação poética não é literatura. Ela é psicologia, símbolo, mito, ênfase – tudo, mas não música no sentido puro e pleno em que a entendiam os seus críticos atônitos. Os textos em torno dos quais ela se tece e que ela converte em drama não são literatura, mas a música o é. Esta, que parece jorrar como um gêiser das profundezas pré-culturais do mito (e não apenas parece, mas jorra mesmo), ela é na verdade e além de tudo pensada, calculada, é altamente inteligente, de uma manhosa sagacidade, ela é concebida literariamente, assim como seus textos são concebidos musicalmente. Dissolvida em seus elementos primordiais, a música tem de servir para dar alto relevo a filosofemas míticos. O cromatismo incessante da morte por amor é uma ideia literária. E não o são menos as primeiras correntezas do Reno, os sete blocos de acorde primitivos que erigem o Valhala. Voltando para casa, um maestro famoso, que acabara de reger o *Tristão*, me disse: "Isso já não é música."[7] Ele o disse querendo expressar nossa emoção comum. Ora, aquilo que hoje exprimimos com um "sim" maravilhado, como isso não poderia ter soado de início como um raivoso "não"? Música como aquela da viagem de Siegfried pelo Reno ou como a do lamento fúnebre pelo morto, peças de indizível esplendor para nossos ouvidos, para nosso espírito, jamais haviam sido ouvidas, elas eram escandalosas[8] no sentido mais chocante da palavra. Era exigir muito que um tal encadeamento de citações de motivos simbólicos, trazidos como pedaços de rochedo na enxurrada de procedimentos musicais elementares, fosse percebido como música no sentido de Bach, de Mozart e Beethoven. Era exigir muito que o trítono em mi bemol maior que constitui o prelúdio do *Ouro do Reno* fosse imediatamente chamado de música. Tampouco ele o era. Ele era um pensamento acústico: o pensamento do início de todas as coisas. Era a utilização arbitrariamente diletante da música em prol da representação de uma ideia mítica. A psicanálise pretende que o amor é composto exclusivamente de perversões. Mas é por isso que ele permanece amor, o fenômeno mais divino do mundo. Ora, o gênio de Richard Wagner é composto exclusivamente de diletantismos.

---

[7] O maestro famoso é Bruno Walter, que durante quase dez anos foi vizinho de Thomas Mann em Munique.

[8] Mann joga com as expressões *nieerhört*, músicas que "jamais haviam sido ouvidas", e *unerhört*, músicas inauditas, que também são "escandalosas", isto é, "jamais se ouviu algo assim".

Mas que diletantismos! Como músico ele é capaz de converter à música mesmo os indivíduos menos musicais. Isso pode servir de objeção aos esotéricos e aristocratas da arte – mas e se entre os menos musicais se encontram homens e artistas como Baudelaire? Para Baudelaire, o encontro com Wagner foi simplesmente o encontro com a música. Ele era pouco musical, tendo escrito a Wagner que não entendia nada de música e que não conhecia mais que algumas belas peças de Weber e Beethoven. E então veio o arrebatamento, que lhe deu a ambição de fazer música com a linguagem, de se equiparar a Wagner apenas com ela, o que teve consequências consideráveis para a lírica francesa. Uma música em sentido impróprio, uma música para leigos, pode admitir tais convertidos e prosélitos; os mais conservadores podem invejá-la por estes, e não apenas por eles. Nessa música exotérica há coisas de tal genialidade e esplendor, que tornam tais distinções ridículas. O motivo do cisne em *Lohengrin* e no *Parsifal*; os sons da noite de luar veranil ao final do segundo ato e o quinteto no terceiro ato dos *Mestres cantores*; a passagem em lá bemol maior do segundo ato de *Tristão e Isolda*, e a visão que Tristão tem da amada atravessando o mar; a música de Sexta-Feira Santa e a poderosa "Música da transformação" do terceiro ato do *Parsifal*; o magnífico dueto de Siegfried e Brunilda no início do *Crepúsculo dos deuses*, com a entonação própria da canção popular em *"Willst Du mir Minneschenken"*[9] e com o arrebatador *"Heildir, Brünhild', prangender Stern!"*;[10] certas passagens da versão do Monte de Vênus da época do *Tristão* – são inspirações diante das quais a música absoluta poderia

[9] Em tradução livre: "Queres me presentear o amor".
[10] Em tradução livre: "Bem-aventurada sejas, Brunilda, estrela esplendente!"

empalidecer de inveja ou corar de encanto. E não passa de acaso e arbítrio que eu mencione justo elas. Eu poderia muito bem indicar outras ou lembrar a arte espantosa que Wagner tem de desviar, modificar e reinterpretar um motivo já dado num desenvolvimento musical, o que acontece, por exemplo, com a canção de sapateiro cantada por Hans Sachs no prelúdio do terceiro ato dos *Mestres cantores*, que já nos era conhecida do humorismo do segundo ato como grosseira canção de artesão, e que agora, retornando nesse prelúdio, aparece transfigurada em inesperada poesia. Ou que se pense na transformação e reinterpretação rítmica e sonora por que tantas vezes passa, ao longo do *Parsifal*, o motivo conhecido como motivo da fé, que já aparece no começo da abertura e é retomado pela primeira vez na grande narrativa de Gurnemanz. É difícil falar dessas coisas, quando só se dispõe de palavras para evocá-las. Por que, ao falar da música de Wagner, me vem ao ouvido justamente uma particularidade, um mero arabesco como aquela figura, tecnicamente fácil de descrever mas no fundo indescritível, executada pelo trompete no lamento fúnebre de Siegfried, que prepara harmonicamente o motivo de amor de seus pais? Em tais momentos quase não sabemos distinguir se é a música peculiar e pessoal de Wagner ou a própria música que admiramos e que tanto nos comove. Em suma, o nosso sentimento é celestial – e não devemos nos envergonhar de uma palavra tão feminina e exaltada que só a música consegue arrancar dos nossos lábios.

O caráter psíquico geral da música de Wagner tem um pessimismo pesado, uma demorada nostalgia, um ritmo quebrado, uma busca de sair do labirinto escuro rumo à redenção no belo; é música de uma alma carregada, que não fala aos músculos como uma dança, mas é uma agitação, um remexer-se, um impulso oriundo da fadiga nórdica, caracterizado com muita graça e acerto por Lenbach,[11] quando ele disse um dia a Wagner: "Sua música – ah!, ela é um carro de transporte para o reino do céu!" Mas ela não é só isso. Esse peso da alma não deve fazer esquecer o destemor, o orgulho e a alegria que ela é igualmente capaz de provocar, nos temas cavalheirescos, por exemplo, nos motivos de Lohengrin, Stolzing e Parsifal; ele não deve fazer esquecer o que há de naturalmente engraçado, amalucado e gracioso nos tercetos das filhas do Reno, nem o chiste paródico e a petulância erudita do prelúdio dos *Mestres cantores*, nem a jovialidade camponesa da dança popular no terceiro ato. Wagner é capaz de tudo. Ele é um caracterizador inigualável, e entender a sua música como meio de caracterização é admirá-la sem meias medidas. Essa arte é pitoresca, é grotesca e seu efeito se dá à distância, como requer o teatro, mas mostra uma riqueza inventiva também nos detalhes, uma capacidade de adentrar os meandros dos fenômenos, de falar e gesticular a partir deles, capacidade que jamais se mostrou antes de maneira tão marcante. Ela triunfa nas figuras particulares, como na personagem poético-musical do Holandês, com sua atmosfera de solidão e danação, e o bramido desesperador do deserto marinho. Na imprevisibilidade elementar e graça pérfida de Loge. No pestanejar e contorcer-se do padrasto anão de Siegfried. Na tola maldade e insensatez de Beckmesser. O ator dionisíaco manifesta sua arte ou, caso se prefira, as suas artes nessa onipotência e ubiquidade da transfiguração e representação; ele não veste apenas a máscara humana, mas

[11] Franz Von Lenbach (1836-1904), pintor de Munique.

também penetra na natureza, fala pela tempestade e trovoada, pelo murmúrio das folhas e o reluzir das ondas, pela dança das chamas e pelo arco-íris. O capuz mágico de Alberich é o símbolo geral desse gênio do disfarce e onipotência imitativa, que se sente em casa tanto na vida rasteira dos sapos, em seu saltitar e rastejar balofo, quanto na existência despreocupada dos Ases nos céus. É essa onipotência da caracterização que permite colocar lado a lado obras psiquicamente tão heterogêneas como os *Mestres cantores*, de vigor luterano e germânico, e o *Tristão*, com seu mundo tomado de obsessão e embriaguez pela morte. Ela isola cada uma das obras, desenvolve-a a partir de uma tonalidade fundamental, que a diferencia de todas as outras, de modo que no conjunto da obra, que é ela mesma um cosmo pessoal, cada obra particular constitui, por sua vez, uma unidade fechada, um astro à parte. Há pontos de contato e relações entre elas, nos quais se manifesta a unidade orgânica do todo. Acentos dos *Mestres cantores* percorrem o *Parsifal*; na música do *Holandês* são perceptíveis antecipações do *Lohengrin*, e no seu texto já se pressente o êxtase religioso da linguagem de Parsifal, como nas palavras *"Ein heil'ger Balsam meinen Wunden/ Dem Schwur, dem hohen Wort entfließt"*;[12] no cristão *Lohengrin*, os resíduos pagãos personificados em Ortrud já dão à sua esfera tonalidades que aparecerão nos Nibelungos. Mas, no todo, cada obra se destaca das outras por seu modo estilístico próprio, que é o que faz ver e perceber o segredo do *estilo* como o núcleo da arte e quase como a própria arte: esse segredo está no casamento da personalidade individual com a objetividade.

[12] Em tradução livre: "Sagrado bálsamo para minhas chagas,/ Vem do juramento, das altas palavras."

Wagner é inteiramente ele mesmo em cada uma de suas obras, e cada compasso nelas só pode ser dele, mostrando sua fórmula, sua letra pessoal inconfundível. E, no entanto, cada uma delas é ao mesmo tempo uma obra particular e um mundo estilístico por si, produto de uma compreensão objetiva, que contrabalança a arbitrariedade pessoal, uma equilibrando por completo a outra. O milagre supremo sob esse aspecto talvez seja a obra do septuagenário, o *Parsifal*, que explora e exprime de modo singular mundos sagrados remotos e terríveis – a mais extrema das obras de Wagner, a despeito de *Tristão e Isolda*, que demonstra uma capacidade de adaptação psíquica e estilística que por fim ultrapassa mesmo a medida habitual nele, obra repleta de sons a que nos entregamos com sempre nova inquietação, curiosidade e encantamento.

"Que desgraça essa história!", escreve ele de Lucerna em maio de 1859, consumido pelo trabalho no terceiro ato do *Tristão*, que aumenta sua agitação pela figura de Amfortas, que já havia sido vislumbrada e esboçada fazia tempo. "Que desgraça! Pense, pelo amor de Deus, no que nela ocorre! De repente ficou terrivelmente claro para mim: Amfortas é meu Tristão do terceiro ato, mas numa intensificação impensável." Essa "intensificação" é a lei que rege a vida e o crescimento de sua produção, lei involuntária, baseada num mau hábito: a vida inteira ele se exercitou nos acentos atormentados, de pecador arrependido, de Amfortas. Eles já estão presentes no "*Ach, wie drückt mich der Sünde Last!*"[13] do *Tannhäuser*; no *Tristão*, sua expressão dilacerante alcança um aparente *non plus ultra*, mas eles poderão ser suplantados no *Parsifal*, como ele reconhece

[13] Em tradução livre: "Ah, como me pesa o fardo do pecado!"

com espanto, atingindo uma "intensidade impensável". Trata-se de realçar os acentos, procedimento para o qual foram buscadas inconscientemente ocasiões e situações cada vez mais fortes e profundas. Os temas, as obras individuais são estágios e variações superiores de uma mesma unidade, da obra de vida fechada e circunscrita, que "se desenvolve", mas de certo modo já existe desde o início. Isso tem a ver com o encadeamento, com o entrelaçamento das concepções, o que implica que um artista dessa natureza e forma espiritual jamais se ocupe apenas da obra, do problema em que está trabalhando no momento, implica que tudo o mais esteja ao mesmo tempo presente para ele, sobrecarregando o instante produtivo. Um aparente planejamento, um aparente planejamento de vida (mas só meio aparente) vem à tona em 1862, durante a composição dos *Mestres cantores*, quando Wagner afirma com toda a determinação, numa carta a Bülow escrita de Bieberich, que o *Parsifal* será sua última obra, isso cerca de vinte anos antes de sua execução. Pois antes era preciso terminar o *Siegfried*, inserindo-se então o *Tristão* e os *Mestres cantores* e depois todo o *Crepúsculo dos deuses*, a fim de que as lacunas do plano de trabalho fossem preenchidas. Ele teve de penar com o *Anel* durante todo o trabalho no *Tristão*, no qual desde o início se insinuava o *Parsifal*. Este também está presente nos *Mestres cantores*, obra de robustez luterana, mas fica de fato em compasso de espera desde 1845, ano da primeira apresentação do *Tannhäuser* em Dresden. De 1848 é o esboço em prosa que transforma o mito dos Nibelungos em drama, o manuscrito da *Morte de Siegfried*, de onde deveria sair o *Crepúsculo dos deuses*. Nesse meio-tempo, contudo, entre 1846 e 1847, surgiu o *Lohengrin*, e o esboço da ação dos *Mestres cantores*, que pertencem, como peça satírica e contraponto humorístico, ao *Tannhäuser*.

Completando 32 anos na metade do decênio de 1840, ele já tinha fechado na verdade, do *Holandês voador* ao *Parsifal*, todo o plano de trabalho de sua vida, que seria executado nos quatro decênios seguintes, até 1881, num encadeamento contínuo, num trabalho simultâneo em todos eles. Sua obra, a rigor, não tem uma cronologia. É certo que ela surge no tempo, mas já existia desde o princípio e de uma só vez. A última delas, reconhecida como tal de antemão e realizada com 69 anos, é também uma redenção na mesma medida que significa fim, desfecho, acabamento, e nada vem depois dela; o trabalho do homem idoso, de um artista que já experimentou de tudo, é apenas a continuidade do trabalho – ela já está feita, a obra gigantesca, e o coração, que resistiu a setenta anos de exigências extremas, pode descansar num último espasmo.

O PESO DESSA CRIAÇÃO repousa sobre ombros que de modo algum são os de um são Cristóvão, de uma constituição tão débil na aparência e na condição subjetiva, que ninguém teria ousado acreditar que aguentasse por tanto tempo e levasse aquele fardo até seu destino. Trata-se de uma natureza que se sente a todo momento à beira do esgotamento e conhece a experiência do bem-estar apenas como exceção. Constipado, melancólico, insone, atormentado por tudo, esse homem se encontra, aos trinta anos, num estado em que para com frequência para chorar durante um bom quarto de hora. Ele não crê que viverá para ver a conclusão do *Tannhäuser*. Parece-lhe temerário empreender a execução do plano dos Nibelungos com 36 anos, e quando está com quarenta anos, "pensa diariamente na morte" – ele que com quase setenta escreverá o *Parsifal*.

É um sofrimento nervoso que o martiriza, uma daquelas enfermidades não detectáveis organicamente, que enlouquecem o homem por anos e ameaçam tornar sua vida impossível, sem que sejam "mortais". A vítima tem boas razões para custar a acreditar que elas não o sejam, e mais de uma passagem nas cartas de Wagner externa sua convicção de que está condenado à morte. "Meus nervos", escreve ele com 39 anos à irmã, "estão inteiramente consumidos; uma mudança completa de minha situação de vida talvez consiga postergar artificialmente a minha morte por alguns anos, mas isso diria respeito tão somente à morte, pois meu falecimento ela já não poderá deter." E no mesmo ano: "Estou bastante doente dos nervos e, depois de várias tentativas radicais de cura, já não tenho mais esperança em meu restabelecimento... Meu trabalho é tudo o que me mantém, mas os nervos de meu cérebro se encontram tão arruinados que não posso dedicar a ele mais de duas horas por dia e, mesmo assim, só se depois me deito por mais duas horas e finalmente consigo dormir um pouco." Duas horas por dia. Em tão poucas horas de trabalho diário, pelo menos temporariamente, se acumulou uma gigantesca obra de vida, na luta com forças que se esgotavam com rapidez, presente de uma tenacidade elástica, que lhe devolvia em pouco tempo a energia rapidamente consumida, e cujo nome moral é *paciência*. "Genuína paciência é prova de grande elasticidade", anota Novalis; e Schopenhauer enaltece a paciência como a verdadeira coragem. É essa unidade físico-moral de elasticidade, paciência e coragem que leva esse homem a cumprir sua missão; e não é fácil estudar tão bem noutra vida de artista a constituição vital própria do gênio, essa mistura de sensibilidade e força, de delicadeza e persistência – essa mistura de teimosia e surpresa consigo mesmo de que resultam as grandes obras, e que, compreensivelmente, gera o sentimento de estar entretido numa tarefa obstinada. Com efeito, é difícil não acreditar numa obstinação metafísica da obra, que se empenha pela sua realização e para a qual a vida do seu gerador é apenas instrumento e um sacrifício voluntário-involuntário. "Na verdade, a gente se sente miserável, mas dá-se um jeito." Essa exclamação se encontra nas cartas de Wagner, vinda de alguém que escarnece de si e abana desesperadamente a cabeça para si mesmo. E ele não deixa de estabelecer um nexo causal entre seu sofrimento e seu fazer artístico, entendendo arte e doença como uma mesma punição – com o resultado de que ele tenta escapar, e de maneira bastante ingênua, através da cura com banhos frios. "Há um ano", escreve, "eu me encontrava numa instituição hidroterápica com o propósito de me tornar outro homem, *sensivelmente sadio*. Meu desejo secreto era restabelecer minha saúde, o que tornaria possível me libertar totalmente do martírio de minha vida, a arte; foi uma última luta desesperada por felicidade, por uma alegria de viver real, genuína, como só é dada àquele que é conscientemente saudável."

Que declaração mais pueril e confusa, comovedora! Curar-se da arte com banhos frios, ou seja, curar-se da constituição que faz dele um artista! O modo como ele se relaciona com a arte, com o seu destino, é de uma complexidade quase inextrincável de tão contraditória, e por vezes ele parece nela se debater como numa rede lógica. "E ainda devo fazer algo assim?", exclama ele, então com 46 anos, depois de ter se alongado comovidamente sobre os conteúdos psíquicos e simbólicos do plano para o *Parsifal*. "E ainda por cima colocar-lhe música?

Muitíssimo obrigado! Quem tiver vontade, que o faça! Vou querer o meu pescoço longe disso!" Dá para ouvir o tom do coquetismo feminino nessas palavras, que tremulam de desejo pela obra, que oscilam entre o "você tem que" e a resistência voluptuosa! O sonho de se libertar da arte, de poder viver em vez de ter de criar, de ser *feliz*, sempre reaparece em suas cartas; expressões como "felicidade", "nobre felicidade", "nobre gozo da vida" atravessam-nas de uma ponta a outra como noção oposta à existência de artista, juntamente com a concepção de que a arte é um substituto para todo gozo imediato. Com 39 anos ele escreve a Liszt: "Meu declínio se aproxima com mais certeza a cada dia que passa: vivo uma vida *indescritivelmente indigna*. Não conheço absolutamente nada do gozo real da vida: para mim, o gozo da vida, o *amor* (sublinhado por ele) é apenas um objeto da imaginação, não da experiência. Foi assim que meu coração subiu ao cérebro, e minha vida teve de se tornar apenas uma vida artificial: só posso viver ainda como 'artista', neste desapareceu todo o meu 'ser humano'." É preciso confessar que jamais se empregaram palavras tão crassas e uma franqueza tão desesperada para caracterizar a arte como entorpecente, como haxixe, como *paradis artificiel*.[14] E há acessos de revolta contra essa existência artificial, como quando escreve a Liszt no dia de seu quadragésimo aniversário: "Quero me fazer batizar de novo: você não gostaria de ser o padrinho? Depois disso, queria que nós dois literalmente caíssemos na vida! Venha comigo para o vasto mundo, nem que seja para submergirmos alegremente nele, para nos espa-

[14] "Paraíso artificial". Em francês no original. Referência ao livro de Baudelaire, de 1860.

tifarmos prazerosamente em algum abismo!" Que se lembre de Tannhäuser abraçando Wolfram, a fim de levá-lo consigo ao Monte de Vênus – pois de fato, para uma fantasia de abstinência, o mundo, a "vida", cabem perfeitamente como Monte de Vênus, como o lugar de um *je m'en fichisme*[15] radical e boêmio, de um lançar-se sem volta no prazer frenético, em suma, como o lugar de tudo aquilo para o qual a arte lhe oferece um substituto *indigno*.

Mas ao mesmo tempo, ou melhor, em estranha relação com isso, a arte lhe aparece numa luz inteiramente outra, a saber, como meio de redenção, como sedativo, como estado de pura contemplação e ausência de vontade, pois foi assim que a filosofia o ensinou a vê-la, e ele gostaria de segui-la com a condescendência e docilidade espiritual de um filho da arte. Ah, ele é idealista! A vida não tem seu sentido nela mesma, mas em algo superior, na missão, na criação, e assim, em estar "sempre e eternamente em luta para obter o necessário", como ele estava, "não podendo pensar, por longos períodos, em outra coisa a não ser no que eu faria para ter um pequeno período de tranquilidade e o necessário para a subsistência, precisando, para isso, sair totalmente do meu jeito de ser, parecer, àqueles de quem pretendo tirar meu sustento, inteiramente diferente do que sou – e isso é verdadeiramente revoltante... Todas essas preocupações caem muito bem e são muito naturais naquele para quem a vida é o próprio fim, e que vê na obtenção do necessário justamente o condimento para o gozo imaginário daquilo que ele por fim alcança: é por isso, no fundo, que ninguém entende direito por que aquilo que é quinhão e a con-

[15] "Não estou nem aí para nada". Em francês no original.

dição para todos nos parece absolutamente repugnante. Que alguém veja a vida não como um fim em si, mas como meio indispensável para um fim mais alto, quem há de compreender isso bem íntima e claramente?" (Carta a Mathilde Wesendonck, Veneza, outubro de 1858). De fato, é vergonhoso e altamente aviltante ter de lutar e ir mendigar assim pela vida, quando não é ela que importa, mas um fim superior, que está situado acima e além dela: a arte, a criação, na luta pelas quais é preciso empenhar sua tranquilidade e sua paz, e que aparecem sob a luz da tranquilidade e da paz. Mas só quando depois de muito esforço se alcança a liberdade para fazer o que é próprio, a liberdade para o trabalho, cujas exigências são tão altas, é somente então que começa o verdadeiro e mais elevado labor da vontade, o labor produtivo, a luta da arte, por cuja essência ele se entregou, em sua luta inferior pela vida, a ilusões filosóficas, já que ela não é de modo algum conhecimento redentor e pura "representação", mas o espasmo mais alto da vontade, na verdade, e isso sim, a "roda de Íxion".

Complementarmente à sede de vida, um desejo profundo de pureza e paz vive ainda no peito de Wagner, e assim que ele predomina, como rebate à sua aspiração vã de gozo imediato, a arte lhe aparece – e esta é uma nova complicação de sua relação com ela – como o obstáculo à salvação. Aqui se repete, como numa afinidade eletiva, o repúdio tolstoiano da arte, sua negação cruel do próprio talento natural em prol do "espírito". Ah, a arte! Com que razão Buda a caracterizou como o desvio mais seguro do caminho da salvação! Em 1858, Wagner escreve de Veneza uma longa e turbulenta carta a Mathilde Wesendonck, na qual discute isso com sua amiga, depois de lhe ter contado sobre seu plano de compor um drama budista, *Os vencedores*. Um drama budista, aí é que está o problema. Isso é uma *contradictio in adjecto*[16] – o que lhe fica claro diante da dificuldade de aproveitar numa representação dramática e, em especial, musical um homem totalmente livre, destituído de qualquer paixão, isto é, o próprio Buda. Aquilo que é puro, sagrado, pacificado pelo conhecimento, é artisticamente morto; santidade e drama são inconciliáveis, isso está claro. E é uma sorte que Shakyamuni Buda, de acordo com as fontes, tenha se envolvido num último conflito ao ser colocado diante de um último problema: ele teve de tomar a decisão de acolher, contrariamente a seus princípios de até então, a jovem *chandala*[17] Savitri na comunidade dos santos. Louvado seja Deus, com isso ele se torna um possível objeto da arte. Wagner se alegra – mas no mesmo instante a ligação da arte com a vida, o conhecimento de seu poder sedutor, lhe cai como um peso na consciência. Ele não se flagrou ali desejando o drama e não a santidade? Sem a arte, ele poderia ser um santo; com ela, jamais o será. O saber supremo, a visão mais profunda, se lhe fossem concedidos, sempre acabariam por fazer dele de novo um poeta, um artista; eles apareceriam em total clareza em seu interior, como uma *imagem* deslumbrante, que ele não poderia se abster de executar de maneira criadora. Mais ainda: ele logo também se compraz com essa antinomia diabólica! Ela é abominável, mas desperta um interesse mágico – e logo se fica com vontade de fazer dela uma ópera psicológico-romântica, que é o que Wagner já quase faz na carta à sra. Wesendonck. Essa carta é o esboço dela. Goethe constata: "Não há meio

---

[16] "Contradição nos termos". Em latim no original.

[17] Membro da mais baixa casta indiana.

mais seguro de se afastar do mundo do que pela arte, e não há meio mais seguro de se ligar a ele do que pela arte." Veja-se em que a constatação serena, agradecida, se converteu na cabeça de um romântico!

Mas não importa qual seja a situação da arte, não importa que ela seja enganadora tanto no que se refere à verdadeira felicidade dos sentidos, quanto no que se refere à salvação – a obra, graças a forças elásticas que ele tem de admirar em silêncio, progride incessantemente; as partituras vão se acumulando, e isso é o principal. O que é viver corretamente, esse homem sabe tão pouco como qualquer um de nós; ele *é* vivido, e a vida extorque dele o que ela quer, a saber a sua obra, sem se preocupar em que teias de ideias ele vai se prender: "Menina! Esse *Tristão* vai ficar *terrível*! Esse último ato! Receio que a ópera seja proibida, a menos que uma má encenação transforme o todo numa paródia; só encenações medíocres podem me salvar! As totalmente *boas* tornarão as pessoas malucas – não posso pensar de outra forma. Veja aonde cheguei!! Ai de mim! Eu estava indo tão bem! Adeus!" Este é um bilhete à sra. Wesendonck. Bilhete não budista, impregnado de uma risada fantasiosa, assustada, diante da infâmia tola que ele pode estar cometendo com a vida. Reservas consideráveis de bom humor, de uma inquebrantável elasticidade de vida, se encontram nesse melancólico, cuja doença é apenas uma variedade não burguesa de saúde. Que magia vital não devia emanar do homem cujo convívio pessoal Nietzsche não cessou de descrever como o acontecimento mais feliz de seus dias! Não lhe falta principalmente a capacidade inestimável de colocar o *páthos* de lado e se entregar à banalidade, nem de proclamar, encerrada a jornada de trabalho altamente tensa, a entrada em cena da *fidelitas* humana, com a exclamação corrente:

"Mas agora chega de palavras sérias!", como ele costumava dizer aos artistas em Bayreuth, a gente miúda do teatro de que ele precisava para a realização de sua obra, e com a qual, a despeito da distância espiritual, ele se entendia muito bem, pois foi se transformando cada vez mais em sangue do sangue deles, um bom camarada no carro de Téspis. Seu sincero amigo Heckel, de Mannheim, o primeiro acionista de Bayreuth, sabe relatar coisas magníficas a esse respeito: "Com muita frequência", escreve, "reinava uma alegre descontração no relacionamento pessoal de Wagner com seus artistas. No último ensaio ao piano no salão do Hotel Sonne, ele se pôs literalmente *de ponta-cabeça* de alegria." Isso lembra mais uma vez Tolstói – refiro-me à cena em que o profeta encanecido e cristão desolado salta sobre os ombros de seu sogro Beers, por pura alegria vital. Ele é tão artista quanto os tenores e as cantoras de teatro que o chamam de "mestre", ou seja, *no fundo* ele é um homem alegre e dado à alegria, alguém que promove entretenimento e festas à vida – em oposição profunda, e bastante benéfica à saúde, ao homem do conhecimento, do saber, do julgamento, ao homem da seriedade absoluta, como Nietzsche. É de bom alvitre considerar que o artista, mesmo quando habitando as regiões mais solenes da arte, não é um homem absolutamente sério, que o que lhe importa é o efeito, a satisfação elevada, e que tragédia e farsa provêm da mesma raiz. É só girar um pouco a iluminação que uma se converte na outra. A farsa é um drama secreto, a tragédia – por fim – uma troça sublime. A seriedade do artista – um capítulo a se pensar. Também se pode achá-lo inconveniente, desde que esteja em questão a seriedade espiritual, a seriedade verdadeira do homem artista, pois a seriedade artística, a famosa "seriedade no jogo" – essa forma mais pura e comovente de magnanimidade – está fora de questão. Mas o que dizer daquela outra seriedade, a seriedade, por exemplo, do investigador da verdade, do pensador e fiel adepto Richard Wagner? Com as ideias e ensinamentos cristão-ascéticos de sua velhice, com essa filosofia de Santa Ceia que prega a salvação pela abstinência da "carne" em todos os sentidos da palavra – com opiniões e sentenças cuja "expressão" é o *Parsifal*, com o *Parsifal* mesmo –, o revolucionarismo sensualista da juventude de Wagner, que constitui a atmosfera, o conteúdo espiritual do *Siegfried*, está, no fundo, inegavelmente desmentido, riscado e revogado. Ele já não existe, nem poderia mais existir. Se o artista levasse a sério, no sentido espiritual, as novas verdades, posteriores e definitivas, que descobriu, então as suas obras de uma época anterior, já que reconhecidas como errôneas, ruinosas, funestas, deveriam ser negadas e destruídas, deveriam ser queimadas pelas mãos do próprio criador, para jamais exporem a humanidade a seus efeitos, que funcionam como obstáculos à salvação. Mas ele não pensa nisso. A ideia nem mesmo chega de fato a lhe ocorrer. Quem pretenderia destruir obras tão belas? Tudo subsiste lado a lado e o jogo segue, pois o artista honra a sua biografia. Ele se entrega às diferentes disposições fisiológicas de cada idade e as representa em obras que se contradizem umas às outras, mas todas elas são belas e dignas de ser conservadas. Ter novas experiências da "verdade" significa para o artista novos estímulos para o jogo, novas possibilidades de expressão, e nada mais. Ele acredita nelas – ele as leva sério – na exata medida de sua necessidade de lhes dar expressão elevada e causar com elas a impressão mais profunda. Por conseguinte, ele as leva a sério, sério até as lágrimas – mas também não *completamente a sério e, portanto, de modo algum a sério*. Sua seriedade artística é "seriedade no jogo", e de natureza absoluta. Sua seriedade espiritual não é absoluta, pois é seriedade com vistas ao jogo. Entre camaradas, o artista está por isso tão disposto a zombar de sua solenidade, que Wagner pôde enviar o poema do *Parsifal* a Nietzsche com a inscrição: "Richard Wagner, Conselheiro Eclesiástico".[18] Mas Nietzsche não era um camarada das artes; uma amabilidade tão bem-humorada, tão cheia de piscar de olhos, não era capaz de colocar sua seriedade rabugenta, sua seriedade absoluta, numa disposição conciliatória em relação à cristandade romanizante de um plano de obra a respeito do qual ele disse, no entanto, que era um desafio supremo à música. Quando Wagner, infantilmente, arremessou uma partitura de Brahms para longe do piano, furioso, deixando entrever assim sua inveja artística e sua vontade de reinar sozinho, isso significou uma dor profunda para Nietzsche, que afirmou: "Nesse momento, Wagner não foi grande!" Quando Wagner se divertia com trivialidades, tagarelava e contava anedotas saxãs, Nietzsche enrubescia por ele – e nós entendemos sua vergonha com essa agilidade em passar de um nível a outro, embora algo em nós (pode ser nosso lado artístico) nos aconselhe a não entendê-la muito bem.

A DESCOBERTA DA FILOSOFIA de Arthur Schopenhauer é *o* grande acontecimento na vida de Wagner; nenhum outro encontro intelectual anterior, por exemplo, com Ludwig Feuerbach, é comparável a esse em importância pessoal e histórica: pois ele sig-

[18] Para entender melhor a brincadeira de Wagner, é preciso lembrar que em diversas igrejas evangélicas o conselho eclesiástico é a instância administrativa mais alta.

nificou o mais alto consolo, a mais profunda autoconfirmação, a redenção espiritual para aquele a quem ele "se endereçava" no sentido pleno da palavra, e deu sem dúvida à sua música a coragem de que ela precisava para se soltar. Wagner acreditava pouco na realidade da amizade; a seus olhos, segundo sua experiência, as barreiras da individualidade que separam as almas tornam a solidão inexpugnável e a compreensão plena impossível. Mas aqui ele se sentiu compreendido, e compreendeu plenamente: "Meu amigo Schopenhauer." "Um presente do céu em minha solidão." "Mas eu tenho um amigo", escreve, "por quem sempre me afeiçoo mais. É o meu velho Schopenhauer, sempre carrancudo, mas tão amável! Quando me afundo e me perco em meu sentimento, que reconforto único é reencontrar-me subitamente de novo folheando aquele livro, ver-me entendido e expressado de maneira tão clara, só que na linguagem inteiramente outra que logo torna o sofrimento objeto do conhecimento... É uma reciprocidade maravilhosa e uma troca das mais felizes: e o efeito é sempre novo, porque cada vez mais forte... É belo que o velho homem nada saiba daquilo que ele é para mim, *daquilo que sou para mim por meio dele.*"

A felicidade de um tal reconhecimento só é possível, entre homens produtivos, quando eles falam línguas diferentes; do contrário, ele vira catástrofe, se transforma no caso fatídico do "ou ele, ou eu". Mas numa relação como essa, de uma categoria para outra, da forma para o pensamento, desaparece toda inveja causada pela comparação, pela duplicação espiritual. Já não vale o *Pereant qui ante nos nostra dixerunt,*[19] nem a per-

19 "Pereçam os que disseram nossos pensamentos antes de nós". Em latim no original.

gunta artística goethiana: "A gente vive, se os outros vivem?" Pelo contrário, o fato de que o outro viva é a ajuda de que se precisa na necessidade, é fortalecimento espiritual inesperado e elucidação do próprio ser. Provavelmente em toda a história da alma a necessidade de um homem obscuro, agitado, a necessidade que um artista sente de receber apoio espiritual, justificação e ensinamento do pensamento jamais foi satisfeita de maneira tão maravilhosa como aquela que Schopenhauer proporcionou a Wagner.

O mundo como vontade e representação – quanta recordação da própria embriaguez de meu espírito juvenil, da própria alegria de acolhê-lo cheio de melancolia e reconhecimento, não me vem à mente quando penso na ligação da obra de Wagner com esse livro que critica e ordena o mundo, com esse poema do conhecimento e essa metafísica de artista, feita de impulso e espírito, vontade e intuição, essa magnífica construção ético-pessimista-musical do pensamento, que tem uma afinidade tão profunda, histórica e humana com a partitura do *Tristão*! Voltam espontaneamente as antigas palavras com que o jovem descreveu a experiência schopenhaueriana de seu herói burguês no romance: "Enchia-o um profundo e grato contentamento que ele antes não conhecera. Sentia a incomparável satisfação de ver como um cérebro poderoso e superior se apossava da vida, dessa vida tão forte, cruel e sardônica, para dominá-la e fazer-lhe justiça... Aqueles que sofrem e, continuamente, cheios de vergonha e má consciência, ocultam os seus tormentos à frieza e ao rigor da vida sentem essa espécie de satisfação, quando um grande sábio lhes confere, por princípio e com solenidade, o direito de sofrer pelo mundo – por esse mundo considerado o melhor dos mundos possíveis e, na realidade, como se provara com ironia magistral, o pior deles."[20] Elas afloram de novo, essas palavras de agradecimento e exaltação por uma dádiva espiritual que repercutirá para sempre, por esse despertar noturno de um sono curto e pesado, um acordar brusco e delicioso, tendo no coração o germe de uma metafísica que mostra o eu como ilusão, a morte como libertação da insuficiência desse eu, o mundo como produto da vontade e como sua eterna propriedade enquanto ela não se negar no conhecimento e encontrar o caminho da ilusão para a paz. Esse é a consequência, a doutrina da sabedoria e da salvação decorrente de uma filosofia da vontade que tem pouco que ver em sua concepção com sabedoria pacífica e tranquilidade – concepção que só pôde ser captada pela vontade e pelo impulso de uma natureza atormentada e indômita, na qual certamente o impulso de purificação, espiritualização e conhecimento era tão forte quanto o impulso sombrio, uma concepção *erótica do mundo*, que considera expressamente o sexo como o foco da vontade e quer que o estado estético seja entendido como o estado da contemplação pura e desinteressada, como a única possibilidade provisória de escapar da tortura do impulso. Essa filosofia nasceu da vontade, do desejo, contra sua própria convicção, pois é uma filosofia que é negação intelectual da vontade, e assim foi vivenciada, sentida e apropriada com a mais alta gratidão por uma natureza como a de Wagner, que tinha afinidade profunda e fraternal com o filósofo. Também a natureza de Wagner era feita de uma vontade de poder e de gozo obscura, oprimente e atormentadora,

[20] *Os Buddenbrooks*, trad. Herbert Caro, Rio de Janeiro, Nova Fronteira, 2000, p.700.

e de uma aspiração por purificação e redenção moral, era feita de paixão e de anseio de paz; e um sistema de pensamento que apresentava a mais peculiar mistura de pacifismo e heroísmo, que declarava que a "felicidade" é uma quimera e que dava a entender que o máximo, o melhor que se pode alcançar é um curso de vida *heroico* – o quanto esse sistema não devia tornar feliz uma natureza como a de Wagner, o quanto não parecia ter sido tirado dela mesma, feito para ela!

Em obras do wagnerismo oficial se afirma com toda a seriedade que o *Tristão* não foi influenciado por Schopenhauer.[21] O que revela uma especial falta de perspicácia. A exaltação ultrarromântica dessa obra sublimemente mórbida, absorvente e encantada, profundamente iniciada nos mistérios mais graves e solenes do romantismo, não é, por certo, algo especificamente schopenhaueriano. As intuições sensíveis e suprassensíveis do *Tristão* vêm de mais longe, vêm do tísico fervoroso Novalis, que escreve: "União que se contrai também para a morte é um casamento que nos dá uma companheira para a noite. O amor mais doce é o que se encontra na morte; para o amante, a morte é uma noite de núpcias, um segredo de doces mistérios." Ele também se queixa nos *Hinos à noite*: "A manhã terá sempre de voltar? O poder terrestre não cessará jamais? O sacrifício secreto do amor não arderá eternamente?" Tristão e Isola se chamam de "consagrados à noite" – e isso está literalmente em Novalis: "Consagrados à noite". Do ponto de vista da história do espírito, ainda mais dignos de nota, ainda mais característi-

[21] Mann está se referindo ao livro *Richard Wagner* (1895) de Houston Stewart Chamberlain, escritor inglês que em 1908 se casou com Eva, filha de Wagner, e que era defensor do arianismo.

cos no que se refere à origem, aos sentimentos e pensamentos que estão na base da obra do *Tristão* são suas relações com um livrinho de má reputação, o *Lucinda*, de Friedrich Schlegel, no qual se lê: "Somos imortais como o amor. Já não posso dizer 'meu amor' ou 'teu amor', ambos são iguais e perfeitamente um só, são tanto amor quanto amor correspondido. Ele é casamento, unidade e união eterna de nossos espíritos, não apenas para aquilo que chamamos este ou aquele mundo, mas para um mundo verdadeiro, indivisível, inominável, infinito, para todo o nosso ser e vida eternos." Aqui está a imagem do pensamento do filtro da morte e do amor: "Por isso, se me parecesse chegada a hora, eu também esvaziaria com você uma taça de aguardente de louro-cereja tão alegre e facilmente quanto a última taça de champanhe que bebemos juntos com minhas palavras: 'Então bebamos ao resto de nossas vidas'!" Ali aparece também o pensamento da morte de amor: "Sei que tu também não me sobreviverias, tu te juntarias ao esposo apressado no caixão, de prazer e amor te lançarias no abismo flamejante, em que uma lei ensandecida obriga as mulheres hindus a se jogar, conspurcando e destruindo os mais delicados santuários do arbítrio com propósitos e mandamentos grosseiros." Trata-se aqui do "entusiasmo da volúpia", o que é também uma fórmula genuinamente wagneriana. É um canto erótico quietista de louvor e exaltação em prosa ao sono, ao paraíso do repouso, ao silêncio sagrado da passividade, que se transformou no *Tristão* no motivo de ninar tocado pelo trompete e canto alternado dos violinos. E foi nada mais nada menos que uma descoberta histórico-literária quando ainda jovem assinalei a réplica extasiada no diálogo entre Lucinda e Julius: "Ó anseio eterno! – A aspiração infrutífera, o inútil deslumbramento do dia finalmente se acabará e apagará, e uma grande noite de amor se deixará sentir num repouso eterno" – e anotei na margem: "Tristão". Até hoje não sei se alguém já antes notou essa apropriação literal, esse retorno do mesmo como reminiscência inconsciente, assim como não sei se é sabido filologicamente que o título do livro de Nietzsche *A gaia ciência* provém do *Lucinda* de Schlegel.[22]

Pelo seu culto à noite, pela sua maldição do dia, o *Tristão* se caracteriza como obra romântica, como obra profundamente ligada ao pensamento e sentimento romântico e, enquanto tal, ela não precisaria do apadrinhamento de Schopenhauer. A noite é a terra natal e o reino de todo o romantismo, a sua descoberta, ele sempre jogou sua verdade como trunfo contra as vãs ilusões do dia – o reino da sensibilidade contra o da razão. Não esqueço que impressão me causou quando visitei Linderhof pela primeira vez, o castelo de Luís, o rei doentio e sequioso de beleza, e vi expressa nas grandes proporções dos cômodos internos essa mesma preponderância da noite. As salas de estar e de visitas do pequeno palácio de férias, situado num maravilhoso recanto da montanha, são pequenas e, comparativamente, quase sem pompa, meros gabinetes. Nele há apenas um único salão de medidas proporcionalmente gigantescas, em ouro e seda e de pompa vasta e pesada: o dormitório com seu leito suntuoso sob o baldaquino, flanqueado de candelabros dourados, o verdadeiro salão de festas da casa real, consagrado à noite. A ênfase no predomínio da noite, essa "mais bela metade" do dia, é arquirromântica e ultrarromân-

[22] Os trechos citados neste parágrafo são do romance *Lucinda*, de Friedrich Schlegel.

tica; por meio dela, o romantismo se liga aos cultos relacionados aos mitos maternais e lunares, que desde os primórdios dos tempos humanos se opõem à adoração do sol, à religião da luz paternal masculina; e no encantamento geral das relações daquele mundo se encontra o *Tristão* de Wagner.

Mas quando os estudiosos de Wagner escrevem que *Tristão e Isolda* é um drama amoroso que como tal implica a suprema afirmação da vontade da vida, e que, por isso, não tem nada que ver com Schopenhauer; quando insistem que a noite que ali se canta é a noite do amor "em que as delícias do amor nos sorriem", e que se há alguma filosofia nesse drama ela é o oposto exato do ensinamento contido na metafísica schopenhaueriana – vai aí uma insensibilidade psicológica que não deixa de causar estranheza.[23] A negação da vontade é a parte menos essencialmente decisiva da moral intelectual da filosofia schopenhaueriana. Ela é secundária. Seu sistema é uma filosofia da vontade de caráter fundamentalmente erótico e, nessa medida, o *Tristão* é impregnado, saturado por ela. A extinção da chama no começo do segundo ato durante a encenação dos mistérios, acentuada com o motivo da morte executado pela orquestra; a exclamação de arrebatamento dos amantes "Mesmo assim eu sou o mundo" com o *Sehnsuchtsmotiv*[24] vindo da profundeza da música de fundo psicológico-metafísica – isso não seria Schopenhauer? No *Tristão*, Wagner não é menos mitopoético do que no *Anel*: mesmo no drama amoroso se trata de um mito cosmogônico. "Frequentemente",

---

[23] Nova referência ao livro de Chamberlain (cf. nota 21).

[24] Termo de difícil tradução, que pode ser vertido por "motivo do anseio", da "aspiração", do "desejo" ou ainda "motivo da nostalgia".

ele escreve em 1860 de Paris a Mathilde Wesendonck, "eu olho com nostalgia para a terra de Nirvana. Mas Nirvana logo se torna de novo Tristão para mim; a senhora conhece a teoria cosmogônica budista. Um sopro obscurece a claridade do céu." E ele escreve os quatro tons cromáticos ascendentes com os quais se inicia seu *opus metaphysicum* e com os quais ele expira, sol sustenido – lá – lá sustenido – si –; "então aquilo se avoluma, se adensa e por fim o mundo está de novo inteiro numa massa compacta diante de mim." É o pensamento simbólico musical que costuma ser designado como *Sehnsuchtsmotiv*, e que na cosmogonia do *Tristão* significa o começo de todas as coisas, assim como no *Anel* o si bemol maior do motivo do Reno. É a vontade schopenhaueriana, representada por aquilo que Schopenhauer chamava de "foco da vontade", o desejo amoroso. E essa equiparação mítica do princípio docemente sofredor da criação do mundo, que primeiro obscurece a clareza celeste do nada, com o desejo sexual é tão schopenhaueriana, que a recusa dos adeptos se torna uma estranha teimosia.

"Como poderíamos morrer?", pergunta Tristão no primeiro esboço de Wagner, a primeira versão ainda não versificada do poema, "o que haveria para matar em nós que não fosse amor? Não somos inteiros apenas no amor? Pode nosso amor terminar? Será que eu poderia não amar o amor um dia? Se eu morresse, morreria o amor que nós contudo *somos*?" A passagem mostra uma equiparação poética nua e crua entre vontade e amor. O amor é simplesmente o responsável pela vontade de viver, que não finda na morte, mas nela se torna livre das cadeias condicionantes da individuação. Aliás, é de grande interesse como no drama o mito do amor é fixado espiritualmente e preservado de toda turvação e perturbação religiosa.

Locuções que ainda constam no esboço, como "Fosse ele para o inferno ou para o céu", desaparecem da representação. Isso é, sem dúvida, uma descoloração consciente do aspecto histórico, mas que permanece limitada ao âmbito espiritual-filosófico e só ocorre em virtude deste. Ela se casa admiravelmente bem com o colorido mais intenso, regional, racial, cultural, com uma especialização estilística de incrível firmeza na capacidade e no sentimento – em parte alguma a arte do mimetismo de Wagner triunfa mais misteriosamente do que na estilização de Tristão, que não se limita ao nível linguístico, que não se esgota no modo de falar trazido do espírito da épica cortesã, mas que é capaz, intuitiva e genialmente, de captar e integrar o mundo celta, a atmosfera inglês-normando-francesa num complexo de palavra e música – com uma empatia que dá a ver o quanto e quão verdadeiramente a alma de Wagner se situa numa esfera europeia anterior aos estados nacionais. A perda da historicidade, a livre humanização reina somente no plano do pensamento e da especulação, a serviço do mito erótico. Por causa dele, céu e inferno estão excluídos. Não há um cristianismo apresentado como atmosfera histórica. Não há religião. Não há Deus – ninguém o chama, ninguém o evoca. Há, exclusivamente, filosofia erótica, metafísica ateísta, o mito cosmogônico, no qual o *Sehnsuchtsmotiv* evoca o mundo.

O JEITO SAUDÁVEL que Wagner tem de ser doente, o seu jeito mórbido de ser heroico é apenas um exemplo da sua natureza contraditória, misturada, ambígua, multifária, que se nos revela já na ligação de disposições fundamentais aparentemente tão contraditórias como a mítica e a psicológica. O conceito de *romântico* ainda é o mais apto a trazer a sua essência a um denominador comum; mas ele mesmo é tão complexo e cambiante, que mais significa uma renúncia à definição do que uma definição.

Somente no romantismo se unem as possibilidades da popularidade *e* do esmero extremo, de uma "perversidade" (para usar uma palavra cara a E.T.A. Hoffmann) no trato dos meios e dos fins que vem do seu mau costume de lidar com o encantamento – somente ele torna possível aquela "dupla óptica" de que fala Nietzsche a propósito de Wagner, e que sabe tomar em consideração tanto as coisas mais grosseiras quanto as mais finas – naturalmente que de modo inconsciente, pois seria banal introduzir aqui a ideia de especulação, cujo resultado é que criações como o *Lohengrin* puderam arrebatar espíritos como o poeta das *Flores do mal* e, ao mesmo tempo, servir de edificação singela para o povo, levando uma vida dupla de Kundry como ópera dominical e como objeto de amor de almas experimentadas, apaixonadas e extremamente refinadas. O romantismo – em ligação com a música, rumo à qual se dirige seu empenho mais profundo e sem a qual ele não poderia se completar – não conhece nenhuma exclusividade, nenhum "*páthos* da distância",[25] ele não diz a ninguém "isso não é para você"; uma parte de seu ser atinge até o homem mais simples, e não se diga que isso ocorre em toda grande arte. Unir a infantilidade ao sublime, isso também pode ter sido alcançado pela grande arte; mas conciliar a candura própria ao conto de fadas com esperteza, a destreza de realizar o que há de mais elevado espiritualmente como orgia da embriaguez dos sentidos, tornando-o

[25] Expressão empregada por Nietzsche em *Para além de bem e mal*.

"popular", a habilidade de vestir o profundamente grotesco no tom solene da eucaristia e na sonora magia da transfiguração, de acoplar arte e religião numa ópera sexual da maior ousadia e de servir essas sacras impiedades artísticas, em plena Europa, como um santuário de Lurdes teatral, como uma gruta milagrosa para a concupiscência da crença de um mundo tardio e cansado – tudo isso é *somente* romântico, é totalmente impensável na esfera artística do classicismo humanista, na esfera da arte verdadeiramente elevada. Que mixórdia encontramos na página que traz o elenco do *Parsifal*! Quantas personagens no limite da esquisitice, da repulsa! Um mágico que se emasculou a si mesmo; uma criatura dupla, desesperada, mistura de corruptora e Madalena arrependida, com estados catalépticos de transição entre suas duas formas de existência; um sumo sacerdote enfermo de amor, que espera a redenção por meio de um jovem casto; esse jovem redentor mesmo, puro tolo, tão diferente daquele que desperta Brunilda, mas igualmente um caso de excentricidade solitária – eles fazem lembrar a barafunda de tipos sinistros reunidos no famoso coche que Achim von Arnim faz ir de Brake a Bruxelas:[26] a bruxa cigana sedutora, que na realidade é um coirão, o Pele de Urso morto, o Golem, que se porta como bela mulher, e o marechal de campo Cornelius Nepos, que é uma mandrágora, que cresceu ao pé de uma forca, onde, para citar Heine, "se verteram as duas lágrimas mais ambíguas de um enforcado". A comparação pode soar blasfematória e, no entanto, os caracteres solenes do *Parsifal* provêm da mesma esfera de gosto do extremismo romântico que as personagens burlescas de Arnim, o que se tornaria mais

[26] Alusão ao conto *Isabela do Egito*, de Achim Von Armin.

facilmente reconhecível se fossem tratadas romanescamente; só as forças mitologizantes e sacralizantes da música ocultam essa afinidade, e o seu espírito patético é o que faz com que o todo não se apresente como um desatino ao mesmo tempo horripilante e engraçado, como ocorre no romantismo literário, mas como um rito solene altamente religioso.

A suscetibilidade ao problema irisante da arte e do fazer artístico, o senso melancólico para as ironias que brincam entre o ser e o efeito, é tipicamente juvenil, e eu me lembro de algumas frases desse tipo na minha juventude, que eram características da paixão wagneriana que permeia a crítica de Nietzsche, ditadas por aquela "repugnância ao conhecimento" que aprendemos a conhecer com ele como aquilo que é o mais próprio da juventude. Nietzsche declara que só pega na partitura do *Tristão* de luvas. "Quem ousou dizer a palavra", exclama ele, "a palavra *própria* para os *ardeurs* da música do *Tristão*?" Hoje sou muito mais sensível à comicidade quase caricata desse questionamento do que com 25 anos. Pois o que havia ali para ousar? Sensualidade, sensualidade enorme, espiritualizada, tocando o mítico,[27] e pintada com o mais extremo naturalismo, sensualidade que não pode ser satisfeita por nada, eis a "palavra" – e nós nos perguntamos de onde irrompe em Nietzsche, o "espírito livre, demasiadamente livre", essa aversão ao sexo aludida de forma tão psicologicamente denunciadora na sua pergunta. Ele não abandona assim o seu papel daquele que preserva a vida contra a moral? Não se revela aí o ultramoralista, o filho de pastor? Ele aplica ao

[27] Na edição de *Reden und Aufsätze*, consta "místico" em lugar de "mítico", o que parece condizer melhor com o que vem na sequência.

Tristão a fórmula dos místicos "volúpia infernal". Certo, e basta comparar o misticismo do *Tristão* com o de "Aspiração bem-aventurada" e seu "elevado acasalamento" do poema de Goethe[28] para perceber quão longe estamos em Wagner da esfera goethiana. Mas quão *mais sofrida* se tornou a situação psicológica do Ocidente no decorrer do século XIX em comparação com a época de Goethe, Nietzsche mesmo é por fim tão bom exemplo disso quanto Wagner. Efeitos a um só tempo narcóticos e extasiantes, como Wagner produz, também são provocados pelo mar, sem que ninguém pense em fazer desmascaramento psicológico nesse caso. O que é justo para uma grande natureza também é legítimo para a grande arte, e quando num entusiasmo artístico ingênuo Baudelaire fala, positivamente e livre de todo moralismo, do "êxtase da volúpia e do conhecimento" que atingiu com o prelúdio do *Lohengrin*, e se entusiasma com os "entorpecimentos do ópio", com o "prazer extraordinário dos lugares mais altos", ele revela definitivamente mais coragem de vida e liberdade espiritual que Nietzsche com sua "precaução" suspeita. Continuam decerto válidas as palavras deste sobre o wagnerismo como uma "epidemia mais leve da sensualidade, que não tem consciência disso", e é justamente essa "inconsciência" que pode ser irritante para alguém que sente alguma necessidade de clareza com relação à popularidade romântica de Wagner; ela pode dar motivo para que se prefira "não tomar parte".

[28] O poema "Selige Sehnsucht" faz parte do ciclo *Divã ocidental-oriental*, de Goethe.

A CAPACIDADE DRAMÁTICA de Wagner de unir o popular e o espiritual numa só figura se revela de modo mais belo em Siegfried, o herói de sua época revolucionária. O "encantamento de perder o fôlego" que o futuro diretor teatral de Bayreuth sentiu um dia como espectador de uma apresentação de teatro de fantoches – ele narra a respeito em seu escrito "Sobre atores e cantores" –, tal encantamento se tornou prático, produtivo, na encenação do *Anel*, essa diversão popular ideal com seu herói destemido. Quem desconhecerá a grande semelhança desse Siegfried com o arlequim das feiras? Ao mesmo tempo, no entanto, ele é filho da luz e mito solar nórdico, o que não o impede de ser, em terceiro lugar, algo bastante moderno, do século XIX, o homem livre, o destruidor de todas as antigas tábuas de lei e o renovador de uma sociedade corrompida, de ser um Bakunin, como sempre o chama simplesmente o alegre racionalismo de Bernard Shaw. De fato, ele é bufão, deus da luz e revolucionário social anarquista ao mesmo tempo, e o teatro não pode exigir mais; e essa arte da mistura é apenas expressão do próprio ser de Wagner, indivíduo misturado e ambíguo em todas as suas partes. Ele não é nem poeta, nem músico, mas um terceiro, no qual essas duas qualidades se fundem de uma maneira que ainda não ocorrera até então, a saber, um Dioniso teatral que sabe dar alicerce poético a acontecimentos expressivos inauditos e racionalizá-los, na medida em que isso é possível. Mas, por isso, enquanto poeta, ele não é poeta no sentido moderno, cultural e literário da palavra, não é poeta pelo espírito e pela consciência, mas de uma maneira muito mais piedosa e profunda: é a alma do povo que poetiza a partir e por intermédio dele; ele é apenas sua boca e instrumento, o "ventríloquo de Deus", para repetir a bela tirada de Nietzsche. Essa é pelo menos a compreensão correta e ortodoxa de seu trabalho poético, e um poderoso amadorismo que, cultural e literariamente falando, lhe é pertinente, parece confirmar essa compreensão. Apesar disso, ele é capaz de dizer numa carta: "Não depreciemos demais a força da reflexão, a obra de arte produzida inconscientemente pertence *a períodos que se encontram distantes do nosso*; a obra de arte do período da cultura mais elevada não pode ser produzida senão com consciência." Isso é uma bofetada no rosto da teoria que defende que sua produção tenha origem inteiramente mítica; e, de fato, ao lado de coisas que trazem em seu rosto a marca da inspiração e de um cego e ditoso arrebatamento, nela também se encontra muita coisa pensada com profundidade e sutileza, repleta de alusões, numa trama bem urdida, muito hábil trabalho de anão ao lado da obra de gigante e de deuses, de modo que é impossível acreditar que seja uma criação feita em transe, na escuridão. A inteligência extraordinária mostrada nos seus escritos críticos não serve propriamente, com efeito, ao espírito, à "verdade", ao conhecimento abstrato, mas à sua obra, que ela deve elucidar, justificar, e para a qual deve preparar o caminho interna e externamente – mas nem por isso ela é menos um fato. Restaria a possibilidade de que ela permanecesse totalmente inativa durante a produção, deixando espaço para a inspiração vinda da alma do povo. Mas nosso sentimento de que isso poderia não ter sido assim é corroborado por uma série de testemunhos mais ou menos autênticos procedentes de seu círculo de relações, que afirmam que nele com frequência a espontaneidade teve de ceder lugar à persistência, e que, segundo depoimento seu, ele só podia fazer o seu melhor com ajuda da reflexão; também é corroborado por afirmações como esta, a ele atribuída: "Ah, eu tentei de várias maneiras, pensei e repensei, até que finalmente cheguei àquilo de que precisava."

Em suma, seu trabalho poético e artístico tanto mantém contatos com períodos que "se encontram distantes do nosso", como pertence àqueles em que há muito a atividade cerebral já se desenvolveu na direção do intelectualismo moderno; e a isso corresponde a mescla indissolúvel de demonismo e mentalidade burguesa que constitui a sua essência – semelhantemente a Schopenhauer, que justo nisso lhe é seu contemporâneo e, em termos individuais, o mais proximamente aparentado. O extremismo não burguês de sua natureza, o qual ele atribui à música – "na verdade ela me torna um homem inteiramente exclamativo", diz ele, "e o sinal de interjeição é, no fundo, a única pontuação que me satisfaz, assim que deixo as minhas notas!" –, esse extremismo se manifesta no caráter entusiástico de todos os seus estados, especialmente o depressivo; ele vem à tona nos seus destinos externos (pois destino é apenas consequência do caráter), no desequilíbrio de sua relação com o mundo, em sua vida dilacerada, proscrita, acossada, errática, tal como ele a exprime em lírica dramática pela boca do representante de sua dor, Siegmund: "Sinto falta de homens e mulheres: por mais que os encontrasse, quando os conhecia, seja querendo alguém como amigo, seja cortejando as mulheres, sempre fui proscrito, a desdita pesava sobre mim. Tudo o que fazia de correto, os outros recebiam mal; sempre o que me parecia ruim, os outros recebiam bem. Caí em contenda onde me encontrasse; a ira vinha ao meu encontro, aonde quer que eu fosse. Buscando delícias, só colhia dor." Cada palavra aí vem da experiência; não há uma só que não tenha sido cunhada com a própria vida, e esses belos versos não dizem outra coisa senão o que ele escreve em prosa a Mathilde Wesendonck: "Já que o mundo, literalmente, não me quer", ou ao marido dela: "Porque é tão difícil me acomodar a este mundo, hei de cometer milhares de erros... Não tem sido fácil. Assim estamos nós, o mundo e eu, dois cabeças-duras um em frente ao outro, o de crânio mais delgado naturalmente será devassado pelo outro – daí vêm provavelmente as frequentes enxaquecas nervosas que tenho tido." Essa jocosidade desesperada faz parte do quadro. Em certas ocasiões – por volta dos seus 48 anos – ele fala do "humor tolo" com que alegrou todo mundo em Weimar, e isso simplesmente porque já não podia ficar sério de modo algum sem cair numa languidez. "Esse é um defeito de meu temperamento, que agora está se tornando preponderante: defendo-me dele tanto quanto posso, pois é como se fosse me desfazer em lágrimas." Que fraqueza extravagante! Uma excentricidade digna do mestre de capela Kreisler[29] Wagner estilizou o sobe e desce apaixonado, o *páthos* selvagem e trágico do seu ser, de modo inteiramente sombrio, amaldiçoado, como algo que suspira por paz e redenção, e a pintura mais expressiva, a figura onde isso ganha mais vivacidade e cor é o Holandês: a impressão de sua feroz agitação é alcançada, de maneira particularmente característica, tão só pelos grandes intervalos entre os quais vagueiam, de um lado a outro, as partes do seu canto.

---

[29] Alusão a Johannes Kreisler, personagem central da *Kreisleriana*, de E.T.A. Hoffmann.

Não, não se está diante de um burguês, de um homem honesto e acomodado no sentido comum. E, no entanto, o ar da burguesia o rodeia, o ar de sua época, assim como a Schopenhauer, o filósofo capitalista: o pessimismo moralista, a atmosfera de decadência com música, são traços autênticos do século XIX, que este liga à monumentalidade, à grande forma, como se a grandeza fosse o acessório da moral. Wagner está cercado, repito, pela atmosfera burguesa, e não apenas nesse sentido mais geral, mas também num sentido ainda mais pessoal. Não quero insistir no fato de que ele foi um revolucionário em 1848, um combatente da classe média e, portanto, um burguês politizado; pois ele o foi à sua maneira peculiar, como artista e pelo interesse da sua arte, que era revolucionária e para a qual ele tinha esperança de que a transformação do atual estado de coisas trouxesse benefícios ideais, melhores condições de atuação. Contudo, em meio à genialidade e à obsessão, traços mais íntimos de sua personalidade deixam transparecer um lado pronunciadamente burguês, como quando, depois de se mudar para o asilo na colina verde, nos arredores de Zurique,[30] ele escreve a Liszt com um sentimento de conforto: "Tudo está arranjado e organizado para minha permanência conforme meu desejo e necessidade; tudo está no lugar em que deve estar. Minha mesa de trabalho está arrumada *com o pedantismo e o conforto elegante que você conhece*; a mesa de trabalho fica em frente à janela grande..."A arrumação pedante e também a elegância

[30] A casa de madeira em que Wagner se refugia nos arredores de Zurique – que ele chama de seu "asilo" – fica no parque da Villa Wesendonck, e lhe foi cedida pelo casal Mathilde-Otto.

burguesa do ambiente, de que ele precisa para realizar o seu trabalho, concordam com o traço de superioridade e de sábia aplicação artística, imprescindível ao demonismo de sua produção, e que constitui justamente a sua parte burguesa: sua posterior encenação de si mesmo como "mestre alemão", com boina à Dürer, tinha sua boa justificação interna e natural, e seria injusto se, devido ao elemento ignívomo-vulcânico de sua produção, não víssemos o elemento alemão antigo, próprio do mestre em artes manuais – o olhar sincero e paciente, a seriedade do artesão, a aplicação concentrada, que também existe nela e que lhe é essencial. A Otto Wesendonck ele escreve: "Permita-me relatar-lhe brevemente sobre o estado em que se encontra meu trabalho. Quando o comecei, entreguei-me à esperança de poder concluí-lo com especial rapidez ... Eu estava, em parte, tão tomado por toda espécie de preocupações e aflições, que muitas vezes me achava em princípio impossibilitado de produzir por um longo tempo; mas em parte também logo aprendi a reconhecer tão firme e imutavelmente a minha atitude peculiar em relação aos meus trabalhos atuais (que de maneira alguma posso fazer às pressas, mas, ao contrário, só consigo ficar satisfeito com eles quando vejo que o menor detalhe neles se deve a bons achados e eu o trabalho em conformidade com isso...), que tive de renunciar ao trabalho em esboço, esquemático, o único que seria possível no curto espaço-tempo." Isso é a "lealdade e honestidade" que Schopenhauer declara ter herdado de seus antepassados comerciantes e transferido para o plano intelectual. É a solidez, a meticulosidade burguesa no trabalho, tal como se reflete nas partituras, que não são de modo algum rabiscadas, mas cuidadosamente passadas a limpo – sobretudo aquela de sua obra mais arrebatada, a partitura do *Tristão*, modelo de caligrafia clara, minuciosa.[31]

Mas não se pode negar que a mania de Wagner pela elegância burguesa mostra uma inclinação à degeneração, uma forte inclinação a assumir um caráter que já não tem nada que ver com o século XVI alemão, com a dignidade do mestre artesão nem como a boina à Dürer, mas é século XIX internacional, ruim – numa palavra, ela mostra uma forte inclinação a assumir o caráter do burguês. Pois não só o traço burguês antigo, também o burguês moderno é inequívoco em sua personalidade humana e artística – o gosto pela opulência, pelo luxo, pela riqueza, veludo, seda e pompa da época da revolução industrial alemã.[32] No final das contas, a arte de Wagner e o buquê à Makart (com penas de pavão), que enfeitava os salões acolchoados e dourados da burguesia, têm uma única e mesma origem temporal e estética, e sabe-se que ele queria que Makart pintasse cenários para ele. À sra. Ritter ele escreve: "Desde algum tempo voltei a ter mania de luxo (quem puder imaginar que coisas ele vem substituir para mim, me tomará por alguém bem frugal): pela manhã me sento em meio a esse luxo e trabalho: ora, isso é apenas o mais necessário, pois uma manhã sem trabalho é um dia no inferno..." Fica-se sem saber o que soa mais burguês: a afeição pelo luxo ou que uma manhã sem *trabalho* pareça completamente insuportável. Aproximamo-nos, porém, do ponto em que o traço burguês se converte num elemento artístico sinistro, em algo insensato, suspeito, assume o cunho de uma enfermidade

---

[31] Mann possuía uma edição fac-similar da partitura de *Tristão e Isolda*, que ganhou de presente de aniversário ao completar cinquenta anos.

[32] Mann se refere à época iniciada nos anos 1870, chamada em alemão de *Gründerzeit*.

emocionante, digna, interessante, a que a palavra "burguês" já não se aplica – aproximamo-nos do âmbito peculiar do estímulo, que Wagner circunscreve com palavras bastante contidas numa carta a Liszt: "Mas, na realidade, é só com verdadeiro desespero que sempre volto à arte; se isso ocorre e tenho de renunciar mais uma vez à realidade, se tenho de me lançar de novo às ondas da fantasia artística para me satisfazer num mundo imaginado, ao menos minha fantasia também tem de receber ajuda, minha imaginação tem de ser auxiliada. Nesse momento não posso viver como um cão, deitando-me em palha e revigorando-me com aguardente: preciso me sentir bajulado de algum modo, para que meu espírito tenha êxito na obra dificílima que é a formação de um mundo inexistente... Quando voltei a conceber o plano dos Nibelungos e de sua verdadeira realização, muita coisa teve de contribuir para me dar a disposição artístico-voluptuosa necessária: eu tinha de poder levar uma vida melhor do que ultimamente!" Sua "mania de luxo", o meio bajulador que vem em auxílio de sua imaginação, é conhecido. São os robes de seda, forrados de pena, em que ele se envolve, as colchas de cetim sob as quais dorme, com listras e guirlandas de flores, sinais palpáveis de uma opulência pródiga, para o sustento da qual ele fazia dívidas aos mil. As roupas de cetim multicoloridas são o luxo em que ele se põe para trabalhar pelas manhãs na sua obra dificultosa. Enfarpelando-se com eles, ele consegue a "disposição artístico-voluptuosa" para fazer surgir o heroísmo nórdico primitivo, o soberbo simbolismo natural, para fazer com que o jovem herói de cabelos dourados de sol forje na bigorna faiscante a sua espada triunfal – imagens com as quais o peito da juventude alemã se infla de altos sentimentos de grandiosidade viril.

O contraste não prova nada. Ninguém considerará que as maçãs podres na escrivaninha de Schiller, cujo cheiro teria levado Goethe quase à perda dos sentidos, são argumento contra a autêntica sublimidade de sua arte.[33] As condições de trabalho de Wagner eram, por acaso, mais dispendiosas, e aliás se poderia pensar em trajes mais convenientes, como o monástico ou o militar, por exemplo, que condiriam melhor com o rigor do trabalho artístico do que robes de cetim. Mas aqui como lá se trata de um aspecto lúgubre, porém inofensivo, da patologia artística, que só é capaz de desconcertar o burguês provinciano. Mas claro que não se pode negar uma diferença. Na obra de Schiller não há nada de maçãs podres, cujo aroma de bolor o estimulava. Quem, no entanto, negaria que a obra wagneriana contém também de algum modo o cetim? É verdade: a vontade idealista de Schiller se realiza no efeito da obra, na maneira como ela conquista a humanidade, maneira mais pura e inequívoca do que aquela pela qual o sentimento ético de Wagner se manifesta em sua obra. Seu propósito de reformar a cultura se voltava contra a arte como luxo, contra o luxo na arte, ele visava a purificação, a espiritualização da cena operística, cujo conceito coincidia para ele pura e simplesmente com o de arte. Rossini era por ele chamado com desprezo de "o filho voluptuoso da Itália, sorridente no regaço do luxo mais opulento", a música operística italiana de "puta", e a música da ópera francesa de "coquete

[33] Mann se refere à anedota segundo a qual Goethe, entrando no gabinete de trabalho de Schiller, sentiu-se mal com o cheiro de maçãs podres guardadas na escrivaninha. A mulher de Schiller lhe explica que, sem elas, o marido não podia "viver nem trabalhar" – provavelmente devido a dificuldades respiratórias.

de sorriso frio". Mas esse ódio, essa aversão artístico-moral se expressa com pleno êxito na essência e nos meios de sua arte, naquilo graças ao qual ela encantou e conquistou a sociedade burguesa da Europa e do mundo? Não é aquilo que há de deleitoso, que fere os sentidos, que os leva à extenuação, à forte embriaguez, não é a carícia hipnótica, o conforto farto, opulento, numa palavra, não é aquilo que há de altamente luxuoso em sua música que fez as massas burguesas caírem nos seus braços? Na canção dos companheiros atrevidos, um dos quais dissipa a vida em concupiscência, Eichendorff caracteriza o elemento da sedução falando das "ondas envolventes", do "abismo colorido das ondas". É extraordinário. Só um romântico é capaz de descrever de maneira tão sugestiva o pecado, e nesse aspecto Wagner se iguala a ele no *Tannhäuser* e no *Parsifal*. Mas sua orquestra não é também um "abismo colorido", do qual despertamos "cansados e velhos", como o jovem imaturo de Eichendorff?[34]

Se essas questões comportam alguma resposta afirmativa, esta diria respeito a algo que podemos chamar uma "trágica antinomia", diria respeito a uma daquelas antíteses e contradições intrincadas de Wagner, com as quais temos nos ocupado. Elas são muitas, e como boa parte delas se refere à relação entre intenção e resultado, é muito importante enfatizar a pureza completa e respeitável, o idealismo de seu trabalho artístico, afastando qualquer mal-entendido que possa advir da enormidade do sucesso, do deslumbramento que ele consegue exercer sobre as massas. Toda crítica, inclusive a de Nietzsche, tende a imputar os efeitos da arte a uma intenção consciente e calcu-

[34] Joseph Freiherr von Eichendorff (1788-1857), autor de *Os dois companheiros*.

lada do artista, sugerindo a ideia de uma especulação – o que é completamente falso, completamente errôneo, justamente porque é como se todo artista não fizesse exatamente aquilo que ele *é*, aquilo que lhe parece bom e belo –, como se houvesse um trabalho artístico cujos efeitos fossem um escárnio de si mesmo e não provocasse também, antes de tudo, efeitos sobre o próprio artista! Inocência pode ser a última palavra aplicável a uma arte – mas o artista é inocente. Um sucesso monstruoso como aquele que o teatro musical wagneriano "alcançou" jamais coube em momento algum à grande arte. Toda noite, o globo terrestre é envolvido nessa música, cinquenta anos depois da morte do mestre. Elementos imperialistas de dominação do mundo, fortemente irritantes, despóticos, incitando demagogicamente à sublevação, estão contidos nessa arte do teatro e da comoção de massas, elementos que poderiam levar à conclusão de que seu verdadeiro agente é a ambição, é uma vontade de potência gigantesca, cesarista. A verdade tem um aspecto diferente. "Tanto quanto posso lhe dizer", escreve Wagner de Paris à amada, "só o sentimento de minha *pureza* me dá essa força. Sinto-me puro: sei, no meu íntimo mais profundo, que sempre agi para os outros, jamais para mim; e meus constantes sofrimentos me servem de testemunha." Se isso não é verdadeiro, é, não obstante, a tal ponto sincero, que faz calar qualquer ceticismo. Ele não conhece nenhuma ambição. "Não dou a mínima importância", assevera ele a Liszt, "para grandeza, fama e aclamação popular." Nem para a aclamação popular? Talvez na forma branda, magistral, de popularidade, expressa com tanta probidade e pompa efusiva nos *Mestres cantores*, onde ela aparece como ideal, como sonho de desejo,[35] como mentalidade romântico-democrática da arte e dos artistas. De fato, a popularidade de Hans Sachs, contra a qual o "academicismo" não pode fazer nada, porque o povo o traz nas mãos, é um sonho de desejo. Há nos *Mestres cantores* um flerte com o povo enquanto máxima instância crítica que significa o avesso de rigidez aristocrática na arte e é característico do sentimento democrático-revolucionário de Wagner, de sua concepção da arte como livre apelo ao sentimento do povo – uma concepção bastante oposta ao conceito de arte anterior, conceito clássico-cortesão, nobre, de que provêm as palavras de Voltaire: "*Quand la populace se mêle de raisonner, tout est perdu.*"[36] No entanto, quando esse artista lê Plutarco, ele sente, diferentemente de Karl Moor,[37] aversão aos "grandes homens" e por nada nesse mundo ele gostaria de ser como eles. "Naturezas feias, pequenas, violentas, insaciáveis – porque não têm nada em si e, por isso, têm sempre de estar engolindo algo de fora. Longe de mim esses grandes homens! É aí que me agradam as palavras de Schopenhauer: digno de admiração não é quem conquista, mas quem supera o mundo. Deus me mantenha longe dessas naturezas 'fortes', desses Napoleões etc." Ele foi alguém que superou ou conquistou o mundo? Para qual dos dois serve a fórmula do seu "Mesmo então eu sou o mundo", acentuado ainda com o tema do erotismo cósmico?

---

[35] Thomas Mann emprega aqui o termo "*Wunschtraum*" no sentido da famosa "definição" freudiana: sonho é "a realização (camuflada) de um desejo (reprimido)".

[36] "Quando o populacho se intromete no pensamento, tudo está perdido". Em francês no original.

[37] Personagem de *Os bandoleiros*, de Schiller.

A insinuação de que se trata de ambição, em qualquer sentido mundano vulgar que seja, é de todo modo infundada pela simples razão de que a criação se dava, antes de mais nada, sem nenhuma esperança, sem nenhuma perspectiva de alcançar efeito imediato, pois as circunstâncias e condições reais não o permitiam – ela se passava no espaço vazio da fantasia, para um palco ideal imaginário, cuja realização por enquanto era impensável. De fato, não é de cálculo previdente nem de utilização ambiciosa das possibilidades dadas que tratam as palavras que ele escreve a Otto Wesendonck: "Pois isso eu vejo: eu sou inteiro o que sou apenas quando crio. A verdadeira representação de minhas obras pertence a um tempo decantado, a um tempo que tenho de preparar primeiro com meus sofrimentos! Os amigos mais artisticamente afinados comigo só manifestam assombro em relação aos meus novos trabalhos: qualquer um que esteja mais próximo da vida que nosso público proporciona à arte se sente muito fraco para manifestar esperança. Ali só encontro compaixão e melancolia. E eles têm razão. Nada me ensina mais o quão terrivelmente eu saltei por cima de tudo o que me rodeia." Jamais a solidão, o alheamento do gênio em relação à realidade encontrou palavras mais comoventes. Mas seríamos nós, os últimos decênios do século XIX e o primeiro terço do século XX, com a Guerra Mundial e o capitalismo tardio avançando para a decomposição – nós em cujos dias a arte de Wagner domina os grandes teatros e triunfa em todos os pontos do mundo civilizado com representações perfeitas –, seríamos nós esse "tempo decantado", que ele teve de "preparar com seus sofrimentos"? Será a humanidade de 1880 a 1933 a certa para provar a elevação e a qualidade de uma arte mediante o sucesso gigantesco que a ela consagra?

Deixemos as perguntas. Vejamos antes como sua grandeza se preserva quando tenta ir em direção ao mundo e se acomodar a ele mas não consegue! Uma operazinha cômica, uma peça satírica acompanhando o *Tannhäuser*, para descanso dele e das pessoas; a melhor boa vontade para com algo leve e fácil de digerir: surgem os *Mestres cantores*. Ainda há espaço para algo italiano, melodioso, de canto lírico, com poucas personagens, fácil de encenar: e o que lhe surge entre as mãos é o *Tristão*. Não podemos nos tornar menores do que somos, não podemos nos fazer diferentes; fazemos o que somos, e arte é verdade – a verdade sobre o artista.

A EXPLICAÇÃO PARA o enorme êxito mundial obtido por essa arte, tanto em termos de origem como em termos pessoais, deve ser encontrada em algo bastante espiritual e puro, o que tem principalmente a ver com o seu alto nível, ao qual se vota um desprezo tão profundo quanto aquele que se tem pelo resultado, "pelo efeito *sem causa*";[38] mas, além disso, tudo o que há nela de imperial, de demagógico, de subjugador das massas, deve ser entendido num sentido que não tem nada de prático, deve ser entendido num sentido ideal, referindo-se a condições que teriam primeiro de ser completamente transformadas – e sua inocência artística prevalece sobretudo ali onde a vontade de entusiasmo, em sua instrumentação diversificada, se exterioriza como *apelo nacionalista*, como celebração e exaltação do germanismo, como ocorre diretamente, por exemplo, com a "Espada alemã" do rei Heinrich no *Lohengrin*, ou com a

[38] A expressão é de Wagner no seu longo ensaio *Ópera e drama*.

língua singela de Hans Sachs nos *Mestres cantores*. É completamente ilegítimo interpretar os gestos e frases nacionalistas de Wagner no seu sentido atual – naquele sentido que eles teriam hoje. Isso significa falseá-los, significa usá-los de forma abusiva, significa conspurcar sua pureza romântica.

A ideia de nacionalidade, quando Wagner a incorporou como elemento familiar, eficaz, em sua obra, se encontrava num momento anterior a sua própria realização, isto é, ela estava então em sua época heroica, historicamente legítima; foram os seus bons tempos, tempos cheios de vida, autênticos, em que ela era poesia e espírito, um valor de futuro. É demagogia quando hoje os contrabaixos fazem ribombar tendenciosamente na plateia, a fim de obter um efeito patriótico suplementar, os versos da "Espada alemã" ou mesmo aquelas palavras centrais e finais dos *Mestres cantores*: "Se o Sacro Império Romano se extinguisse em nada, nos restaria a sagrada arte alemã."[39] São justamente esses versos, os primeiros a serem fixados e que se encontram já no final do primeiro esboço, o de Marienbad, datado do ano de 1845, que demonstram a completa espiritualidade e o distanciamento político do nacionalismo wagneriano: eles declaram uma indiferença pura e simplesmente anárquica em relação ao Estado, desde que justo a espiritualidade alemã, a "arte alemã" permanecesse preservada. É uma questão à parte que com isso ele não estivesse pensando exatamente na arte alemã, mas em seu próprio teatro musical, um teatro que não é exclusivamente alemão, que não acolheu em si apenas Weber, Marschner e Lortzing, mas também Spontini e a grande ópera. No fundo ele podia pensar como pensou o maior dos impatriotas, Goethe,

---

[39] Versos cantados por Hans Sachs e repetidos pelo "povo" na cena final do *Meistersinger*.

segundo a censura de Börne: "O que querem os alemães? Eles já têm a mim."

Politicamente, Richard Wagner foi, durante toda a vida, mais socialista e utopista da cultura no sentido de uma sociedade sem classes, livre do luxo e da maldição do ouro, fundada no amor, tal como imaginava ser o público ideal de sua arte, do que patriota no sentido do poder de Estado. Seu coração batia pelos pobres contra os ricos. Mais tarde, tendo se envergonhado do otimismo "infame" e confundindo, desde que cabível, o fato consumado do Reich bismarquiano com a realização de seus sonhos, ele diminuiu e negou, na medida do possível, a sua participação nas conspirações de 1848, que lhe custaram um exílio tormentoso de doze anos. Trilhou o caminho da burguesia alemã: da revolução à desilusão, ao pessimismo e a uma interioridade resignada, protegida pelo poder. No entanto, essa palavra num certo sentido bem pouco alemã consta de seus escritos: "Quem se esconde sob a política, mente a si mesmo!" Um espírito tão vivo e radical como ele tinha obviamente consciência da unidade do problema humano, da inseparabilidade de espírito e política; ele não aderiu ao autoengano da burguesia alemã de que se pode ser um homem da cultura sem política – essa ilusão responsável pela miséria alemã. Até a fundação do Reich e de seu estabelecimento em Bayreuth, a postura que ele teve em relação à pátria foi a de um solitário, de um incompreendido, de um rejeitado, cheia de crítica e escárnio: "Ah, quanto entusiasmo eu sinto pela Liga Alemã da nação germânica!", escreve ele de Lucerna, em 1859. "Pelo amor de Deus, que o malfeitor Luís Napoleão não toque em nada em minha querida Liga Alemã: eu ficaria desolado se alguma coisa nela se modificasse!" Sua nostalgia pela Alemanha, que o consome no exílio, torna-se um amargo desapontamento com as experiências reais que tem ao regressar ao país. "Esta é uma terra miserável", exclama, "e um certo Ruge tem razão quando diz: 'O alemão é vil.'" A fim de evitar todo mal-entendido: afirmações tão maldosas como essa visam apenas a incapacidade alemã de acolher sua obra; elas têm um tom mais infantil e pessoal. A Alemanha é boa ou má na medida em que acredita nele próprio ou que falha nessa crença. Mas ainda em 1875, à observação elogiosa que lhe fazem numa reunião, de que o público alemão jamais tinha sido tão receptivo a alguém como fora a ele, ele responde com humor amargo: "Oh, sim! O sultão e o quediva do Egito compraram títulos de patrocinadores dos meus festivais."

Honra seu coração de artista que, diferentemente de Nietzsche, ele tenha visto na refundação do Reich pelas guerras de Bismarck a realização de seus desejos alemães, que tenha estado disposto e apto a reconhecer, como o solo certo e autêntico para sua obra cultural, aquele mesmo Reich que Nietzsche não se cansava, apaixonadamente, de amaldiçoar. Fenômeno histórico de êxito impressionante, o ressurgimento – pequeno-burguês – do império alemão fortaleceu em Wagner, como relata seu amigo Heckel, a crença no desenvolvimento de uma cultura e arte alemãs, ou seja, na possibilidade de realização de sua própria obra artística, a ópera sublimada. Dessa confiança surgiu a *Marcha imperial*, surgiu o poema ao exército alemão às portas de Paris, que só comprova que Wagner não é poeta sem música; dela surgiu a sátira, de inacreditável mau gosto, mas reveladora em todos os sentidos, à Paris agonizante do ano de 1871, chamada *Uma capitulação*. Dessa confiança se originou sobretudo o seu manifesto *Sobre a representação do festival teatral 'O anel dos Nibelungos'* – que recebeu apenas uma adesão favorável, justamente a do comerciante de pianos Heckel, de Mannheim. As resistências à vontade de Wagner e às suas pretensões, o receio de aderir a ele, permaneciam grandes; mas a época da fundação do império marca também a fundação da primeira sociedade wagneriana e o lançamento de títulos para patrocinadores dos festivais; é o começo do seu estabelecimento, da sua realização, cheia de compromissos como qualquer outra. Wagner era suficientemente político para ligar sua causa à do Reich bismarquiano: vendo-o como um êxito sem igual, ele fez o próprio êxito se unir ao dele, e a hegemonia europeia de sua arte passou a fazer parte da hegemonia política de Bismarck. O grande estadista, a cuja obra ele fez unir a sua, não entendia nada do assunto, nem tampouco jamais se preocupou com ele, e achava que Wagner era um doido. Já o velho imperador, que também não entendia nada do assunto, foi a Bayreuth e disse: "Eu não achei que o senhor fosse conseguir!" Estava instalada a obra de Wagner como questão nacional, ela se tornara oficial e, de certo modo, permaneceu ligada ao império das cores preta, branca e vermelha – por pouco que tivesse a ver, na sua essência mais profunda e pelo tipo de seu germanismo, com qualquer espécie de império baseado no poder e na força militar.

Quando a questão é o emaranhado de contradições existentes na natureza de Wagner, não se pode ignorar a grandiosa simultaneidade e imbricação de germanismo e mundanidade que faz parte dessa natureza, e que, por ser absoluta, única, incita à reflexão. Sempre houve, e também hoje há, uma cultura alemã de alto nível – penso particularmente no domínio da literatura –, nascida numa Alemanha tão tranquila e recôndita, que é tão especial e intimamente alemã, que ela, de um jeito muito nobre, só é capaz de agir e despertar admiração "em segredo", prescindindo da possibilidade de alcançar a Europa e o mundo. É um destino como outros, que não tem nada que ver com valor. Artigos muito menos valiosos, mercadorias de uso democrático, feitas para todos e para ninguém, atravessam com facilidade todas as fronteiras e, como são comuns, não encontram dificuldades de compreensão, seja onde for; mas também obras que não ficam nem um pouco atrás, em nível e dignidade, daquela arte exclusivamente local, também se mostram ungidas com uma gota do óleo democrático europeu, que abre o mundo para elas, lhes dá reconhecimento internacional.

A arte de Wagner é dessa espécie; só que no seu caso é pouco falar de uma "gota" daquele óleo santo – ela está embebida dele. Sua germanidade é profunda, poderosa e indubitável. O nascimento do drama a partir da música, que se perfaz ao menos uma vez pura e magicamente no ápice da atividade criadora de Wagner, no *Tristão e Isolda*, só podia provir da vida alemã, e podemos dizer que são alemães, no sentido mais elevado da palavra, a sua forte reflexividade, a sua inclinação ao mito, o seu ímpeto metafísico, mas sobretudo o profundo sentimento que tem de si mesmo como arte, o conceito elevado e solene da arte, mais exatamente do teatro, conceito de que ela está imbuída e que dela irradia. Não obstante tudo isso, ela é uma arte de grande probidade para com o mundo, tem uma apetência por ele como jamais foi dada a nenhuma arte alemã do mesmo nível, e nos manteremos no círculo predileto de pensamento do seu criador se inferirmos do fenômeno empírico dessa arte a sua "vontade", o seu caráter. Noutra ocasião eu já fiz referência ao livro de um autor não alemão, o sueco Wilhelm Peterson-

Berger, *Richard Wagner como fenômeno cultural*, que se exprime sobre esse ponto com particular sagacidade. Nesse livro, o autor trata do nacionalismo de Wagner, de sua arte como uma arte nacional alemã, e observa que a música do povo alemão é a única vertente que *não* é abrangida por sua síntese. Para fins de caracterização, Wagner até pode introduzir de quando em quando, por exemplo nos *Mestres cantores* e no *Siegfried*, a sonoridade popular alemã, mas esta não constituiria a tonalidade fundamental e o ponto de partida de sua poética musical, jamais teria sido a fonte de que ela espontaneamente brota, como é o caso de Schumann, Schubert e Brahms. Seria necessário fazer distinção entre arte popular e arte nacional; a primeira expressão se voltaria para dentro, a segunda, para fora. A música de Wagner seria mais nacional do que popular; ela teria, por certo, muitos aspectos que *principalmente o estrangeiro* sente como alemães, mas, a despeito disso, sua marca seria – assim se exprime o autor sueco – inequivocamente cosmopolita.

Ao que me parece, aí estão expostos, com grande finura, o sentimento e a explicação para o que se passa com o germanismo de Wagner. Sem dúvida, Wagner é alemão, é nacional, de uma maneira exemplar – talvez exemplar demais. Pois essa obra é *não apenas* uma revelação eruptiva da essência alemã, mas também uma representação teatral dela, e uma representação cujo intelectualismo e alcance propagandístico chega ao grotesco, ao paródico, e parece destinada a fazer com que um público mundial tiritante de curiosidade exclame: "*Ah, ça c'est bien allemand, par exemple!*[40] Por mais verdadeiro e poderoso que ele seja, esse germanismo é, portanto, rompido e dissolvido pela

---

40 "Ah, vejam só, isso é bem alemão!" Em francês no original.

modernidade, ele é decorativo, analítico, intelectual, e a força de sua fascinação, sua capacidade natural para provocar um efeito cosmopolita, planetário, provém daí. É difícil conceber uma autoimagem mais sensacional e mais autocrítica do modo de ser alemão que a arte de Wagner, que é capaz de tornar o germanismo interessante até ao estrangeiro mais estúpido, e ocupar-se apaixonadamente dela é sempre ao mesmo tempo ocupar-se apaixonadamente desse mesmo germanismo que ela magnifica de modo crítico-decorativo. Nisso reside o seu nacionalismo, mas esse nacionalismo é impregnado de cultura artística europeia numa medida que o torna o mais profundamente impróprio a qualquer espécie de simplificação ou, em bom vernáculo, de simplismo.

"O senhor ajudará a causa daquele a quem o futuro transformará no mais célebre dos mestres." Essa frase foi escrita por Baudelaire em 1849 a um jovem crítico de arte alemão entusiasta de Wagner. A profecia, de uma certeza espantosa, se deve ao amor apaixonado, à paixão por afinidade eletiva, e é prova do gênio crítico de Nietzsche que ele tenha reconhecido essa afinidade sem que tivesse tido conhecimento dessas afirmações. "Se Baudelaire foi em sua época o primeiro profeta e intercessor a favor de Delacroix", diz ele nos estudos sobre o *Caso Wagner*, "hoje talvez ele fosse o primeiro 'wagneriano' de Paris. Há muito de Wagner em Baudelaire." Só anos mais tarde ele chega a ver a carta em que Wagner agradece ao poeta francês as manifestações de apreço, e ele sente o seu triunfo. De fato, Baudelaire, o primeiro admirador desse Wagner da pintura que é Delacroix, foi também o primeiro wagneriano de Paris e um dos primeiros verdadeiros wagnerianos em geral, daqueles que foram profundamente tocados pela sua arte e se mostraram bastante capazes de compreendê-la. Seu escrito sobre o *Tannhäuser*, de 1861, foram as primeiras palavras decisivas e inovadoras a respeito de Wagner e se manteve o mais importante historicamente. A felicidade de se reconhecer nas intenções artísticas de um outro, tal como lhe foi proporcionada pela música de Wagner, ele só a experimentou uma única vez mais, ao travar conhecimento com a literatura de Edgar Allan Poe. Os dois, Wagner e Poe, são os deuses de Baudelaire – uma combinação estranha para os ouvidos alemães! Essa proximidade coloca subitamente a arte de Wagner sob uma luz, ela o encaixa em contextos espirituais nos quais seus intérpretes patriotas não nos acostumaram a vê-la. Ao ouvir seu nome, é o mundo do romantismo ocidental elevado e tardio que se abre, mundo colorido e fantástico, apaixonado pela morte e pela beleza, mundo do pessimismo, do contato com estupefacientes raros e um excessivo refinamento dos sentidos, que se entrega entusiasticamente a todo tipo de especulação sinestésica, aos sonhos de Hoffmann-Kreisler sobre a correspondência e ligação interna entre cores, sons e aromas, da transformação mística de todos os sentidos num só... É nesse mundo que Richard Wagner deve ser visto, que ele deve ser compreendido: ele é o irmão e o companheiro mais glorioso de todos os que padecem na vida e se entregam à compaixão, de todos os que buscam o arrebatamento, de todos os simbolistas que misturam as artes e de todos os veneradores da *art suggestif*,[41] com sua necessidade *d'aller au delà, plus outre que l'humanité*,[42]

---

[41] "Arte sugestiva". Em francês no original.

[42] "De ir mais longe, além da humanidade". Em francês no original.

como disse Maurice Barrès, o último a ser benzido com essas águas, o amante de Veneza, a cidade de *Tristão*, o poeta do sangue, do prazer e da morte, o nacionalista do final e o wagneriano do começo ao fim.

Sind es Wellen
sanfter Lüfte?
Sind es Wogen
wonniger Düfte?
Wie sie schwellen,
mich umrauschen,
soll ich atmen,
soll ich lauschen?
Soll ich schlürfen,
untertauchen,
süss in Düften
mich verhauchen?
In des Wonnenmeeres
wogenden Schwall,
in der Duftwellen
tönenden Schall,
in des Weltatmens
wehendem All –
ertrinken –
versinken –
unbewusst –
höchste Lust![43]

---

[43] Versos finais do *Tristão e Isolda*. Na tradução de Haroldo de Campos: "Ondas exsurgem,/ Doce-halitantes?/ Ondas exsurgem,/ Doce-balsâmicas?/

Estas são as palavras mais extremas e elevadas desse mundo, seu coroamento, seu triunfo, marcado e saturado com seu espírito, um mundo cuja arte europeia, místico-sensual, ganha, com Wagner e o jovem Nietzsche, uma estilização que a conforma à cultura alemã, uma ligação com a tragédia, tendo por pontos de referência Eurípedes, Shakespeare e Beethoven. Em sua irritação com certa falta de clareza alemã nas questões psicológicas, Nietzsche mais tarde corrige isso com remorso, ao enfatizar excessivamente o europeísmo artístico de Wagner e escarnecer de sua maestria de artesão alemão. Sem razão. O germanismo de Wagner era genuíno e poderoso. E que o romantismo alcançasse seu ápice e seu sucesso mundial em alemão e sob a máscara da leal maestria, era algo que lhe estava predestinado por essência.

Uma última palavra sobre Wagner como espírito, sobre sua relação com o passado e o futuro. Pois também aqui subsiste uma ambiguidade e um entrelaçamento de contradições aparentes no seu caráter, que correspondem à oposição entre germanismo e europeísmo. Há *traços reacionários* no fenômeno Wagner, em sua habilidade para lidar com o retrocesso e no culto obscuro do passado; é nesse sentido que poderiam ser interpretados a predileção pelo místico e pelas lendas míticas

---

No que se inflam,/ Me murmurando,/ Devo arquejar,/ Devo auscultar,/ Devo engolfar-me,/ Submergir-me,/ Em dulcearomas/ Me esvanecer?/ No escarcéu-reboante/ Do mar gozoso,/ No úndeo-perfúmeo,/ No eco-ecoante/ No mundo-alentos/ De Todo-Arfante/ Embeber-me,/ Fundo-abismar-me,/ Incônscia numa/ Suma volúpia!" (Apud Leo Spitzer, *Três poemas sobre o êxtase*. São Paulo, Cosac Naify, 2003, p.29-31)

primitivas, o nacionalismo protestante dos *Mestres cantores* assim como o catolicismo presente no *Parsifal*, a inclinação à Idade Média, aos costumes cavalheirescos e principescos, a milagres e à crença fervorosa. E, no entanto, qualquer sentimento pela natureza própria e verdadeira dessa arte direcionada para a inovação, a mudança, a libertação, proíbe, da maneira mais estrita, que se tomem sua linguagem e seu modo de expressão ao pé da letra e não por aquilo que ela é: um tipo bastante peculiar de idioma artístico, que quer dizer, a cada momento, algo diferente, inteiramente revolucionário. Esse espírito criador cheio de vida e impetuosamente progressivo, a despeito de toda dificuldade psíquica e de toda ligação com a morte, esse exaltador da destruição do mundo nascida do amor mais livre; esse audacioso inovador da música, que no *Tristão* já está com um pé no solo atonal e que hoje seria chamado com muita certeza um bolchevique da cultura; esse homem do *povo*, que durante toda a vida negou fervorosamente poder, dinheiro, violência e guerra, e que se propôs a instituir seu festival teatral para uma comunidade sem classes, não importa o que nossa época possa ter feito dele – esse homem não pode ser apropriado por nenhum espírito da restauração, apenas a vontade voltada para o futuro pode ter direito a ele.

Mas é inútil invocar grandes homens, chamando-os da eternidade para o agora, para consultar sua – eventual – opinião sobre problemas da vida atual, que eles não tiveram de enfrentar e que são alheios ao seu espírito. Como Richard Wagner se posicionaria diante de nossas questões, necessidades e tarefas? Esse "se posicionaria" é fantasmático e oco, é impensável. Opiniões são secundárias, já na própria época em que surgem;

e tanto mais ainda depois! O que permanece é o homem e o produto de sua luta, a sua obra. Contentemo-nos em admirar a obra de Wagner como um fenômeno notável e complexo da vida alemã e ocidental, de que a arte e o conhecimento sempre receberão os estímulos mais profundos.

A filosofia de Nietzsche à luz de nossa experiência

No início do ano de 1889, quando se difundiu desde Turim e da Basileia a notícia do colapso mental de Nietzsche, muitos daqueles que, espalhados pela Europa, já tinham algum conhecimento da grandeza fatídica desse homem, bem podem ter repetido para si o lamento de Ofélia:

O, what a noble mind is here o'erthrown![1]
Ó, que nobre espírito aqui se arruinou!

Também se aplicam com exatidão a Nietzsche muitas das caracterizações dos versos seguintes, que lastimam a terrível infelicidade de que, destruída pelo delírio, "*blasted by ecstasy*", uma razão tão altamente soberana emita agora sons como os de sinos desafinados – e não por último a fala em que a entristecida resume seu elogio: "*The observ'd of all observers*", que Schlegel traduz por: "o alvo de todos os observadores". Nós empregaríamos para isso a palavra "fascinante" e, efetivamente, em vão se buscará em toda a literatura mundial e na história espiritual uma figura mais fascinante que a do eremita de Sils Maria. Trata-se, porém, de uma fascinação muito semelhante àquela que emana pelos séculos da per-

[1] Shakespeare, *Hamlet*, Ato III, Cena 1. Em inglês no original.

sonagem criada por Shakespeare, o melancólico príncipe da Dinamarca.

Nietzsche, o pensador e escritor, "*the mould of form*" ou "o modelo da forma", como Ofélia o chamaria, foi um fenômeno de enorme plenitude e complexidade cultural, resumo do europeísmo, que tinha assimilado em si muita coisa do passado, que ele recordava, repetia ou tentava tornar de novo presente, de modo mítico, numa imitação ou reprodução mais ou menos consciente, e não tenho nenhuma dúvida de que, como grande amante da máscara que foi, ele tinha bem claro o traço hamletiano do espetáculo trágico da vida que oferecia – eu quase diria, que ele promovia. Quanto a mim, leitor comovido e compenetrado, "observador" nascido na geração imediatamente posterior, eu senti esse parentesco bem cedo, experimentando aquele misto de sentimento que tem algo de tão novo, de tão provocador e profundo para a mente juvenil: a mescla de respeito e comiseração. Ela jamais se afastou de mim. É a compaixão trágica com uma alma sobrecarregada, superocupada, que foi chamada ao saber, mas não nasceu propriamente para ele e nele ruiu, como Hamlet; é a compaixão com uma alma terna, fina, bondosa, carente de amor, voltada para a nobre amizade e de modo algum feita para a solidão, mas condenada justo à solidão mais profunda, mais fria, à solidão do criminoso; é a compaixão com uma espiritualidade originalmente cheia de piedade, totalmente inclinada à veneração, ligada a tradições piedosas, mas que o destino arrastou, por assim dizer, pelos cabelos a um profetismo selvagem, embriagado, negador de toda piedade, enfurecido com a própria natureza, da força barbaramente regurgitante, do endurecimento da consciência, do mal.

É preciso lançar um olhar para a origem desse espírito, ir atrás das influências que trabalharam na formação de sua personalidade, e isso sem que sua natureza as tivesse sentido minimamente como inadequadas, a fim de compreender a exorbitância que foi a curva de sua vida, a sua completa imprevisibilidade. Nascido em 1844, numa pacata cidade da Alemanha central, quatro anos antes da tentativa de uma revolução burguesa no país, Nietzsche descende, tanto por parte de pai como de mãe, de respeitáveis famílias de pastores protestantes. Do seu avô existe ironicamente um escrito sobre "A duração permanente do cristianismo como apaziguamento na convulsão atual". Seu pai era uma espécie de homem da corte, preceptor de princesas prussianas, e recebeu o posto de pastor graças a Frederico Guilherme IV. Senso para as formas aristocráticas, hábitos severos, sentimento de honra, meticuloso amor à ordem também eram, portanto, coisas familiares na casa paterna.[2] Depois da morte prematura do pai, o menino viveu em Naumburg, cidade de funcionários públicos, devota e monarquista. Ele é descrito como "extraordinariamente obediente", como um notório menino modelo, de hábitos sérios e *páthos* piedoso, que lhe rende o apelido de "o pequeno pastor". É característica a conhecida anedota em que ele, sob forte aguaceiro, vai da escola para casa num passo moderado e digno – porque as regras da escola impunham como dever às crianças um comportamento decente nas ruas. Sua formação ginasial foi brilhantemente concluída na disciplina do famoso internato de Schulpforta. Ele propende para a teologia, além

---

[2] Como assinalam os editores das *Obras completas* de Mann, esse trecho sobre a vida de Nietzsche traz extratos do livro de Karl Joël, *Nietzsche e o Romantismo*.

da música, mas se decide pela filologia clássica, e a estuda em Leipzig com um metodizador rigoroso chamado Ritschl. Seus êxitos são de tal ordem que, mal tendo prestado serviço militar como artilheiro, quase um adolescente ainda, é nomeado para a cátedra acadêmica, nada menos que na Basileia, cidade séria e devota, governada por um patriciado.

Tem-se aí o quadro de uma normalidade nobre, altamente dotada, que parece garantir uma carreira com toda a correção em alto nível. Em vez disso, em vez dessa base, ele foi arrastado a um impasse! A um descaminho em cumes mortais! A palavra "*verstiegen*" [descaminho], que se tornou juízo moral e espiritual, provém da linguagem do alpinismo, e designa a situação em que, no alto de uma montanha, não se pode mais ir adiante nem voltar atrás, e o alpinista está perdido.[3] Soa filistinismo utilizar essa palavra para o homem que certamente é não apenas o maior filósofo de fins do século XIX, mas um dos mais inexoráveis heróis no reino do pensamento. Jakob Burckhardt, a quem Nietzsche alçava os olhos como a um pai, não foi um filisteu, e no entanto logo cedo percebeu a inclinação e até a vontade para o descaminho e para a errância mortal do jovem amigo, dele se afastando sabiamente, deixando-o cair com uma certa indiferença, num movimento de autodefesa que faz lembrar Goethe...

O que levou Nietzsche ao impasse, a ser ali fustigado por tormentos e conduzido ao martírio na cruz do pensamento? Foi o seu destino – e seu destino era o seu gênio. Esse gênio,

---

[3] "*Versteigen*" significa literalmente "perder-se ao subir", ou "aventurar-se", "subir demais", chegando-se a um ponto na escalada em que não se pode nem avançar, nem recuar mais. Dele deriva o adjetivo "*verstiegen*", que significa "extravagante", "exagerado" e também "pretensioso".

entretanto, atende ainda por outro nome. Ele se chama: doença – tomando-se a palavra não no sentido vago e geral em que facilmente se liga ao conceito de gênio, mas numa significação tão específica e clínica que podemos, por nossa vez, nos expor à suspeita de banalidade e à censura de que queremos com isso diminuir o alcance criador da vida de um espírito que, como artista da língua, pensador e psicólogo, modificou toda a atmosfera da sua época. Isso seria um mal-entendido. Com frequência se disse, e eu o repito: doença é algo meramente formal, onde o que importa é aquilo que a ela se junta, aquilo que a preenche. Importa *quem* está doente: um indivíduo mediano, em quem a doença carece do aspecto espiritual e cultural, ou um Nietzsche, um Dostoiévski. O elemento médico-patológico é *um* aspecto da verdade, seu aspecto naturalista, por assim dizer, e quem ama a verdade como todo, e está disposto a honrá-la incondicionalmente, não negará, por hipocrisia espiritual, nenhum ponto de vista pelo qual ela possa ser observada. O médico Möbius[4] foi muito criticado por ter escrito um livro de especialista, no qual apresenta a história da evolução de Nietzsche como a história de uma paralisia progressiva. Jamais compartilhei da indignação que suscitou. Ele diz, a seu modo, uma verdade incontestável.

No ano de 1865, quando tinha 21 anos, Nietzsche conta uma história estranha a seu amigo de estudos Paul Deussen, que viria posteriormente a se tornar o famoso sanscritologista e pesquisador do Vedanta. O jovem havia feito sozinho uma viagem a Colônia, onde contratou alguém para lhe mostrar os lugares

---

[4] Paul J. Möbius (1853-1907), neurologista alemão, autor de *Sobre o patológico em Nietzsche.*

importantes e monumentos da cidade. Isso leva a tarde toda e, por fim, à noite Nietzsche pede a seu guia que lhe indique um bom restaurante. O sujeito, que para mim tomou a figura de um emissário verdadeiramente sinistro, o leva a uma casa de tolerância. Puro como uma jovem, todo espírito, todo erudição, todo timidez piedosa, o adolescente se vê, como ele diz, subitamente cercado por meia dúzia de figuras em lantejoulas e gaze, olhando-o cheias de expectativa. O jovem músico, filólogo e admirador de Schopenhauer passa por elas dirigindo-se instintivamente a um piano que divisa no fundo do salão demoníaco, no qual ele vê (estas são suas palavras) "o único ser dotado de alma entre toda aquela gente", e toca alguns acordes. Isso quebra o feitiço, o seu assombro, e ele alcança a saída, conseguindo fugir.

No dia seguinte, ele conta o ocorrido a seu camarada, certamente em meio a risos. Ele não tinha consciência de quanto o impressionara. Tratava-se, todavia, nada mais, nada menos do que aquilo que os psicólogos chamam de um "trauma", um abalo, cuja repercussão crescente, obsedando sempre a imaginação, é testemunha da suscetibilidade do santo ao pecado. No capítulo "Em meio às filhas do deserto", na quarta parte do *Zaratustra*, composto vinte anos mais tarde, se encontra um poema orientalizante de tremenda jocosidade e torturante falta de gosto, no qual, com o afrouxamento das inibições, já não mais se impede a revelação de uma sensualidade martirizada e seus flagelos. Nesse poema sobre as "adoráveis amigas e jovens-gatas Dudu e Zuleica", erótico sonho diurno de um humor constrangedor, os "vestidinhos esvoaçantes de lantejoulas" das mulheres da vida de Colônia aparecem de novo, ainda estão presentes. As figuras "em lantejoulas e gaze" de antes serviram manifestamente de modelos às deleitosas filhas do deserto, e destas não se está muito longe, são apenas mais quatro anos, até a clínica da Basileia, onde o enfermo declara que se infectou especificamente duas vezes em anos anteriores. Os dados clínicos do paciente em Jena registram que o primeiro desses infortúnios ocorreu no ano de 1866. Ou seja, um ano depois de ter fugido da casa em Colônia, ele volta a um lugar daqueles, desta vez sem o guia diabólico, e contrai – alguns afirmam que intencionalmente, como autopunição – algo que arruinará mas também intensificará de forma extraordinária a sua vida, algo de onde também toda uma época deverá extrair os efeitos estimulantes, em parte venturosos, em parte fatais.

O que o impele a abandonar, depois de poucos anos, o seu posto acadêmico na Basileia é uma mistura de estado enfermiço crescente e anseio de liberdade, que no fundo são a mesma coisa. Bem cedo o admirador de Wagner e de Schopenhauer já havia proclamado arte e filosofia como os verdadeiros guias da vida – contra a história, de que sua disciplina, a filologia, é um ramo. Ele se afasta dela, pede aposentadoria por invalidez e vive a partir daí, sem vínculo algum, em lugares internacionais da Itália, do sul da França e das montanhas suíças, onde escreve seus livros estilisticamente deslumbrantes, fulgurantes pelos ataques destemidos a sua época, de uma radicalidade psicológica crescente, de uma claridade cada vez mais ofuscante. Numa carta ele se nomeia "um homem cujo único desejo é se libertar diariamente de alguma crença tranquilizadora, que busca e encontra diariamente sua felicidade nessa libertação a cada dia maior de seu espírito. Talvez o espírito livre que eu *quero* ser seja bem mais do que eu *posso* ser!". Essa confissão é feita bem cedo, já em 1876; é uma antecipação de seu destino, de seu esfacelamento; é o saber prévio de um homem que será levado a querer do conhecimento uma crueldade maior do que sua mente podia suportar, e que oferece ao mundo o espetáculo de sua própria comovente crucificação.

Sob sua obra, ele bem poderia ter escrito como aquele pintor: "*In doloribus pinxi.*"[5] Ele teria dito a verdade em mais de um sentido, tanto espiritual como físico. Em 1880 ele confessa ao médico, dr. Eiser: "Minha existência é um fardo terrível: eu já teria me desfeito dele, se justamente nesse estado de sofrimento e de renúncia quase absoluta eu não fizesse as provas e experimentos mais instrutivos no campo espiritual-moral... Dor incessante, várias horas do dia um sentimento muito próximo do enjoo do mar, uma semiparalisia que me dificulta a fala e, para variar, ataques exasperadores (o último me obrigou a vomitar três dias e noites seguidos, eu ansiava pela morte)... Se eu pudesse lhe descrever a *constância*, a dor e pressão contínuas na cabeça, nos olhos, e aquele sentimento geral de paralisia da cabeça à ponta dos pés!..." Que ele aparentemente ignorasse por completo – e não só ele, mas também seus médicos! – a natureza e as causas desses achaques, é difícil de entender. Aos poucos vai se tornando uma certeza para ele de que provinham do cérebro, e ele atribui isso à hereditariedade: seu pai, acredita ele, teria morrido de um "enfraquecimento cerebral" – o que não é verdade; o pastor Nietzsche morreu acidentalmente de um ferimento no cérebro causado por uma queda. Mas aquela total ignorância, ou dissimulação do saber, acerca da origem de sua doença só pode ser explicada pelo

[5] "Eu pintei suportando muitos sofrimentos". Em latim no original. Frederico Guilherme I, rei da Prússia, para aliviar as dores e passar o tempo durante suas crises de gota, pintava a óleo granadeiros de sua guarda, inserindo a frase quando terminava os quadros.

entrelaçamento e ligação dela com seu gênio, pelo fato de que este se desenvolveu junto com ela – e de que, para um psicólogo genial, tudo pode se tornar objeto de um conhecimento que tudo desmascara, exceto o próprio gênio.

A sua ignorância ou dissimulação era antes objeto de espantosa admiração, de um excessivo sentimento de si, de uma *hybris* crassa. Com toda a ingenuidade, Nietzsche glorifica o reverso fascinante de seu sofrimento, as indenizações e supercompensações eufóricas que fazem parte do quadro. Isso ocorre da maneira mais extraordinária no *Ecce Homo*, obra tardia já quase livre de toda inibição, na qual enaltece o estado de exaltação física e espiritual inaudito em que compôs o seu *Zaratustra*, num lapso de tempo inacreditavelmente curto. Essa página é uma obra-prima, um verdadeiro *tour de force* linguístico, comparável apenas à maravilhosa análise da abertura dos *Mestres cantores* em *Para além de bem e mal* e à apresentação dionisíaca do cosmo no fim de *Vontade de potência*. No *Ecce Homo*, ele pergunta: "Aquilo que era chamado de inspiração pelos poetas de épocas *fortes*, alguém tem alguma noção disso em fins do século XIX? Em caso negativo, quero descrevê-lo." E então começa a descrição de revelações, arrebatamentos, elevações, insinuações, sentimentos de força e poder divinos, que ele não pode deixar de tomar como algo atávico, um rebate demoníaco, próprio de outros estados da humanidade, "de estados mais fortes" e de maior proximidade do divino, que se encontram fora das possibilidades psíquicas de nossa época frágil-racional. E, ao fazê-lo, ele descreve "na verdade" – mas qual verdade: a vivida ou a da medicina? – um ruinoso estado de excitação que antecede, de maneira escarnecedora, o colapso paralisante.

Todo mundo há de convir que são transgressões hécticas da autoconsciência, que sinalizam uma razão saindo dos trilhos, quando Nietzsche chama o *Zaratustra* de uma façanha em comparação com a qual todo o resto do agir humano parece pobre e limitado; quando ele afirma que um Goethe, um Shakespeare, um Dante não saberiam respirar um instante na altura em que se encontra esse livro, e que o espírito e a bondade de todas as grandes almas juntas não estariam em condições de produzir um *único* discurso de Zaratustra. Naturalmente, deve ser um grande prazer escrever tais coisas, mas não acho lícito. Aliás, pode ser que eu constate apenas meus próprios limites quando vou além e confesso que a mim me parece que Nietzsche superestima cegamente a sua obra *Zaratustra*. Graças a sua atitude bíblica, ele é "o mais popular" dos seus livros, mas nem de longe o melhor. Nietzsche foi, sobretudo, um grande crítico e filósofo da cultura, um prosador e ensaísta europeu do mais alto gabarito, saído da escola de Schopenhauer, cujo gênio atingiu seu ponto máximo na época de *Para além de bem e mal* e da *Genealogia da moral*. Um escritor pode ser menos do que um crítico como ele, mas o *Zaratustra* não chega a esse menos, ou chega apenas em alguns momentos líricos, o que não é o bastante para que seja uma obra extensa de originalidade criadora. Esse monstro sem rosto nem figura, esse primeiro soldado de fileira chamado Zaratustra, com a coroa de rosas do riso sobre a cabeça irreconhecível, com o seu "Tornem-se duros!" e suas pernas de dançarino, não é uma criação, ele é retórica, excitado jogo de palavras, voz atormentada e profecia duvidosa, um espectro de desamparada grandeza, que comove com frequência, mas é constrangedor na maior parte das vezes, um vulto oscilando no limite do ridículo.

Enquanto digo isso me vem à lembrança a crueldade desesperada com que Nietzsche tratava muita coisa que ele venerava, ou melhor, a crueldade desesperada com que ele tratava *tudo* o que venerava: Wagner, a música em geral, a moral, o cristianismo – eu quase disse: o caráter alemão –, e como ele manifestamente, mesmo em suas mais furiosas invectivas críticas, não tinha o sentimento de atacar de fato esses valores e poderes pelos quais no seu íntimo tinha alta consideração, mas, ao que parece, sentia os insultos mais terríveis lançados contra eles como uma forma de homenagem. Sobre Wagner, ele disse coisas que nos fazem duvidar dos próprios sentidos, como quando subitamente o *Ecce Homo* fala da hora *sagrada* da morte de Richard Wagner em Veneza. Como assim, nós nos perguntamos, lágrimas nos olhos: como essa hora da morte se tornou "sagrada" de repente, se Wagner não passava do mau histrião, do corruptor corrompido, que Nietzsche descreveu uma centena de vezes? Ele se desculpa com seu amigo, o músico Peter Gast, por polemizar constantemente com o cristianismo: este seria precisamente o melhor bocado de vida ideal que ele realmente conheceu. Afinal de contas, ele era descendente de gerações inteiras de clérigos cristãos e acreditava "jamais ter sido, em seu coração, vulgar com o cristianismo". Não, mas ele o chamou, com voz estridente, de "a única mácula imortal da humanidade" – não sem logo em seguida caçoar da afirmação de que o alemão era de alguma maneira pré-formado e predestinado para o cristianismo: o velhaco preguiçoso, mas belicoso e ávido, o amante da caça e frígido bebedor de cerveja, que não conseguiu produzir mais que uma má religião primitiva e que ainda há mil anos imolava seres humanos em pedras sacrificiais – que teria ele a ver com a mais alta das sutilezas morais, afiada pela inteligência dos rabinos, com a fineza oriental do cristianismo! A partilha de valores é clara e divertida. À sua autobiografia, o "Anticristo" deu o mais cristão de todos os títulos: *Ecce Homo*. E os últimos pedaços de papel da época da demência tinham por assinatura "O Crucificado".

Pode-se dizer que Nietzsche tem com os objetos de dileção de sua crítica uma relação pura e simplesmente de paixão: uma paixão no fundo sem sinal preciso, pois o aspecto negativo se converte constantemente em positivo. Pouco antes do fim de sua vida espiritual ele escreve uma página sobre o *Tristão* que vibra de entusiasmo. Por outro lado, já na época em que era aparentemente seguidor incondicional de Wagner, antes de compor para o mundo exterior a homenagem *Wagner em Bayreuth*, ele faz a seu círculo de relacionamento na Basileia observações sobre o *Lohengrin* de um distanciamento e perspicácia tais que antecipam em quinze anos o *Caso Wagner*. Diga-se o que se quiser, no relacionamento de Nietzsche com Wagner não há *ruptura*. O mundo sempre quer ver uma ruptura na vida e obra de grandes homens. Ele a encontra em Tolstói, em quem tudo é da mais férrea consequência, tudo o que aparece depois está psicologicamente prefigurado no que veio antes. Ele a encontrou no próprio Wagner, em cuja evolução impera a mesma consequência e lógica inquebrantáveis. Com Nietzsche não é diferente. Por mais que sua obra predominantemente aforística se desdobre em milhares de facetas coloridas, por mais que se lhe comprovem mil contradições de superfície – ele estava ali desde o início, sempre foi o mesmo, e nos escritos do jovem professor, nas *Considerações extemporâneas*, no *Nascimento da tragédia*, no estudo *O filósofo*, de 1873, não se encontram apenas as sementes de sua mensagem doutrinal posterior, mas essa mensagem, uma *boa*-nova em sua opinião, já está contida e pronta neles. O que muda é apenas a acentuação, cada vez mais frenética, é a impostação da voz, cada vez mais estridente, são os gestos, cada vez mais grotescos e terríveis. O que muda é a maneira de escrever: altamente musical desde sempre, da digna severidade e disciplina da tradição humanística alemã, com uma coloração algo erudita e antiquada, ela vai degenerando aos poucos num ultrafolhetinismo sinistramente mundano e hecticamente alegre, até vestir por fim o barrete do bufão do mundo.

Não basta, no entanto, enfatizar a perfeita unicidade e coerência da obra de vida de Nietzsche. Imitando Schopenhauer, de quem era discípulo, mesmo quando já de há muito havia renegado o mestre, ele na verdade durante sua vida apenas variou, desenvolveu e fixou um *único* pensamento, que está presente em toda parte, pensamento que, surgindo de início em toda a sua vitalidade e sendo inquestionavelmente justo como crítica à época, com o passar dos anos sucumbe a uma selvageria de mênades, de modo que se pode dizer que a história de Nietzsche é a história da decadência desse pensamento.

Que pensamento é esse? É preciso decompô-lo em seus ingredientes, em suas partes conflitantes, para entendê-lo. Apresentados sem nenhuma ordenação, são eles: vida, cultura, consciência ou conhecimento, arte, nobreza, moral, instinto. Nesse complexo de ideias domina o conceito de *cultura*. Ele quase equivale à própria vida: cultura é a nobreza da vida e, ligados a ela, como suas fontes e condições, estão arte e instinto, ao passo que como inimigos mortais e destruidores da civilização e da arte figuram consciência e conhecimento, a ciência e finalmente a moral – a moral, que, como preservadora da verdade, tira a vida da vida, porquanto esta repousa no essencial apenas sobre aparência, arte, engano, perspectiva, ilusão, e o erro é o pai daquilo que é vivo.

Ele herdou de Schopenhauer a proposição segundo a qual "a vida, intuída puramente apenas como representação ou reproduzida pela arte, é um espetáculo significativo", proposição segundo a qual, portanto, a vida só pode ser justificada como fenômeno estético. A vida é arte e aparência, nada além, e por isso, acima da verdade (que deve ser tratada na moral) está a sabedoria (que diz respeito à cultura e à vida) – uma sabedoria trágico-irônica, que põe limites à ciência por instinto artístico e amor à cultura, e defende o valor supremo, a vida, em dois flancos: contra o pessimismo dos difamadores da vida e arautos do além ou do Nirvana – e contra o otimismo dos racionalistas e reformadores do mundo, que criam fábulas a respeito da felicidade de todos na Terra, a respeito da justiça, preparando a rebelião socialista dos escravos. Nietzsche batizou essa sabedoria trágica que abençoa a vida em toda a sua falsidade, dureza e crueldade com o nome de Dioniso.

O nome do deus ébrio aparece pela primeira vez no escrito estético-místico de juventude sobre o *Nascimento da tragédia no espírito da música*, no qual o dionisíaco, como disposição de ânimo artística, é oposto ao princípio artístico apolíneo do distanciamento e objetividade, muito semelhantemente ao modo como Schiller opõe o ingênuo ao sentimental no seu famoso ensaio. Nele ocorre pela primeira vez a expressão "homem teórico" e se toma posição de combate contra Sócrates, o tipo primordial desse homem teórico: contra Sócrates, o desdenhador do instinto, o venerador da consciência, que ensinava que só aquilo de que se tem consciência pode ser bom, o inimigo de Dioniso e assassino da tragédia. Dele provém, segundo Nietzsche, uma cultura científica alexandrina, pálida, erudita, alheia ao mito, alheia à vida, uma cultura em que otimismo e fé na razão venceram, o utilitarismo prático e teórico, que, tal como a própria democracia, é um sintoma de força declinante e de cansaço fisiológico. O homem dessa cultura socrática, antitrágica, o homem teórico já não quer ter nada *por inteiro*, já não quer ter nada com toda a crueldade natural das coisas, mimado como é pelo modo otimista de consideração. Mas, o jovem Nietzsche está convencido disso, o tempo do homem socrático passou. Entra em cena uma nova estirpe, heroica, audaz, cheia de desprezo por todas as doutrinas da fraqueza, o paulatino despertar do espírito dionisíaco pode ser constatado no nosso mundo contemporâneo, o mundo de 1870; das profundezas dionisíacas do espírito alemão, da música alemã, da filosofia alemã, se realiza o renascimento da tragédia.

Mais tarde ele zombou desesperadamente de sua fé passada no espírito alemão – e de tudo o que nela depositou, isto é, a si mesmo. Com efeito, ele mesmo já está inteiramente incluído nesse prelúdio à sua filosofia, prelúdio ainda em tons suaves e humanos, ainda em tons entusiásticos e românticos, e nele também se encontra a perspectiva de mundo, a visão de toda a cultura ocidental, mesmo que ainda se trate sobretudo da cultura alemã, em cuja elevada missão ele acredita, mas que vê enormemente ameaçada de perder essa missão pela fundação do poderoso Estado de Bismarck, pela política, pela mediocrização democrática, pela saciedade e enfatuação resultantes da vitória. Sua brilhante diatribe contra o livro senil e conformado do teólogo David Strauss *A velha e a nova fé* é o exemplo mais imediato dessa crítica ao filistinismo da saciedade, que ameaça roubar toda profundidade do espírito alemão. E tem algo de perturbador ver o pensador juvenil lançar já aqui olhares proféticos para o próprio destino, que parece estar aberto diante dele como um plano de vida trágico. Refiro-me à passagem em que ele escarnece da covardia ética do iluminista vulgar Strauss, que evitava extrair *prescrições morais* para a vida de seu darwinismo, do *bellum omnium contra omnes*[6] e do direito do mais forte, comprazendo-se unicamente em ataques duros aos padres e aos milagres, nos quais se tem o filisteu a seu lado. Nietzsche sabia no seu íntimo que fará de tudo e não receará nem mesmo o desvario para ter o filisteu *contra* si.

É na segunda das *Considerações extemporâneas*, intitulada "Da utilidade e desvantagem da história para a vida", que a pré-formação do pensamento fundamental de sua vida de que falei se apresenta da maneira mais acabada, embora ainda numa roupagem crítica particular. Esse escrito admirável é no fundo apenas uma única grande variação das palavras de Hamlet sobre a "cor natural da decisão, empalidecida pelas agruras do pensamento". O título é incorreto, já que quase não se trata da utilidade da história – e muito mais da desvantagem dela para a *vida*, a vida preciosa, sagrada, esteticamente justificada. O século XIX foi denominado a época histórica e, na verdade, foi ele que primeiro produziu e desenvolveu o sentido histórico, pouco ou quase nada conhecido de culturas mais antigas, justo *enquanto* culturas, enquanto sistemas de vida artisticamente fechados. Nietzsche fala francamente da "enfermidade histórica", que leva à paralisia da vida e de sua espontaneidade. Cultura

[6] "Guerra de todos contra todos". Em latim no original.

significaria, hoje em dia, cultura histórica. Mas os gregos não teriam tido cultura histórica alguma e, no entanto, muito se hesitaria em dizer que os gregos eram incultos ou sem cultura. A história praticada em vista do conhecimento puro, e não para a finalidade da vida, sem o contrapeso do "talento plástico", da despreocupação criadora, é mortal, é a morte. Um fenômeno histórico tornado conhecimento – é um fenômeno morto. Uma religião conhecida cientificamente, por exemplo, está acabada, chegou ao fim. O tratamento histórico crítico do cristianismo, diz Nietzsche com apreensão conservadora, o dissolve em puro saber a respeito do cristianismo. No exame histórico da religião, diz ele, "revelam-se coisas que destroem necessariamente a atmosfera de ilusão piedosa, única na qual pode viver tudo o que quer viver". O homem *cria* somente no amor, envolvido pelas sombras do amor. Para ser culturalmente criadora, a história tem de ser tratada como obra de arte – mas isso vai contra a corrente analítica e não artística da época. A história extirpa os instintos. Formado, ou deformado por ela, o homem já não consegue "deixar as rédeas soltas" e agir ingenuamente, confiando no "animal divino". A história subestima continuamente o devir e tolhe a ação, que nunca deixa de ferir sentimentos de piedade. O que ela ensina e produz é *justiça*. Mas a vida não precisa de justiça, ela precisa de injustiça, ela é essencialmente injusta. "É preciso muita força", diz Nietzsche (e é de duvidar se ele se atribuía essa força), "para poder viver e esquecer o quanto viver e ser injusto são uma coisa só." Mas tudo depende do poder de esquecimento. Nietzsche busca o a-histórico: a arte e a força de poder *esquecer* e se encerrar num horizonte limitado – exigência, poder-se-ia objetar, fácil de fazer, mas difícil de realizar. Pois a gente nasce num horizonte limitado, mas querer se encerrar artificialmente nele é mascarada estética e negação do destino, da qual dificilmente pode advir algo autêntico e legítimo. Mas Nietzsche, de maneira bela e nobre, busca o *supra*-histórico, que desvia o olhar do devir para aquilo que dá à existência o caráter do eterno e do ser, isto é, para arte e religião. O inimigo é a ciência, pois ela vê e conhece apenas história e devir, nenhum ser, nada de eterno; ela odeia o esquecimento, que é a morte do saber, e busca suprimir todas as limitações de horizonte. Tudo o que é vivo, no entanto, precisa de uma atmosfera protetora, de um ambiente misterioso e de uma ilusão envolvente. A vida dominada pela ciência é muito menos vida do que a vida dominada, não pelo saber, mas pelos instintos e por *quimeras poderosas*.

Ao ouvir as palavras "quimeras poderosas" nós pensamos hoje em Sorel e no seu livro *Reflexões sobre a violência*, onde o sindicalismo proletário e o fascismo ainda são uma coisa só, e onde se declara que o mito das massas, independentemente da verdade ou da inverdade, é o motor imprescindível da história. Perguntamo-nos também se não seria melhor manter as massas no respeito à verdade e à razão, honrando assim sua demanda de justiça – do que plantar o mito das massas e lançar sobre a humanidade hordas dominadas por "quimeras poderosas". Quem faz isso hoje e para quê? Se o faz, certamente não o faz tendo em vista a cultura. Nietzsche, ao contrário, não sabia nada de massas, nem queria saber delas. "Que as carregue o diabo", diz ele, "e a estatística!" Ele quer e anuncia um tempo no qual, de forma a-histórica, supra-histórica, sabiamente se deixarão de lado todas as construções acerca do processo mundial da história da humanidade, no qual não se considerarão mais as massas, e sim os grandes, os contemporâneos atemporais, que entabulam sua conversa espiritual longe do burburinho histórico. A meta da humanidade, afirma, não se encontra no fim, mas em seus exemplares máximos. Eis o seu individualismo: um culto estético dos gênios e dos heróis, que ele incorporou de Schopenhauer, juntamente com a lição de que a felicidade é impossível, e de que a única coisa possível e digna do homem é um curso de vida *heroico*. Na reformulação feita por Nietzsche, em ligação com sua adoração da vida forte e bela, isso culminou num esteticismo heroico, para o qual ele invoca como patrono o deus da tragédia, Dioniso. É precisamente esse esteticismo dionisíaco que faz do Nietzsche posterior o maior crítico e psicólogo da moral conhecido pela história do espírito.

Ele é psicólogo de nascença, a psicologia é sua paixão primordial: conhecimento e psicologia, no fundo, são para ele uma só e mesma paixão, e constitui um símbolo de toda a contradição interna desse espírito grande e apaixonado que tenha se entregado tão completa, tão irresistivelmente à psicologia, ele para quem a vida estava muito acima do conhecimento. Ele é psicólogo já meramente por força do diagnóstico schopenhaueriano de que não é o intelecto que gera a vontade, mas o contrário, de que não é o intelecto que vem primeiro e que domina, mas a vontade, para com a qual o intelecto se encontra numa relação de puro servidor. O intelecto como órgão a serviço da vontade, tal é o ponto de partida de toda psicologia; uma psicologia da suspeita e do desmascaramento, e Nietzsche, o advogado da vida, se lança nos braços da psicologia moral, ele suspeita que todos os "bons" impulsos tenham origem em impulsos ruins, e proclama os maus instintos como os instintos nobres, os que elevam a vida. Eis a "transvaloração de todos os valores".[7]

Aquilo que antes era chamado de socratismo, de "homem teórico", de consciência, de enfermidade histórica, agora se chama pura e simplesmente "moral", em especial "moral cristã", que é desmascarada como algo inteiramente venenoso, rancoroso e hostil à vida – e no entanto não se deve esquecer que a crítica de Nietzsche à moral é, em parte, algo impessoal, que diz respeito à sua época em geral. É a época em torno da virada do século, época em que a inteligência europeia começa a ir contra a moral hipócrita do período vitoriano, do período burguês: o combate furioso de Nietzsche contra a moral se insere até certo ponto nesse quadro e muitas vezes com um surpreendente ar de família. É surpreendente constatar o parentesco próximo de muitas visões gerais de Nietzsche com os ataques à moral, ataques de maneira alguma apenas fúteis, com que mais ou menos na mesma época Oscar Wilde, o esteta inglês, chocava o seu público e o levava ao riso. Quando Wilde declara: "*For, try as we may, we cannot get behind the appearance of things to reality. And the terrible reason may be that there is no reality in things apart from their appearances*"; quando ele fala da "verdade das máscaras" e da "decadência da mentira", quando ele irrompe dizendo: "*To me, beauty is the wonder of wonders. It is only shallow people who do not judge by appearances. The true mistery of the world is the visible, not the invisible*"; quando ele diz que a verdade é algo pessoal, que jamais uma mesma verdade pode ser apreciada por dois espíritos; quando

[7] Alusão ao subtítulo da *Vontade de potência*, de Nietzsche: "Tentativa de transvaloração de todos os valores".

ele diz: "*Every impulse that we try to strangle broods in the mind, and poisons us... The only way to get rid of a temptation is to yield to it*" e "*Don't be led astray into the paths of virtue*" – tudo isso poderia muito bem se encontrar em Nietzsche.[8] E quando, por outro lado, se lê neste: "A seriedade, esse sinal inequívoco do metabolismo mais trabalhoso", "Na arte a mentira se consagra, e a vontade de ilusão tem a boa consciência do seu lado", "Estamos por princípio inclinados a afirmar que os juízos mais errôneos são para nós os mais indispensáveis", "Não passa de um preconceito moral que a verdade seja mais valiosa do que a aparência" – não há nenhuma dessas afirmações que não poderia figurar nas comédias de Oscar Wilde *and get a laugh in the St. James Theatre.*[9] Quando queriam elogiar Wilde, comparavam suas peças com *A escola do escândalo*, de Sheridan. Muita coisa de Nietzsche parece provir dessa escola.

Naturalmente a aproximação de Nietzsche e Wilde tem algo de quase sacrílego, pois este último era um *dandy*, enquanto o filósofo alemão era algo como um santo do imoralismo. E, no entanto, o martírio mais ou menos desejado do final de sua vida, o presídio de Reading, faz o *dandysm* de Wilde ganhar um matiz de santidade que teria despertado toda a simpatia de Nietzsche. O que o reconciliava com Sócrates era o cálice de cicuta, o fim,

[8] "Pois, por mais que tentemos, não podemos chegar à realidade que está por trás da aparência das coisas. E a terrível razão para isso pode ser a de que não há realidade nas coisas fora da aparência delas"; "Para mim, a beleza é a maravilha das maravilhas. Só pessoas superficiais não julgam pelas aparências. O verdadeiro mistério do mundo é o visível, não o invisível"; "Todo impulso que tentamos sufocar domina nossa mente e nos envenena... O único meio de se livrar de uma tentação é ceder a ela"; "Não se deixe levar pelos caminhos da virtude". Em inglês no original.

[9] "Fazer o público rir no Teatro de St. James". Em inglês no original.

a morte sacrificial, cuja impressão sobre a juventude grega e sobre Platão ele considerava inestimável. E a pessoa de Jesus de Nazaré não foi tocada pelo seu ódio ao cristianismo histórico, novamente em virtude do fim, da cruz, que ele amava no mais fundo da alma, e para a qual ele se dirigia por vontade própria.

Sua vida foi embriaguez e sofrimento – uma concepção altamente artística, em termos mitológicos, a da unificação de Dioniso com o Crucificado. Agitando o tirso, ele glorificou em êxtase a vida forte e bela, a vida amoral triunfante, defendendo-a de toda a atrofia que lhe pudesse ser causada pelo espírito – ao mesmo tempo que rendeu homenagens ao sofrimento como nenhum outro. "A posição hierárquica é determinada", diz ele, "por quão profundamente alguém é capaz de sofrer." Estas não são palavras de um antimoralista. Também não tem nada de antimoralismo quando escreve: "No que se refere a tormento e renúncia, a vida de meus últimos anos pode ser comparada à de um asceta de qualquer época." Pois ele não escreve isso pedindo compaixão, mas com orgulho: "*Quero*", diz, "que tudo me seja tão difícil como não o foi para nenhum outro homem." Ele fez com que as coisas se tornassem difíceis para ele mesmo, difíceis até a santidade, pois o santo de Schopenhauer sempre permaneceu, no fundo, o tipo supremo para ele, e o "curso de vida heroico" é o curso de vida de um santo. O que define o santo? Que ele não faça nada daquilo que gostaria de fazer, e faça tudo o que não gostaria de fazer. Assim viveu Nietzsche: "Renunciando a tudo o que eu venerava, renunciando até à veneração... Deves tornar-te senhor de ti, senhor também das próprias virtudes." Esse é o ato de "saltar sobre si mesmo" de que fala Novalis, e a respeito do qual pensa que é em toda parte o ato supremo. Ora, em Nietzsche, esse "ato" (uma expressão de artista e de acrobata) não tem absolutamente nada de petulante, de passo de bailarino. Tudo o que há de "bailarino" na sua conduta é veleidade, e desagradável no mais alto grau. Esse ato é um corte sangrento na própria carne, é flagelação, moralismo. Até o seu conceito de verdade é ascético: pois verdade é para ele o que causa dor, e ele desconfiaria de toda verdade que lhe fizesse bem. "Entre as forças", afirma, "que a moral fez surgir estava a veracidade: esta finalmente se volta contra a moral, descobre sua teleologia, sua consideração *interessada*..." Seu "imoralismo" é, portanto, autossupressão da moral pela veracidade. Mas que se trate de uma espécie de abundância e luxo da moral, ele o indica quando fala que há uma riqueza hereditária de moralidade, que permite que se gaste e jogue muita coisa pela janela sem que isso leve a um empobrecimento além da conta.

Tudo isso se encontra atrás das atrocidades e das mensagens ébrias de poder, violência, crueldade e engodo político em que degenera brilhantemente, nos seus últimos escritos, o seu pensamento da vida como obra de arte e de uma cultura irrefletida, dominada pelos instintos. Quando certa vez um crítico suíço do jornal *Bund* de Berna escreveu que Nietzsche defendia a abolição de todos os sentimentos decentes, o objeto de tal equívoco sentiu aquilo como uma ofensa: "Muito agradecido!", disse com escárnio. Pois sua intenção em tudo o que escrevera havia sido bastante nobre e humanitária, no sentido de uma humanidade mais elevada, mais profunda, mais orgulhosa e *mais bela*, e ao escrevê-lo não havia, por assim dizer, "pensado em nada" – em todo caso, não havia pensado em nada de ruim, embora, sim, numa porção de maldades. Pois tudo o que tem profundez é mau; a vida mesma é profundamente má, ela não foi projetada pela moral, ela nada sabe sobre "verdade", mas se funda em aparência e mentira artística, ela escarnece da virtude, pois é essencialmente perversidade e espoliação – e, diz Nietzsche, há um pessimismo dos fortes, uma predileção intelectual por aquilo que é duro, terrível, mau, problemático, da existência, predileção que decorre do bem-estar, da plenitude da existência. O eufórico enfermo atribui a si esse "bem-estar", essa "plenitude da existência", e sua ocupação passa a ser proclamar, como os mais dignos de serem afirmados, aqueles aspectos da vida que foram negados, principalmente pelo cristianismo. A vida acima de tudo! Por quê? Ele jamais o disse. Ele jamais indicou uma razão por que a vida é algo incondicionalmente digno de devoção, que deve ser preservada ao mais alto custo, mas explicou apenas que a vida está acima do conhecimento, pois o aniquilamento da vida é o aniquilamento do conhecimento. Este pressupõe a vida e tem, portanto, interesse na autopreservação dela. Parece, pois, que a vida precisa existir para que haja algo a conhecer. A nosso ver, no entanto, essa lógica não basta para a sua entusiástica proteção da vida. Se ele a visse como a criação de um deus, nós poderíamos respeitar sua religiosidade, mesmo que pessoalmente tivéssemos pouco motivo para nos prosternarmos diante do universo em explosão da física moderna. Na vida ele vê, porém, a criatura maciça e absurda produzida pela vontade de potência, cuja falta de sentido e colossal imoralidade são justamente o que deveria nos maravilhar. Seu grito de saudação não é "Hosana!", mas "Evoé!", e o som que sai desse grito é extraordinariamente entrecortado e atormentado. Ele tem de negar que haja no homem algo suprabiológico que não se reduz ao interesse pela vida, que haja possibilidade de um distanciamento desse interesse, de uma independência crítica, que é talvez aquilo que Nietzsche chama de "moral", e que por certo jamais causará algum prejuízo sério à vida – esta é por demais incorrigível para isso –, ainda que ela possa atuar como leve corretivo e como um aguçamento da consciência moral, tal como sempre fez o cristianismo. "Não há ponto fixo fora da vida", diz Nietzsche, "a partir do qual se possa refletir sobre a existência, nenhuma instância diante da qual a vida tenha de se *envergonhar*."[10] Não mesmo? Tem-se a sensação de que uma tal instância existe sim, e se ela não é a moral, é pura e simplesmente o espírito do homem, a humanidade, inclusive enquanto crítica, ironia e liberdade, ligada à palavra sentenciadora. "A vida não tem juiz acima de si"? No homem, contudo, natureza e vida vão além de si, elas perdem a inocência, adquirem *espírito* – e espírito é a autocrítica da vida. Esse algo humano em nós tem um olhar de compaixão duvidoso para a "teoria da saúde" da vida, que em seus dias sóbrios se dirigia apenas contra a enfermidade histórica, mas então de generou numa fúria demênades contra verdade, moral, religião, humanidade, contra tudo o que possa servir a uma domesticação da vida selvagem.

Até onde vejo, há dois equívocos que atrapalham o pensamento de Nietzsche e têm consequências desastrosas para ele. O primeiro é um desconhecimento total e, é preciso admitir, premeditado da relação de poder entre instinto e intelecto sobre a Terra, como se o intelecto fosse o que dominasse perigosamente e o instinto precisasse ser urgentemente salvo dele.

---

[10] A frase, assim como a próxima citação, não é de Nietzsche, mas de Alfred Baeumler no seu *Nietzsche, o filósofo e o político.*

Quando se pensa que, na maioria dos homens, intelecto, razão, sentimento de justiça são inteiramente dominados e subjugados pela vontade, pelo instinto, pelo interesse, a ideia de que o intelecto precisa ser superado pelo instinto ganha um quê de absurdo. Essa ideia só pode ser explicada historicamente, por uma situação filosófica momentânea, como correção a uma saturação racionalista, que logo precisa ela também de correção. Como se fosse necessário defender a vida contra o espírito! Como se houvesse o menor perigo de que as coisas pudessem se tornar demasiadamente espirituais na Terra! A mais singela generosidade deveria exortar a preservar e proteger a fraca chamazinha da razão, do espírito, da justiça, em vez de se colocar do lado do poder e da vida instintiva, comprazendo-se numa superestimação coribântica de seus aspectos "negados", do crime – resultando na sandice que hoje estamos vivendo. Nietzsche age – e com isso causou muitos males – como se fosse a consciência moral que tivesse estendido, como Mefistófeles, a mão fria do diabo à vida. De minha parte não vejo nada de diabólico no pensamento (um velho pensamento dos místicos) de que um dia a vida possa ser suprimida pelo espírito humano – mas vai nisso um bom tempo, um tempo infinito. O perigo de que a vida neste planeta possa ser destruída pelo aperfeiçoamento da bomba atômica está muito mais próximo. Mas também isso é improvável. A vida é um gato resistente, e assim é a humanidade.

O segundo dos equívocos de Nietzsche está em ter estabelecido uma relação totalmente falsa entre vida e moral, ao tratá-las como opostos. A verdade é que elas se complementam. Ética é esteio da vida, e o homem moral é um legítimo cidadão da vida – talvez um tanto tedioso, mas altamente útil. A verdadeira oposição é a que existe entre ética e *estética*. Não é a moral, mas a beleza que está em vínculo com a morte, como foi dito e cantado por muitos poetas – e Nietzsche não o sabia? "Quando Sócrates e Platão começaram a falar sobre verdade e justiça", diz ele a certa altura, "eles já não eram gregos, mas judeus – ou não sei quê." Ora, os judeus mostraram ser filhos bons e perseverantes da vida graças a sua moralidade. Com sua religião, com sua fé num Deus justo, eles sobreviveram milênios, enquanto o povinho devasso de estetas e artistas dos gregos logo desapareceu do palco da história.

Nietzsche, todavia, distante de todo antissemitismo racial, enxergava de fato no judaísmo o berço do cristianismo, e neste, com razão mas com abominação, o germe da democracia, da Revolução Francesa e das odiosas "ideias modernas", que sua palavra demolidora estigmatiza como moral de rebanho. "Merceeiros, cristãos, vacas, mulheres, ingleses e outros democratas", diz ele, pois vê a origem das "ideias modernas" na Inglaterra (os franceses são, na sua opinião, apenas os soldados a serviço delas), e o que ele despreza e amaldiçoa nessas ideias é o seu utilitarismo e eudemonismo, é o fato de alçarem paz e felicidade terrena àquilo que há de mais desejável – enquanto o homem nobre, trágico, heroico esmaga esses valores medíocres e frágeis com os pés. Este último é necessariamente um guerreiro, duro consigo mesmo e com os outros, pronto para o sacrifício de si mesmo e dos demais. O que ele censura principalmente no cristianismo é ter dado tal importância ao indivíduo, que este não pode mais ser *sacrificado*. No entanto, diz ele, o gênero só subsiste mediante sacrifício humano, e o cristianismo é o princípio antagônico ao da seleção. Com efeito, ele diminuiu e enfraqueceu a força, a responsabilidade, o elevado dever de sacrificar seres humanos, e por séculos, até a chegada de Nietzsche, impediu o surgimento daquela energia da grandeza, que "graças à disciplina e, por outro lado, ao aniquilamento de milhões de indivíduos malfeitos dá forma ao homem futuro e não sucumbe ao eterno sofrimento inaudito que ele produz". Quem em tempos recentes possuiu a força para essa responsabilidade, quem sentiu despudoradamente em si essa grandeza e cumpriu sem vacilar o alto dever de sacrificar homens em hecatombes? Uma *crapule*[11] de pequeno-burgueses megalomaníacos, que só de vê-los Nietzsche teria sido atacado pela mais forte enxaqueca, com todos os seus efeitos colaterais.

Ele não presenciou isso. Desde a guerra antiquada de 1870, dos fuzis Chassepot e dos fuzis de agulha, ele não presenciou mais guerra alguma, e por isso, por puro ódio à filantropia da felicidade cristã democrática, pôde se comprazer numa glorificação da guerra que hoje nos parece um falatório de um menino entusiasmado. Que a boa causa santifique a guerra, isso lhe parece moral demais: é a boa guerra que santifica *qualquer* causa. "A valoração com que hoje se julgam as diferentes formas de sociedade", escreve, "é idêntica àquela que atribui à *paz* um valor mais alto do que à guerra: mas esse juízo é antibiológico, é ele mesmo um produto da *décadence* da vida... A vida é uma consequência da guerra, a sociedade mesma é um meio para a guerra." Não cogita que talvez não fosse ruim tentar fazer da sociedade algo diferente disso. Ela é um produto natural que, como a vida mesma, repousa sobre pressupostos imorais, o questionamento dos quais equivale a um ataque traiçoeiro

[11] "Crápula". Em francês no original.

à vida. "Renunciou-se à grande vida", clama ele, "quando se renunciou à guerra." Renunciou-se à vida e à cultura, pois esta precisa, para seu revigoramento, de recaídas profundas na barbárie, e é delírio inútil esperar ainda da humanidade algo em termos de cultura e grandeza, se ela desaprendeu a fazer a guerra. Ele despreza toda tacanhez nacionalista. Esse desprezo, no entanto, é manifestamente prerrogativa esotérica de alguns, pois ele descreve os rompantes nacionalistas de embriaguez de poder e de sacrifício com um entusiasmo que não deixa dúvida de que deseja que os povos, as massas conservem a "quimera poderosa" do nacionalismo.

Aqui é necessário fazer uma interpolação. Fizemos a experiência de que, dependendo das circunstâncias, o pacifismo incondicional pode ser antes uma causa questionável, mentirosa e vil. Durante anos, pela Europa e pelo mundo afora, ele não foi mais que a máscara de simpatias fascistas, e a paz de Munique, que as democracias firmaram com o fascismo em 1938 supostamente para evitar a guerra entre os povos, foi sentida por verdadeiros pacifistas como o ponto mais baixo da história europeia. Esses pacifistas haviam desejado a guerra contra Hitler ou, pelo menos, a disposição para ela, o que teria bastado. Mas quando colocamos diante dos olhos – e surge diante dos nossos olhos! – a destruição, em todos os sentidos da palavra, que a guerra, mesmo quando feita em prol da humanidade, é capaz de acarretar, a depravação, os instintos cobiçosos, egoístas e antissociais que ela desencadeia; quando, instruídos pelo que já vivemos, fazemos uma imagem aproximada de como ficará – ficaria – a Terra depois da próxima, da terceira guerra mundial, as bravatas de Nietzsche sobre a função seletiva da guerra, sobre sua função como mantenedora da civilização, nos parecerão fantasias de um indivíduo inexperiente, do filho de uma longa época de paz e segurança, com "investimentos absolutamente garantidos", uma época que começa a se entediar consigo mesma.

Aliás, a degeneração humanitária e a castração da humanidade não parecem tão ameaçadoras assim, já que ele prediz, com espantoso pressentimento profético, uma série de guerras e explosões horrendas, prediz a época clássica das guerras, "para a qual os pósteros haverão de olhar com inveja e respeito", e não se vê por que razão a humanidade ainda tenha de ser estimulada filosoficamente à matança seletiva. Será que essa filosofia quer afastar os escrúpulos morais que ainda se encontram no caminho das abominações que estão por vir? Será que ela quer colocar a humanidade em forma para tudo o que lhe espera de grandioso? Ela, no entanto, o faz de uma maneira voluptuosa – que não provoca, como pretendia, o nosso protesto moral, mas antes nos causa dor e apreensão pelo espírito nobre que aqui esbraveja voluptuosamente contra si mesmo. Os limites da mera educação para a virilidade são lamentavelmente extrapolados quando se enumeram, descrevem e recomendam formas medievais de suplício com uma lubricidade que deixou marcas na literatura alemã contemporânea. Beira a vulgaridade quando "a despeito dos melindrosos" se coloca a questão da menor capacidade das raças inferiores, dos negros, por exemplo, para suportar a dor. E quando se entoa a canção da "Besta Loura", do "monstro alegre", daquele tipo de homem que "perpetrou abominavelmente um assassinato, depois um incêndio, um estupro e uma tortura, e voltou para casa com aquela paz de espírito de quem praticou apenas uma travessura estudantil", a imagem do sadismo infantil se completa, e nossa alma se contorce de sofrimento.

Foi o romântico Novalis, um espírito, portanto, da família de Nietzsche, quem fez a crítica mais contundente dessa postura espiritual: "Não há rival mais perigoso para o ideal da moralidade", disse ele, "que o ideal da força mais elevada, da vida mais enérgica, que também foi chamado (no fundo bastante corretamente, mas, segundo a intenção, bastante incorretamente) de ideal da grandeza estética. Ele é o máximo do bárbaro e, infelizmente, nesses tempos de selvageria cultural obteve muitos adeptos justo entre os mais fracos. Por meio desse ideal, o ser humano se transforma num espírito animal, numa mistura cujo chiste brutal tem uma brutal força de atração para os fracos."

Impossível dizer de maneira melhor que essa. Teria Nietzsche conhecido a passagem? Não há como duvidar disso. Mas ela não tinha como interromper o estado de embriaguez em que ele se achava com suas provocações ao "ideal da moralidade", uma embriaguez consciente, revelando, no fundo, que ele não falava sério. O que Novalis chama de ideal da grandeza estética, o máximo do bárbaro, o homem como espírito-animal, é o além-do-homem de Nietzsche, que ele descreve como a "eliminação de um excesso de luxo da humanidade, na qual virá à luz uma espécie mais forte, um tipo mais elevado, que tem outras condições de surgimento e de conservação do que o homem mediano". Aí estão os futuros senhores da Terra, o pomposo tipo tirânico, para o engendramento do qual a democracia é bem apropriada, e ele também terá de usá-la como instrumento, terá de introduzir sua nova moral numa associação maquiavélica com a lei moral existente, empregando o vocabulário desta. Pois essa temível utopia de grandeza, de força e beleza prefere muito mais mentir do que dizer a verdade – isso custa mais espírito e vontade. O além-do-homem é o homem "no qual as propriedades específicas da vida – injustiça, mentira, espoliação – se encontram no grau máximo".

Seria o cúmulo da inumanidade rebater todas essas provocações estridentes e atormentadas com escárnio e insulto – e mera tolice encará-las com indignação moral. Temos diante de nós um destino hamletiano, um destino trágico do conhecimento que ultrapassa as forças, que inspira respeito e compaixão. "Creio", diz Nietzsche a certa altura, "que adivinhei algo da alma do homem supremo – *todo aquele* que o adivinhe *talvez se aniquile*." Foi aí que ele se aniquilou, e as atrocidades de sua doutrina são tão reiteradamente perpassadas por um sofrimento lírico infinitamente comovedor, por olhares amorosos profundos, por sons do mais melancólico anseio de que o orvalho do amor caia sobre a terra erma e seca de sua solidão, que sarcasmo ou execração não ousariam aparecer diante da imagem desse Ecce Homo. Nossa admiração, porém, se vê um pouco estreitada, quando o "socialismo da casta subjugada", de que Nietzsche escarneceu uma centena de vezes e denunciou como possuidor de um ódio venenoso à vida, nos mostra que seu além-do-homem não passa de uma idealização do *Führer* fascista, e de que ele mesmo, com todo o seu filosofar, foi um precursor, um coautor, um incitador de ideias do fascismo europeu e mundial. Secretamente me inclino a inverter causa e efeito e a não acreditar que Nietzsche criou o fascismo, mas que o fascismo o criou – quer dizer, fundamentalmente distante da política e espiritualmente inocente, ele foi uma espécie de sensibilíssimo instrumento de expressão e de registro, pressentindo, com seu filosofema sobre o poder, a ascensão do imperialismo e anunciando, como o ponteiro de um sismógrafo, a época fascista do Ocidente na qual vivemos e na qual viveremos ainda por muito tempo, a despeito da vitória militar sobre o fascismo.

Como pensador que desde o início se afastou, com todo o seu ser, do âmbito burguês, ele aparentemente aceitou o componente fascista da época pós-burguesa, renegando o socialista, porque esse era o componente moral, e porque ele em geral confundia moral com moral burguesa. Sua sensibilidade, contudo, não pôde se esquivar da influência do elemento socialista contido no porvir, e é isso que os socialistas não compreendem, quando o difamam como fascista *pursang*.[12] Não é tão simples assim – por mais argumentos que se possam alegar em favor dessa simplificação. É verdade que seu desprezo heroico da felicidade, que tinha algo de bastante pessoal e de difícil aplicação política, o levou a considerar toda e qualquer vontade de remediar as mais ignominiosas mazelas sociais e econômicas e de eliminar os sofrimentos sanáveis sobre a Terra como a nostalgia abjeta de querer voltar "à felicidade dos prados verdes dos animais de rebanho".[13] Não por acaso sua expressão "vida perigosa" foi traduzida para o italiano e entrou no *argot* do fascismo.[14] Tudo aquilo que ele disse, num auge de hiperexcitação, contra a moral, a humanidade, a compaixão, o cristianismo, e a favor da bela perversão, da guerra, do mal, era infelizmente apropriado para encontrar seu lugar na ideologia rasteira do fascismo, e deslizes como sua "moral para médicos", com sua receita de matar os enfermos e castrar os inferiores, seu bordão sobre a necessidade da escravidão, além de muitas de suas prescrições a respeito da seleção, disciplina e

---

[12] "Puro sangue". Em francês no original.

[13] Citação de memória do aforismo nº 44 de *Para além de bem e mal*.

[14] Mussolini, inspirando-se em Nietzsche, adotou a divisa "viver perigosamente", "*vivere pericolosamente*".

casamento como formas de higiene racial, foram efetivamente incorporadas à teoria e prática do nacional-socialismo, embora talvez sem referência explícita e consciente a ele. Se a frase "Pelos seus frutos os conhecereis"[15] é verdadeira, Nietzsche está em maus lençóis. Em Spengler, macaqueador esperto dele, o homem superior dos seus sonhos se transformou no moderno "homem pragmático em grande estilo", no homem que rouba e lucra passando por cima do cadáver dos outros, no magnata financeiro, no fabricante de armas, no diretor-geral alemão que financia o fascismo – em suma, nele Nietzsche se transforma, estúpida e inequivocamente, no patrono filosófico do imperialismo, do qual, na verdade, ele nada entendia. Se não fosse assim, como poderia ter ele demonstrado a cada passo seu desprezo ao espírito do comerciante, do merceeiro, a quem considera pacifistas, e oposto a ele o espírito heroico, o espírito soldadesco? O seu "radicalismo aristocrático" não enxergou a aliança entre industrialismo e militarismo, a união política deles, que é aquilo de que consiste o imperialismo, assim como não viu que as guerras são feitas pelo espírito do lucro.

Mas não devemos nos deixar enganar: o fascismo, como cativação das massas, como derradeiro plebeísmo e como a mais lamentável banalização da cultura já produzida pela história, é o que há de mais profundamente alheio ao espírito daquele para quem tudo gira em torno da questão "O que é nobre?"; ele está totalmente fora do campo de sua imaginação, e que a burguesia alemã tenha confundido a irrupção do nazismo com os sonhos de Nietzsche sobre a barbárie renovadora da cultura foi o mais grosseiro dos mal-entendidos. Não falo de

[15] Alusão a Mateus, 7:20. A frase é retirada da passagem em que Mateus recomenda "Guardai-vos dos falsos profetas".

seu desprezo e pouco-caso do nacionalismo, do seu ódio ao Reich e à estúpida política do poder estatal alemão, do seu europeísmo, de seu escárnio do antissemitismo e de todo o embuste racista. Mas repito que o elemento socialista em sua visão da vida pós-burguesa é tão forte quanto o elemento que se pode chamar de fascista. Pois o que significa isso, quando Zaratustra exclama: "Eu vos conjuro, irmãos, permanecei fiéis à Terra! Não mais enfieis a cabeça na areia das coisas celestes, mas trazei-a livre, uma cabeça terrestre, que cria sentido para a Terra!... Trazei, como eu, a virtude que se evaporou de volta para a Terra – para o amor e para a vida: para que ela dê um sentido à Terra, um sentido humano!"? Isso significa a vontade de fazer com que o material seja perpassado pelo humano, significa o materialismo do espírito, o socialismo.

Seu conceito de cultura tem aqui e ali uma tonalidade fortemente socialista ou, pelo menos, uma tonalidade que já não é burguesa. Ele se volta contra a separação entre cultos e incultos, e seu wagnerismo juvenil significa sobretudo isto: o fim da cultura do Renascimento, dessa grande época da burguesia, uma arte para os que estão no alto e para os que estão embaixo, onde já não haveria venturas mais elevadas que não fossem comuns a todos os corações.

Não é testemunho de hostilidade aos trabalhadores, mas testemunho do oposto, quando ele diz: "Os trabalhadores devem aprender a sentir como soldados: um honorário, um soldo, mas não um pagamento. Eles devem viver um dia como vivem os burgueses; mas *acima* deles, distinguindo-se pela sobriedade, a casta *mais elevada*, portanto mais pobre e simples, mas de posse do poder." E ele deu instruções singulares sobre como tornar a posse mais moral: "Mantenham-se abertos ao trabalho todos os caminhos que levam a uma *pequena* riqueza", diz ele, "mas impeça-se o enriquecimento repentino, sem esforço; retirem-se das mãos das pessoas privadas e das sociedades privadas todos os ramos do transporte e do comércio, portanto, em especial do comércio monetário, que são vantajosos à acumulação de *grandes* riquezas, e sejam considerados seres perigosos para a comunidade tanto aqueles que possuem muito como os que não possuem nada." – O que não possui nada como besta ameaçadora aos olhos do pequeno capitalista filosófico: isso provém de Schopenhauer. A periculosidade daquele que possui muito é um acréscimo que Nietzsche aprendeu por conta própria.

Por volta de 1875, há mais de setenta anos, ele profetiza, não exatamente com entusiasmo, mas simplesmente como consequência da democracia triunfante, uma *liga dos povos* europeus, "na qual cada povo particular, delimitado em função de conveniências geográficas, ocupa a posição de um cantão e de seus direitos especiais". A perspectiva então ainda é puramente europeia. No decurso do decênio seguinte, ela se amplia à esfera global e universal. Ele fala da iminente e inevitável administração econômica total da Terra. Ele pede o maior número possível de poderes internacionais – "para exercitar a perspectiva mundial". Sua crença na Europa vacila. "Os europeus imaginam no fundo que agora representam o homem superior na Terra. Os homens asiáticos são cem vezes mais esplêndidos que os europeus." Por outro lado, ele acha possível que no mundo do futuro a influência espiritual possa estar nas mãos do europeu típico, uma síntese do passado europeu no tipo espiritual mais elevado. "A dominação da Terra – anglo-saxã. O elemento alemão é um bom fermento, ele não sabe dominar." Então ele vê mais uma vez a hibridação da raça alemã e eslava, e a Alemanha como uma etapa pré-eslava, que prepara o caminho para uma Europa pan-eslava. A ascensão da Rússia como potência mundial é absolutamente clara para ele: "O poder, dividido entre eslavos e anglo-saxões, e a Europa como a Grécia sob a dominação de Roma."

São resultados impressionantes para um passeio pela política internacional realizado por um espírito para o qual o que importa no fundo é apenas a tarefa da cultura de engendrar o filósofo, o artista e o santo. Ele vê, com cerca de um século de antecipação, aquilo que nós vemos hoje. Pois o mundo, a formação de uma nova imagem do mundo, é uma unidade, e não importa para onde, para que lado se volte e tateie uma sensibilidade tão imensa como essa, ela sente o novo, o porvir, e o anuncia. Combatendo a interpretação mecanicista do mundo, negando que haja um mundo determinado de modo causal, negando a "lei natural" clássica e da repetição de casos idênticos, Nietzsche antecipa, de modo puramente intuitivo, resultados da física moderna. "Não há uma segunda vez." Tampouco há previsibilidade de que a uma determinada causa se seguirá um determinado efeito. A interpretação de um acontecimento segundo causa e efeito é falsa. Trata-se de uma luta entre dois elementos de poderes desiguais, de um novo arranjo de forças, no qual o novo estado é algo totalmente diverso do antigo, de maneira alguma o seu efeito. Dinâmica, portanto, no lugar de lógica e mecânica. As "premonições de ciência natural" de Nietzsche, para tomar emprestada a frase de Helmholtz sobre Goethe,[16]

[16] Hermann von Helmholtz (1821-1894), cientista e filósofo alemão, autor de "Sobre os trabalhos de ciência natural de Goethe", conferência apresentada em Königsberg em 1853.

são espiritualmente tendenciosas, elas pretendem algo, se subordinam a seu filosofema do poder, a seu antirracionalismo, e servem à sua elevação da vida acima da lei – porque a lei, como tal, já tem algo de "moral". Mas, independentemente de elas serem ou não tendenciosas, ele teve razão perante a ciência natural, que viu desde então a "lei" se enfraquecer numa mera probabilidade, e o conceito de causalidade perder continuamente o seu crédito.

Como acontece com cada um de seus pensamentos, com suas ideias a respeito da física ele sai do mundo burguês do racionalismo clássico para entrar num mundo novo, no qual ele mesmo, por sua origem, é o mais estranho. Um socialismo que não lhe quer conceder isso desperta a suspeita de pertencer ele mesmo muito mais à burguesia do que sabe. É preciso abrir mão do juízo que vê em Nietzsche um escritor de aforismos desprovido de um centro: sua filosofia, tanto quanto a de Schopenhauer, é um sistema inteiramente organizado, desenvolvido a partir de um único pensamento fundamental, que permeia tudo. Mas esse pensamento fundamental ou inicial é, sem dúvida, de um tipo estético radical – e só por isso sua intuição e pensamento entram necessariamente numa oposição inconciliável com todo socialismo. Há, no fim das contas, apenas duas maneiras de pensar e agir, apenas duas posturas internas: a estética e a moral, e o socialismo é uma visão de mundo estritamente moralista. Nietzsche, ao contrário, é o esteta mais acabado e incurável que a história do espírito já conheceu, e a ele mesmo, à sua vida, à sua obra como pensador e escritor se aplica perfeitamente a pressuposição que contém seu pessimismo dionisíaco, a de que a vida só é justificável como fenômeno estético – ela só pode ser justificada, entendida e venerada como fenômeno estético; até a criação do seu próprio mito nos últimos momentos e até a loucura, essa vida é, conscientemente, uma representação artística, não apenas pela magnífica expressão, mas em sua essência mais íntima – um espetáculo lírico-trágico do mais alto fascínio.

É bastante digno de nota, mas bem compreensível, que a primeira forma na qual o espírito europeu se rebelou contra toda a moral da época burguesa tenha sido o esteticismo. Não foi por acaso que mencionei Nietzsche e Wilde juntos – eles se ligam na rebeldia, na rebeldia em nome da beleza, por mais que, no iconoclasta alemão, a revolta vá muito mais fundo e custe muito mais sofrimento, renúncia e autossuperação. Nos críticos socialistas, mais precisamente nos críticos socialistas russos, li que as intuições e juízos estéticos de Nietzsche são frequentemente de uma fineza admirável, mas nas questões político-morais ele é um bárbaro. Essa distinção é ingênua, pois a veneração do bárbaro em Nietzsche não é senão um excesso de sua embriaguez estética, e de fato ela revela uma proximidade a respeito da qual temos todos os motivos para refletir: a proximidade justamente de esteticismo e barbárie. Por volta do final do século XIX, tal proximidade sinistra ainda não havia sido vista, sentida, nem temida – do contrário, Georg Brandes, que era judeu e escritor liberal, não poderia ter descoberto o "radicalismo aristocrático" do filósofo alemão como uma nova nuance e ministrado conferências de divulgação sobre ele:[17] sinal do sentimento de segurança ainda então rei-

[17] O crítico dinamarquês Georg Brandes foi um dos primeiros descobridores de Nietzsche, tendo dado conferências sobre ele em Copenhague em 1888. Publicou um livro sobre o filósofo, intitulado *Ensaio sobre o radicalismo aristocrático*.

nante, da despreocupação da época burguesa que ia findando – mas um sinal também de que o ponderado crítico dinamarquês não levou a sério, não levou ao pé da letra o barbarismo de Nietzsche, mas *cum grano salis*[18] – no que fez muito bem.

Furiosa negação do espírito em prol da vida bela, forte e impiedosa, sendo portanto a autonegação de um homem que padece profundamente do mal da vida, o esteticismo de Nietzsche introduz em suas efusões filosóficas algo de impróprio, irresponsável, instável, lúdico-apaixonado, um elemento da mais profunda ironia, onde o entendimento do leitor mais comum necessariamente malogra. O que ele oferece não é apenas arte – também é uma arte lê-lo, e se nenhum desajeitamento e singeleza são aqui admissíveis, toda astúcia, ironia e reserva são exigidas em sua leitura. Quem toma Nietzsche "ao pé da letra", quem o toma literalmente, quem acredita nele, está perdido.[19] Com ele ocorre de fato o mesmo que com Sêneca, de quem ele diz que é um homem a quem sempre se deve dar ouvidos, jamais "lealdade e crédito". Há necessidade de exemplos? O leitor do *Caso Wagner* talvez não creia em seus olhos quando, numa carta do ano de 1788 ao músico Carl Fuchs, subitamente lhe é dado a ler: "O senhor não precisa tomar a sério o que eu digo sobre Bizet; assim como sou, Bizet está muito longe de ter alguma importância para mim. Mas, como antítese irônica a Wagner, seu efeito é muito forte..." É tudo o que sobra, dito "entre nós", do entusiástico cântico de louvor a *Carmen* no *Caso Wagner*. É assombroso, mas ainda não é nada.

---

[18] "Com certa reserva". Em latim no original.

[19] Pequena inflexão de uma ideia semelhante em Karl Joël: "Ler Nietzsche sem fantasia, tomar Nietzsche ao pé da letra, significa condená-lo."

Noutra carta ao mesmo destinatário, ele dá conselhos sobre a melhor forma de escrever a respeito dele como psicólogo, escritor e imoralista, a saber, não julgando com não e sim, mas caracterizando com neutralidade espiritual: "Não é de modo algum necessário, nem sequer *desejável*, tomar partido a meu favor: ao contrário, uma dose de curiosidade, como diante de uma planta exótica, com uma resistência irônica, me pareceria uma postura incomparavelmente *mais inteligente* a meu respeito. Perdão! Acabo de escrever algumas ingenuidades – uma pequena receita para sair com êxito de algo *impossível*..."

Algum outro autor já fez uma *advertência* mais estranha sobre *si mesmo*? Ele se chama de "antiliberal até a maldade". Seria mais correto dizer antiliberal *por* maldade, por ímpeto de provocação. Em 1888, quando faleceu o imperador dos cem dias, Frederico III, liberal casado com uma inglesa, Nietzsche ficou impressionado e abatido como todo o liberalismo alemão. "Afinal ele era um pequeno clarão de luz do pensamento *livre*, a última esperança para a Alemanha. Agora começa o governo de Stöcker: tiro a consequência e já *sei* que agora o primeiro lugar em que minha *Vontade de potência* será confiscada será a Alemanha..." Mas nada foi confiscado. O espírito da época liberal ainda é bastante forte, e tudo pode ser dito na Alemanha. Mas no luto de Nietzsche por Frederico algo de bem singelo, simples e sem paradoxo vem inesperadamente à luz – pode-se dizer que é a verdade: o amor natural do homem de espírito, do escritor, pela *liberdade* que é o seu ar vital – e, de repente, toda a fantasiosa obra estética sobre escravidão, guerra, violência, esplêndida crueldade, se encontra em algum lugar distante, sob a luz do jogo irresponsável e do colorido teórico.

Durante toda a sua vida ele amaldiçoou o "homem teórico", mas ele mesmo *é* esse homem teórico *par excellence* e na pureza de sua cultura; seu pensamento é genialidade absoluta, não pragmático ao extremo, sem nenhuma responsabilidade pedagógica, o mais profundamente apolítico; na verdade, seu pensamento não tem *nenhuma* relação com a vida, a vida amada, defendida, elevada acima de tudo, e ele nunca teve a menor preocupação sobre como seus ensinamentos se portariam na realidade prática, na realidade política. Tampouco o fizeram os milhares de docentes do irracional que surgiram à sombra dele, por toda a Alemanha, como cogumelos surgem do chão. Também pudera! Pois no fundo nada podia convir melhor ao jeito alemão do que sua teorização estética. Ele lançou seus raios críticos sulfurosos também contra os alemães, esses corruptores da história europeia, dizendo cobras e lagartos deles. Mas quem, afinal, era mais alemão do que ele, quem ensinou mais uma vez aos alemães o exemplo de tudo aquilo pelo qual se tornaram um flagelo e um horror para o mundo, e por causa do qual sucumbiram: a paixão romântica, o ímpeto do eterno desdobramento do eu num horizonte sem limites e sem objeto determinado, a vontade que é livre porque não tem meta e busca o infinito? Ele afirmou que a bebida e a propensão ao suicídio eram os vícios dos alemães. O que há de perigoso neles é tudo aquilo que ata as forças do entendimento e libera os afetos, "pois o afeto alemão se volta contra tudo o que lhe pode ser proveitoso, e é autodestrutivo como o de um beberrão. O entusiasmo mesmo é menos valioso na Alemanha do que em outro lugar, pois é infrutífero." Como Zaratustra se autodenomina? "Conhecedor de si – carrasco de si."

Nietzsche se tornou histórico em mais de um sentido. Ele fez história, uma história terrível, e não exagerou quando se denominou "um destino". Ele exagerou esteticamente sua solidão. Ainda que numa figura extremamente alemã, ele pertence a um movimento ocidental em geral, que conta com nomes como Kierkegaard, Bergson e muitos outros, e que é uma revolta na história do espírito contra a crença clássica na razão dos séculos XVIII e XIX. Esse movimento completou sua obra – ou então ainda não a concluiu, porque sua continuação necessária é a reconstituição da razão humana sobre uma nova base, a conquista de um conceito de humanismo que ganhe profundidade em comparação ao conceito superficial e autocomplacente da era burguesa.

A defesa do instinto contra razão e consciência foi uma correção temporária. A correção duradoura, eternamente necessária, é a da vida pelo espírito – ou, caso se prefira, a moral. Quão datada, quão teórica, quão imatura não nos parece hoje a romantização nietzschiana do mal! Nós a conhecemos em toda a sua miserabilidade e já não somos estetas o bastante para temermos professar nossa fé no bem, para nos envergonharmos de conceitos e emblemas tão triviais como verdade, liberdade e justiça. Afinal de contas, o esteticismo mesmo, sob cujo signo os espíritos livres se voltaram contra a moral burguesa, pertence à era burguesa, e superá-la significa sair de uma época estética e entrar numa época moral e social. Uma visão de mundo estética é absolutamente incapaz de responder aos problemas que nos cumpre resolver – por mais que o gênio de Nietzsche tenha contribuído para criar a nova atmosfera. Em dado momento ele supôs que no mundo futuro de sua visão as forças *religiosas* ainda pudessem ser suficientemente fortes para uma religião estética à maneira de Buda, que passasse por cima das diferenças de confissão – e a ciência não pudesse ter nada contra esse novo ideal. "Mas isso não será", acrescenta ele precavido, "amor universal pelo homem!" E se fosse exatamente isso? Não precisaria ser o amor idílico otimista ao "gênero humano", ao qual o século XVIII consagrou lágrimas meigas, e ao qual, de resto, a civilidade deve progressos enormes. Contudo, quando Nietzsche proferiu "Deus está morto" – decisão que para ele significou o mais difícil de todos os sacrifícios – para honra, para a elevação de quem ele fez isso, senão para a honra e elevação do homem? Se Nietzsche foi ateu, se foi capaz de sê-lo, ele o foi por amor ao homem, por mais pastoral e sentimental que essa expressão possa soar. Nietzsche tem de aceitar ser chamado de humanista, assim como tem de admitir que sua crítica à moral seja compreendida como uma última forma de iluminismo. Não posso imaginar a religiosidade supraconfessional de que ele fala senão como ligada à ideia do homem, como um humanismo de fundamento e matiz religioso, humanismo que, bastante amadurecido e tendo passado por muitas coisas, absorverá todo o saber a respeito daquilo que é ínfero e demoníaco em seu respeito pelo mistério humano.

Religião é respeito – respeito, antes de tudo, pelo mistério que é o homem. Se o que importa é uma nova ordem, um novo compromisso, a adequação da sociedade humana às exigências da hora mundial, certamente pouco se faz com decisões de conferências, medidas técnicas e instituições jurídicas, e o *World Government*[20] permanece uma utopia racional. An-

[20] A referência é à conferência de criação da Organização das Nações Unidas, de abril a junho de 1945 em São Francisco.

tes é necessária uma mudança do clima espiritual, um novo sentimento da dificuldade e nobreza que é ser homem, uma mentalidade fundamental capaz de permear tudo, à qual ninguém se subtraia, e que cada qual traga no mais íntimo como juiz. O poeta e o artista podem dar sua parte de contribuição para o surgimento e consolidação dela, atuando do alto para baixo e difundindo-a. Mas ela não se ensina nem se faz, ela é vivida e sofrida.

Que a filosofia não é abstração fria, mas vivência, sofrimento e sacrifício pela humanidade, esse foi o saber e o exemplo de Nietzsche. Isso o levou aos cumes gelados dos erros grotescos, mas o futuro era na verdade a terra que ele amava, e aos olhos dos que vieram depois como nós, cuja juventude tem para com ele uma dívida infinita, ele permanecerá como figura de uma tragédia terna e venerável, iluminada pelos relâmpagos que acompanham essa mudança dos tempos.

Apêndice
Carta de Sigmund Freud a Thomas Mann

Viena IX, Berggasse 19
29 de novembro de 1936

Estimado amigo,

As reconfortantes impressões pessoais de sua última visita a Viena não cessam de aflorar à minha lembrança. Recentemente deixei a leitura do novo volume da sua história de José com o pensamento melancólico de que não mais voltaria a essa bela experiência, e de que provavelmente não poderei ler a continuação.

A confluência dessa história com as ideias acerca da "vida vivida" e com o modelo mitológico apresentados em sua conferência fez surgir em mim uma construção que aproveito como ensejo para entabular uma conversa com o senhor, como se o senhor estivesse sentado diante de mim em meu gabinete, mas não quero com isso receber uma resposta cordial ou mesmo uma apreciação detida de sua parte. Eu mesmo não levo essa tentativa muito a sério, mas ela tem uma certa atração para mim, como o estalido do chicote para o antigo cocheiro.

Quero dizer, existe um homem histórico para quem a vida de José serviu como um modelo mítico, de tal modo que se possa supor que a fantasia de José seja o secreto motor demoníaco por trás de sua complexa imagem de vida?

Penso que essa pessoa é Napoleão I.

a) Ele era corso, segundo filho num bando de irmãos. O irmão mais velho se chamava José, e essa circunstância, bem como acaso e necessidade se encadeiam na vida de uma pessoa, foi fatal para ele. Na família corsa, a prerrogativa do mais velho é protegida por um receio particularmente sagrado. (Creio que Alphonse Daudet descreveu isso certa vez num romance, no *Nabab*? Ou estou enganado? Foi noutro lugar, ou teria sido Balzac?) Por meio desse costume corso uma relação humana normal é alçada às alturas. O irmão mais velho é o rival natural, o irmão menor manifesta em relação a ele uma hostilidade elementar, abissal, para a qual mais tarde a expressão adequada poderá ser desejo de morte ou intuito assassino. Livrar-se de José, colocar-se no lugar dele, tornar-se o próprio José, deve ter sido o sentimento mais forte de Napoleão quando pequeno. É estranho e compreensível (não inteiramente), mas a observação também é certa: justo esses sentimentos tão excessivos, tão infantis, tendem a se converter no contrário. O rival odiado se transforma num rival amado. Assim também ocorre com Napoleão. Primeiro descobrimos que ele odiou José ardentemente, mas depois ouvimos que foi o homem a quem mais amou, e quase nunca conseguiu levar a mal nada que viesse daquele indivíduo fútil e inconfiável. O ódio primitivo, portanto, foi supercompensado, mas a agressão então desencadeada apenas esperava para ser deslocada para outros objetos. Centenas de milhares de indivíduos indiferentes pagarão pelo fato de que o pequeno tirano poupou o seu primeiro inimigo.

b) Numa outra camada, o jovem Napoleão está ligado ternamente à mãe e se esforça para substituir o pai, que falecera cedo, na assistência aos irmãos. Pouco depois de se tornar general, sugerem-lhe que se case com uma jovem viúva mais velha do que ele, que desfruta de posição e influência. Muita coisa fala contra ela, mas provavelmente é decisivo para ele que ela se chame Josefine. Graças a esse nome ele pode transferir para ela uma parte da ligação terna que sentia pelo irmão mais velho. Ela não o ama, o trata mal, o engana, mas ele, o déspota, em geral cinicamente frio com as mulheres, se prende com paixão a ela, lhe perdoa tudo, não pode se zangar com ela.

c) A paixão por Josefine Beauharnais era inevitável em virtude do nome, mas naturalmente ela não era uma identificação com José. Esta, porém, sobressai da maneira mais forte na famosa expedição ao Egito. A que outro lugar se deve ir além do Egito, quando se é José, aquele que quer parecer grande perante os irmãos? Quando se examinarem mais detidamente as razões que o jovem general apresenta para essa operação, provavelmente se descobrirá que elas não passam de racionalizações exageradas de uma ideia fantasiosa. Aliás, com essa campanha de Napoleão tem início a redescoberta do Egito.

d) O propósito que havia levado Napoleão ao Egito se realizará em seus anos posteriores na Europa. Ele provê os irmãos, alçando-os à condição de príncipes e reis. O inútil Jérome é talvez o seu Benjamin. E então ele renega seu mito, deixa-se levar por ponderações realistas a abandonar a amada Josefine. Com isso começa a queda. O grande destruidor trabalha agora em sua autodestruição. A campanha temerária, mal preparada, contra a Rússia lhe traz o declínio. Ela é como uma autopunição pela infidelidade a Josefine, pela regressão do amor à hostilidade original em relação a José. E no entanto também aqui, contra a intenção de Napoleão, o destino repetiu uma outra parte da história de José. O sonho de José de que sol, lua e estrelas lhe fazem reverência levou a que o jogassem no poço.

Minha filha me adverte de que já lhe comuniquei essa interpretação do homem demoníaco, depois que o senhor leu aqui a sua conferência. Claro que ela tem razão. Eu o havia esquecido, e o assunto reacendeu depois da leitura do seu livro. E agora hesito se devo guardar essas linhas comigo, ou se as devo lhe enviar com muitas desculpas.

Cordialmente,

Seu Freud

Nota do tradutor

O texto dos ensaios de Thomas Mann seguido nesta tradução é o da edição comentada, publicada pela editora Fischer em 2002 (cotejado com o volume *Ensaios*, da mesma editora, publicado em 1993). Muitas das notas se baseiam nas indicações dos organizadores dessa edição.

Depois de grande hesitação, decidi não utilizar as excelentes traduções de Schopenhauer, Nietzsche e Freud existentes no mercado editorial brasileiro. Tal decisão se fundou em três razões principais. Em primeiro lugar, as citações e referências aumentariam excessivamente o número e o tamanho das notas, tornando mais pesada a leitura dos ensaios. Seguindo esse princípio, as referências se limitam a um mínimo necessário para que o leitor possa encontrar a passagem em qualquer boa edição em português ou nas obras completas dos autores citados. Em segundo lugar, haveria um problema de ajuste terminológico: alguns conceitos de Schopenhauer e Nietzsche nem sempre são os mesmos que os tradutores empregam para verter os mesmos termos em Freud e, sem dúvida, um dos interesses deste volume é ver o fio de continuidade que o escritor estabelece, com grande maestria, entre o pensamento romântico e a psicanálise. É o caso, especialmente, da palavra *Trieb*, cuja tradução consagrada entre os estudiosos de Freud é *pulsão*. Nesta edição, mesmo quando Mann utiliza a terminologia freudiana, mantive o termo "impulso", para preservar tanto sua conotação física (de movimento, impulsionamento, ímpeto, empuxo) quanto biológica (como uma força interior que busca se manifestar), caras à filosofia da natureza no idealismo e romantismo alemães. Por fim, percebe-se claramente que Thomas Mann cita muitas vezes de memória ou parafraseia longos textos, inserindo uma ou outra palavra ou frase sua, quando não transcreve mesmo, sem aspas, alguma frase e até mesmo um parágrafo inteiro do autor discutido. Fica difícil saber exatamente onde começa e onde termina a *voz* desse autor. Claro que noutras mãos isso poderia se confundir com uma prática não muito aconselhável, mas em Mann ela obedece a uma lógica bastante precisa – aquela que certa vez ele chamou de "a arte de dialogar com a citação".

M.S.

Créditos

Fontes dos textos

Minha relação com a psicanálise
["Mein Verhältnis zur Psychoanalyse"], in *Thomas Mann – Essays*, vol. II, Frankfurt, Fischer, 2002 [1925].

O lugar de Freud na história do espírito moderno
["Die Stellung Freuds in der modernen Geistesgeschichte"], in *Thomas Mann – Essays*, vol.III, Frankfurt, Fischer, 2002 [1929].

Freud e o futuro
["Freud und die Zukunft"], in *Leiden und Grösse der Meister*, Frankfurt, Fischer, 2002. www.goethe.de/ins/pl/war/pro/kb/01_Freud_und_die_Zukunft.pdf

Schopenhauer
["Schopenhauer"], in *Thomas Mann – Essays*, vol.IV, Frankfurt, Fischer, 2002 [1938].

Sofrimento e grandeza de Richard Wagner
["Leiden und Grösse Richard Wagners"], in *Thomas Mann – Essays*, vol. IV, Frankfurt, Fischer, 2002 [1933].

A filosofia de Nietzsche à luz de nossa experiência
["Nietzsches Philosophie im Lichte unserer Erfahrung"], in *Thomas Mann – Essays*, vol.VI, Frankfurt, Fischer, 2002 [1947].

Carta de Sigmund Freud a Thomas Mann
["An Thomas Mann"], in Sigmund Freud, *Briefe: Auszüge (1873-1939)*, http://gutenberg.spiegel.de/buch/6433/38

A editora agradece a colaboração de Samuel Titan e Márcio Suzuki na seleção final destes textos.